वैश्विक गाँव-प्रवासी पाँव

एक माया ?

वैश्विक गाँव-प्रवासी पाँव
एक माया ?

सम्पादक

दिव्या माथुर । डॉ. संध्या सिंह

डॉ. पद्मेश गुप्त । प्रो. हाइंस वरनर वेस्लर

वाणी प्रकाशन

प्रकाशन के उत्कृष्टतम 62 वर्ष

सजिल्द प्रथम संस्करण : 2025

vaniprakashan.com

वाणी प्रकाशन

4695, 21-ए, दरियागंज, नयी दिल्ली-110 002

फ़ोन : +91 11 23273167, 23275710

शाखाएँ

अशोक राजपथ, पटना-800 004, बिहार

कॉफ़ी हाउस कैम्पस, महात्मा गांधी मार्ग, प्रयागराज-211 001, उत्तर प्रदेश

महात्मा गांधी अन्तरराष्ट्रीय हिन्दी विश्वविद्यालय, वर्धा-442 001, महाराष्ट्र

sales@vaniprakashan.in
vaniprakashan@gmail.com

Vaishvik Gaon-Pravasi Paon : Ek Maya?
Edited by Divya Mathur, Dr. Sandhya Singh,
Dr. Padmesh Gupt, Prof. Heinz Werner Wessler

ISBN : 978-93-6944-842-5

Fiction\Non-Fiction

मूल्य : ₹ 595

जी.एस. ऑफ़सेट, दिल्ली-110 095 में मुद्रित

वाणी प्रकाशन का लोगो मक़बूल फ़िदा हुसैन की कूची से

प्राक्कथन

लन्दन में भारोपीय हिन्दी महोत्सव के दूसरे दिन आयोजित कवि सम्मेलन, जिसमें बहुत-से युवा प्रवासी लेखकों की प्रतिभागिता रही, के दौरान वाणी फ़ाउंडेशन के अध्यक्ष अरुण माहेश्वरी जी ने प्रो. हाइंस वेस्लर और मेरे समक्ष एक प्रस्ताव रखा कि क्यों न हम पचास वर्ष से कम आयु के युवा प्रवासी लेखकों का एक समग्र संग्रह सम्पादित करें। भला इससे अधिक हर्ष का विषय क्या हो सकता था, हमने अपनी सहर्ष सहमति दे दी। पुस्तक के सम्पादन-मण्डल में हमने प्रथमतः डॉ. संध्या सिंह और बाद में डॉ. पद्मेश गुप्त को भी जोड़ने का निर्णय लिया गया ताकि प्रवासी प्रविष्टियों को हमें अलग-अलग कोणों से जाँचने का अवसर मिल सके।

न केवल प्रवासी साहित्यकारों ने वैश्विक स्तर पर हिन्दी भाषा के विकास में अहम भूमिका निभायी है, अपितु भारत में भुला दी गयी संस्कृति और संस्कारों की झलक इनके साहित्य में देखने को मिलती है। देश से दूर रहने की ज़रूरत के साथ-साथ उससे उपजा दर्द प्रवासी साहित्य की एक बड़ी रचनात्मक पूँजी है। प्रवासी साहित्य के अध्ययन से प्रवासी जीवन की न केवल उपलब्धियों, चुनौतियों और समस्याओं की जानकारी मिलती है, बल्कि प्रवासी हिन्दी साहित्यकार इस दृष्टि से भी महत्त्वपूर्ण हैं कि उनकी रचनाओं में विभिन्न देशों के इतिहास, भूगोल, राजनैतिक, सामाजिक और सांस्कृतिक परिस्थितियाँ परिलक्षित होती हैं, विभिन्न शैलियों का आदान-प्रदान होता है, हिन्दी साहित्य का अन्तरराष्ट्रीय विकास भी होता है।

इन्हीं सब बातों के मद्देनज़र, हमने आनन-फानन में पचास वर्ष के आसपास की उम्र के युवा लेखकों को ढूँढ़ने के प्रयास आरम्भ कर दिये, किन्तु ज़मीन-आसमान एक कर देने के बावजूद हम दर्जन भर भी अच्छे गद्य लेखक ढूँढ़ने में असमर्थ रहे। ऐसा लगा कि अधिकतर भारतीय युवा अपनी पूर्णकालिक नौकरियों तक ही सीमित हैं, जिनका मुख्य उद्देश्य है पैसा कमाना और बचाना, किन्तु

ऐसा भी क्या कि आई.टी. और ए.आई. के विशेषज्ञ होते हुए भी युवा अपनी भाषा और साहित्य से न जुड़ पायें। भारत के सांस्कृतिक पक्ष से तो इनका सप्ताहान्त पर जुड़कर गाना-बजाना हो जाता है, साहित्य के नाम पर अधिकतर कविताई कर ही रहे होते हैं। पुरुष लेखकों की तो क्या ही कहें; पुरुष-विमर्श लेखन में पुरुष ही नदारद हैं। इस क्षेत्र में वाणी द्वारा प्रकाशित मेरे उपन्यास 'तिलिस्म' का उदाहरण लिया जा सकता है।

हाल ही में, सिंगापुर में आयोजित प्रथम अन्तरराष्ट्रीय क्षेत्रीय हिन्दी सम्मेलन में सम्मिलित होकर सचमुच अच्छा लगा, वहाँ बहुत-से युवा लेखकों से परिचय हुआ तो मुझमें एक नयी आशा का संचार हुआ। हालाँकि इस प्रवासी-संग्रह के लिए प्रविष्टियों की अन्तिम तारीख़ निकल चुकी थी। इसके दूसरे संस्करण में इन्हें सम्मिलित किया जायेगा। मुझे विश्वास है कि इन लेखकों के माध्यम से हमारा परिचय बहुत-से अन्य युवा लेखकों से भी होगा।

भारत आज समूचे विश्व के आकर्षण का केन्द्र है और हिन्दी प्रवासी भारतीयों को परस्पर जोड़ने वाली और उन्हें भारत और भारतीयों से जोड़ने वाली एक सुदृढ़ कड़ी है; हमारी अस्मिता है। वातायन-यूरोप, वैश्विक हिन्दी परिवार, विश्वरंग-भोपाल और सिंगापुर संगम जैसी अनेकों अन्तरराष्ट्रीय संस्थाएँ हिन्दी और क्षेत्रीय भाषाओं के प्रचार-प्रसार में सक्रीय हैं। अंग्रेज़ी की चुनौती तो सदा से रही है, किन्तु जब तक हिन्दी आधुनिक रहेगी और अपनी जगह इस बदलती हुई दुनिया में बनाती रहेगी; हिन्दी को विश्वभाषा बनने से कोई रोक नहीं सकता।

यह बताना प्रासंगिक होगा कि अक्टूबर 2024 में आयोजित भारोपीय हिन्दी महोत्सव-लन्दन में हमने कुछ संकल्प लिये थे, जिसके तहत विश्वरंग-मॉरीशस और सिंगापुर में हिन्दी महोत्सव आयोजित किये जा चुके हैं। अगला अन्तरराष्ट्रीय भारतीय भाषा सम्मेलन दिल्ली में 10-12 जनवरी को होना तय हुआ है, जिसके दौरान हमारी इस विशिष्ट शृंखला की पहली कड़ी के रूप में इस संग्रह का लोकार्पण होगा।

–दिव्या माथुर
वातायन-यूरोप
vatayaneurope@gmail.com

नयी ज़मीन, नया आसमान-लेखन में कितना नयापन!

अतीत परिपक्व लेखन पढ़ने की ओर अधिक रहा है लेकिन वर्तमान नये प्रयोगों का है, नयी सम्भावनाओं का है। आज पाठक परिपक्वता ढूँढ़ने के बजाय नयेपन को अधिक महत्त्व दे रहा है। प्रवासी-लेखन काफ़ी समय से चर्चा में है और ख़ासकर कोरोना-काल के बाद वैश्विक पटल पर जिस प्रकार से प्रवासी लेखन उभरकर सामने आया, उसने प्रतिष्ठित प्रवासी रचनाकारों की पीढ़ी के 'बेटन' को आगे बढ़ाने वाली हलकी-सी रोशनी एक नयी पीढ़ी के रूप में दी। इस रोशनी को अधिक गहरा करने की आवश्यकता है और यह जगमग या गहरी तभी होगी जब इसे खिलने का माहौल मिलेगा! पिछले तीन-चार वर्षों में हमने यह तो देखा ही है कि हिन्दी साहित्य के वैश्विक फ़लक का विस्तार अधिक हुआ है, वह समृद्ध भी अधिक हुआ है। ये युवा प्रवासी उस पीढ़ी का प्रतिनिधित्व करते हैं जो दो संस्कृतियों, दो परम्पराओं और दो पहचानों के बीच अपनी पहचान को फिर से परिभाषित करने का प्रयास कर रही हैं।

भौगोलिक, राजनीतिक या सांस्कृतिक सीमाओं को पार कर इस वैश्विक गाँव के प्रवासियों के पाँव क्या वास्तव में प्रवास को लिख रहे हैं या यह सिर्फ़ माया है? इन्हीं कुछ सवालों और युवाओं के लेखन को आगे लाने के लिए वाणी प्रकाशन ने 50 वर्ष के आसपास तक की उम्र के लेखकों की रचनाओं के कई संग्रह प्रकाशित करने का विचार रखा। इस विचार पर कार्य करते हुए यह पहला संकलन आ रहा है जिसमें कथा और कथेतर दोनों को समाहित किया गया है। विचार तो यह था कि हर विधा पर एक संकलन आये पर गद्य-लेखन की ज़मीन युवाओं में कम लोकप्रिय होने और प्रवास में भी भारत ही बसा होने के कारण दो विधाओं को एक साथ रखने का निर्णय ही उचित जान पड़ा।

प्रवासी साहित्य देश विशेष के कई पहलुओं को उजागर करता है, वह न सिर्फ़ समाज या संस्कृति को रेखांकित करता है बल्कि किस प्रकार सोच, समझ आदि में

परिवर्तन होता है, वह भी दिखाता है। बदलती सोच, जीवनशैली और व्यक्तिगत संघर्षों से भी रचनाएँ समृद्ध होती हैं और उनके अनुभवों, भावनाओं और सांस्कृतिक द्वन्द्वों की यात्रा के साथ ही रचनाओं में जीवन की जटिलताएँ झलकती हैं। इस संकलन के रचनाकार युवा हैं और स्वाभाविक है, भारत से बाहर निकलने के बाद भी भारत इनमें अधिक बसा है; यह कई जगह दिखाई भी देता है, पर कई जगहों पर इन्होंने स्थान व समाज के साथ ही अपनी सोच में आते परिवर्तन को पात्रों के माध्यम से दिखाने का प्रयास किया है। ये युवा क़लम के माध्यम से अपनी सोच व भारतीयता को एक नये साँचे में ढाल रहे हैं। युवाओं की लेखनी में ताज़गी, नयी दृष्टि, अनूठी शैली, शब्द–चयन में सतर्कता, आधुनिकता और वैश्विक दृष्टिकोण की चाह हम सभी को है जिसे अभी और निखारना शेष है।

इस संकलन की कई कहानियाँ उस देश और उसके जीवन को हू-ब-हू उतार देती हैं। सभी के विषय में न लिखकर सिर्फ़ एक-दो बानगी देना पाठक की जिज्ञासा को बरक़रार रखेगा। शिखा वार्ष्णेय ने अपनी कहानी 'आश्रय' में वृद्धों के लिए आश्रम या ऐसी सुविधाओं की आज के समाज में कितनी आवश्यकता है, इसको बहुत ख़ूबसूरती से रखा है, वहीं विनोद दुबे की 'फ्राइडे नाइट' कहानी सिंगापुर के भारतीय और चीनी समाज में होने वाली बातचीत और सोच को उजागर करती है। रीता कौशल 'स्टर्लिंग हाइवेवाली' कहानी के माध्यम से मानव-मन और मनोविज्ञान को दिखाती हैं कि कैसे घटनाएँ हमारे सोचने का ढंग बदल देती हैं और इसी तरह से ऋचा जैन हमें पूर्वाग्रहों से बाहर निकलने की ओर ले जाती हैं। एक तरफ़ मोहिनी मेहता ने अपने निबन्ध में हिन्दी के उस वृहद् आयाम को प्रवासी-जीवन से जोड़कर दिखाया है जिसने उन्हें प्रवास में अपनापन और एक अलग पहचान दी, तो दूसरी तरफ़ गौतम लियु ने कुछ ऐसे, महत्त्वपूर्ण बिन्दु रखे हैं जिन पर चिन्तन आवश्यक है ताकि हिन्दी वास्तव में विश्वभाषा बनने की ओर अग्रसर हो।

सर्वविदित है कि भाषा और साहित्य की सीमाएँ भूगोल की सीमाओं से कहीं अधिक व्यापक होती हैं। प्रवासी युवा रचनाकारों पर केन्द्रित संकलन साहित्य के भविष्य की दिशा तय करने में एक अहम भूमिका निभाये, यह सृजनात्मकता वर्तमान पीढ़ी के साथ ही आने वाले समय को भी प्रेरित करे, आगे आने वाले समय में युवा प्रवासी रचनाकारों की लेखनी की रचनात्मक चेतना का भी प्रतिबिम्ब हो, सेतु का कार्य करे, यही आशा है! वाणी प्रकाशन के अध्यक्ष अरुण माहेश्वरी जी का हार्दिक आभार। वे इस पहल के लिए बधाई के पात्र हैं। संग्रह के लिए सभी को साधुवाद!

–डॉ. संध्या सिंह

नेशनल यूनिवर्सिटी ऑफ़ सिंगापुर

अन्तरराष्ट्रीय हिन्दी साहित्य की महत्त्वपूर्ण कृति

'वैश्विक गाँव-प्रवासी पाँव : एक माया?' कहानी-संग्रह प्रवासी-जीवन के विविध अनुभवों का एक समृद्ध दस्तावेज़ है। यह संग्रह भारतीय प्रवासियों के मानसिक, सामाजिक और सांस्कृतिक संघर्षों को गहनता से उजागर करता है। प्रत्येक कहानी अपने आप में एक अद्वितीय परिप्रेक्ष्य को प्रस्तुत करती है, जो न केवल भौगोलिक सीमाओं को पार करती है, बल्कि अपने साथ प्रवासी जीवन की जटिलताओं और भावनात्मक उथल-पुथल को भी लेकर आती है।

महत्त्वपूर्ण बात यह है कि इस संग्रह के सभी प्रवासी एवं विदेशी मूल के रचनाकार युवा पीढ़ी का प्रतिनिधित्व करते हैं, अतः इसकी कहानियों में आज के आधुनिक परिप्रेक्ष्य का अक्स मिलता है।

इस संग्रह की विशेषता यह भी है, इसके लेखक विश्व के अलग-अलग देशों और परिवेशों से ही नहीं आते हैं, अपितु अलग-अलग पेशे से भी आते हैं, जिसके कारण संग्रह की कहानियों में लेखकों के अनुभवों का अत्यन्त विविध स्वरूप देखने को मिलता है और वास्तव में यही बात इसे सच्चे मायने में अन्तरराष्ट्रीय हिन्दी साहित्य की महत्त्वपूर्ण कृति बनाती है।

मैं अक्सर इस बात को कहता आया हूँ और रेखांकित करता रहा हूँ कि हिन्दी साहित्य के वैश्वीकरण में प्रवासी लेखकों का बहुत बड़ा योगदान है। आज विश्व में, हिन्दी साहित्य में वे इसे सृजित कर रहे हैं जिसे देश-परिवेश को अपनी दिनचर्या में अनुभव कर रहे हैं। प्रवासियों के लेखन में कल्पना कम और वास्तविकता के दर्शन ज़्यादा मिलते हैं। यही कारण है कि हिन्दी का प्रवासी-लेखन सच्चे मायने में हिन्दी साहित्य का वैश्वीकरण कर रहा है।

प्रवासी-जीवन को इस संग्रह में एक प्रतीकात्मक दर्पण के रूप में प्रस्तुत किया गया है। विभिन्न पात्रों के माध्यम से प्रवासियों की जड़ों से जुड़े रहने की लालसा,

नयी ज़मीन पर अपनी जगह बनाने की चुनौती और सामाजिक पहचान के संघर्षों को चित्रित किया गया है। इन कहानियों में कई बार अपने देश और संस्कृति से जुड़े सम्बन्धों की मिठास होती है, वहीं दूसरी ओर अपनाये गये नये देश में मिलने वाली कठिनाइयों का भी सजीव चित्रण किया गया है।

संग्रह की हर कहानी एक नये देश और अनुभव को प्रस्तुत करती है। लेखकों ने प्रवासी-जीवन के हर पहलू को अत्यधिक संवेदनशीलता से उकेरा है–चाहे वह मानसिक, सामाजिक या सांस्कृतिक संघर्ष हो। विशेष रूप से, प्रवासी जीवन की मानसिक उलझनों और पहचान की खोज को विभिन्न कथाओं के माध्यम से प्रकट किया गया है।

उदाहरण के तौर पर, 'प्रतिबिम्ब' कहानी (अन्तरीपा ठाकुर मुखर्जी) प्रवासी-जीवन के आत्म-संवाद और आन्तरिक संघर्षों को दर्शाती है, जबकि 'मेरी पहली नौकरी' (आशीष मिश्र) प्रवासी नौकरी के संघर्षों और नये वातावरण में तालमेल बिठाने की कठिनाइयों पर केन्द्रित है। आस्था देव की 'अच्छा मर्द' प्रवासी-जीवन में मिलने वाली सहायता की महत्ता को रेखांकित करती है।

इसके साथ ही, 'एमी' (आस्था नवल) सांस्कृतिक समायोजन और पेशेवर संघर्षों को प्रस्तुत करती है। वहीं, ऋचा की 'अ लेडी एंड अ जेंटलमैन' ब्रिटेन में लिंगभेद और प्रवासी संघर्षों को कॉर्पोरेट जीवन के सन्दर्भ में उकेरती है।

'परवरिश' (डॉ. ऋतु शर्मा नंनन पांडे) में प्रवासी माता-पिता के लिए भारतीय मूल्यों को बनाये रखने के संघर्ष को दिखाया गया है, जबकि 'जीवन के रंग' (कुसुम नैपसिक) और 'जट्टा और चिरैया' (प्रियंका ओम) प्रवासी-जीवन के विभिन्न रंगों और सांस्कृतिक द्वन्द्वों पर प्रकाश डालती हैं।

'काग़ज़ के फूल' (डॉ. यूरी बोत्वींकिन) और 'स्टर्लिंग हाइवेवाली' (रीता कौशल) जीवन, रिश्तों और आत्म-खोज की जटिलताओं को प्रस्तुत करती हैं, और 'यात्रा' (रूही सिंह) प्रवासी-जीवन के शारीरिक और मानसिक बदलावों का प्रतीकात्मक चित्रण करती है।

यह संग्रह प्रवासी-जीवन के संघर्ष, उपलब्धियों और भावनाओं का एक समग्र दृष्टिकोण प्रदान करता है। प्रत्येक कहानी के माध्यम से पाठकों को प्रवासी-जीवन की उन अनदेखी जटिलताओं से रू-ब-रू होने का अवसर मिलता है जो सांस्कृतिक, सामाजिक और व्यक्तिगत स्तर पर गहराई से प्रभावित करती हैं।

यह साहित्यिक कृति न केवल प्रवासी भारतीयों के जीवन की विविधताओं का

आईना है बल्कि उन मानसिक, सामाजिक और सांस्कृतिक संघर्षों का भी दस्तावेज़ है, जिनका सामना हर प्रवासी करता है। यह संग्रह निश्चित रूप से प्रवासी-जीवन के बहुआयामी दृष्टिकोणों को समझने के लिए एक महत्त्वपूर्ण योगदान है। इसके लिए इस संग्रह के सभी लेखक, सम्पादक एवं वाणी प्रकाशन बधाई एवं साधुवाद के पात्र हैं!

–डॉ. पद्‌मेश गुप्त
ऑक्सफ़ोर्ड, यू.के.

प्रवासी हिन्दी युवा-लेखन का एक संकलन आ रहा है

क्या सचमुच हमारी दुनिया एक 'वैश्विक गाँव' बन चुकी है? और अगर बन चुकी है तो ऐसा कहने का मतलब क्या होगा? आयात-निर्यात पूरी दुनिया में बढ़ता रहता है। आजकल आसानी से इंटरनेट पर पूरी दुनिया की ख़बरें उपलब्ध होती हैं। वीडियो कॉल पर हर किसी से किसी भी वक़्त बात करना आसान हो गया है। हवाई जहाज़ को लेकर लोग इस दुनिया के एक कोने से दूसरे कोने तक पहुँच जाते हैं। टिकट का ख़र्चा तो है, पर बढ़ता हुआ मध्य वर्ग के लिए कोई ख़ास दिक़्क़त नहीं।

लेकिन इसके साथ माहौल का ख़तरा है और हम लोग वातावरण के परिवर्तन पर चिन्तित होते जा रहे हैं। बढ़ती जंगों की संख्या कम नहीं हो रही, पिछले सालों से बढ़ती ही जा रहीं। इस सन्दर्भ में पूरी दुनिया में भारतीय प्रवासी समाज को देखना और समझना चाहिए। दुनिया बदलती है और हिन्दी-लेखन भी बदलता है–न सिर्फ़ हिन्दी-लेखन, पर हिन्दी-लेखन भी।

बहुत दिनों से दक्षिण एशिया में प्रवास होता रहा। पुराने ज़माने में केन्द्रीय एशिया तक, फ़ारस, अरब उपमहाद्वीप, मलेशिया और इंडोनेशिया तक। फिर अंग्रेज़ी उपनिवेशवाद के युग में पूर्वी और दक्षिण अफ़्रीका तक, सूरीनाम, मॉरीशस, फ़िजी और त्रिनिदाद तक। और आज़ादी के बाद बड़ी संख्या में यू.के., अमरीका और कनाडा तक।

आजकल मुश्किल से इस दुनिया में ऐसे हिस्से मिलेंगे जहाँ कोई भारतवंशी न हो। प्रवास पहले भी बहुत होता रहा और आप भी बहुत है। वैसे पहले अंग्रेज़ों के ज़माने में ज़्यादातर ग़रीबी की वजह से गिरमिटिया लोग में बसने लगते थे। आधे ग़रीबी की वजह से तो आधे अफ़सर लोग अनपढ़ किसानों को ढकेलकर खींचते भी थे। कुछ लोग वापस आ गये, कुछ लोग वहाँ विदेस में ही बसने में जुट गये। मुश्किल से ज़िन्दगी कटती तो थी, फिर भी मेहनत करके कुछ बनने-बनाने की

उम्मीद थी। फिर छोटी-मोटी दुकानें खोलने लगे, और इधर-उधर कुछ लोग अमीर भी बने, तो कुछ दूसरे लोग ग़रीब होते रहे।

पहले ज़्यादातर निम्न वर्ग का प्रवास होता था, आजकल का प्रवास ज़्यादातर मध्य वर्ग का है। पहले अपने समुदाय लेकर जाते थे, उनकी अपनी संस्कृति स्वाभाविक ढंग से विकसित होती रही। वैसे ही दूसरी ज़ुबानें भी साथ में आने लगीं। सूरीनाम में डच का महत्त्व है, पहले कॉलोनी नीदरलैंड्स की थी। मॉरीशस में क्रेओल या फ्रेंच चलती थी। बाक़ी अंग्रेजी का माहौल था।

आजकल विरासती भाषाएँ गिरमिटिया समाज में सब जगह ख़तरे में हैं। स्कूलों में ज़्यादातर दूसरी ज़ुबानों का महत्त्व है–अंग्रेज़ी हो, फ्रेंच हो या डच। मॉरीशस में खड़ी बोली में पूरी तरह से स्कूलों में शिक्षा हो रही है। रेडियो है, टीवी है, फिर भी क्रेओल आगे बढ़ रही है, हिन्दी घट रही है। फिर भी मॉरीशस का अभिमन्यु अनत प्रवासी हिन्दी समाज में बहुत बड़ा नाम है। इनके उपन्यास और कहानियाँ भारत में भी हिन्दी के पाठ्यक्रमों के हिस्सा बनी हैं। उसी तरह से फ़िजी के सुब्रमणि का नाम महत्त्वपूर्ण है जो फ़िजी में भोजपुरी, खड़ी बोली और अंग्रेज़ी में भी लिखते हैं।

आप देखें तो, उसी जगह पर नये लेखक आये हैं जो जनम से उत्तर भारत के हैं और छोटी उम्र से ही विदेश में बसने लगे हैं। इस बात का शायद सबसे पहला उदहारण निर्मल वर्मा का है, जिनका उपन्यास 'वे दिन' 1964 में निकला था। इसके बाद ख़ासकर अमेरिका में और यू.के. में कई लेखकों के नाम हिन्दी साहित्य में मशहूर हुए। इस बीच प्रवासी हिन्दी साहित्य की एक मान्यवर धारणा बनी है। उनमें स्त्रियों के नाम बहुत ज़्यादा हैं, पुरुषों के नाम थोड़े कम हैं।

1970 के बाद के लेखक मार्गदर्शक रहे। 21वीं सदी में एक नयी पीढ़ी इनके सामने अपनी जगह बना रही है। इनको हिन्दी की दुनिया में जगह देने और प्रोत्साहित करने के लिए ही यह ग्रन्थ आपके सामने रखा गया है। ज़्यादातर इनकी रोज़ी-रोटी की ज़ुबान और बाहर की ज़ुबान अलग है। हमारे लेखकों में कोई ऐसा नहीं है जिनको हिन्दी के आलावा दूसरी ज़ुबानें नहीं आतीं। ज़्यादातर दूसरी ज़ुबान अंग्रेज़ी है। फिर हिन्दी में लिखने का मतलब क्या?

अक्सर कहा जाता है कि 'भाषा गयी तो संस्कृति गयी'। पर जब तक हिन्दी सिर्फ़ विरासत की भाषा है और प्रगति की भाषा दूसरी, तब तक नयी पीढ़ी में दिलचस्पी नहीं बनेगी। हिन्दी का भविष्य तब बनेगा पूरी दुनिया में, जब नयी पीढ़ी

अपनी बात अपनी ज़ुबान में करने में सक्षम होगी। और इसके कुछ उदहारण इस ग्रन्थ में सम्मिलित हैं।

और हाँ, आजकल विदेशी मूल के भी कुछ हिन्दी लेखक बन जाते हैं जिनके लिए हिन्दी दूसरी या तीसरी भाषा है। कभी-कभी एक भारतीय नाम के पीछे भी ऐसी पहचान छिपी हुई है। बावजूद इसके यह हिन्दी के विश्वभाषा बनने का एक चिह्न ही है कि हिन्दी प्रवासी समाज के बाहर भी फैल रही है।

इन्हीं चीज़ों को आगे बढ़ाने के लिए यह प्रकाशन ख़ुद में एक छोटा-सा योगदान है। इसलिए सम्पादकों का फ़ैसला हुआ कि पचास साल से बहुत आगे न हों हमारे लेखक। उम्मीद है कि यह किताब इस पूरे सिलसिले की शुरुआत होगी–यानी विदेश में जिन्हें हिन्दी में 'युवा लेखक' कहते हैं, उनको एक मंच दिया जाये–'प्रवासी युवा लेखन' नाम से।

अब आख़िर एक सवाल कि क्या प्रवासी पाँव एक माया रहेगी? इस सवाल का जवाब अब नहीं दिया जा सकता है क्योंकि फ़ैसला भविष्य में होना है। हिन्दी विश्वभाषा ज़रूर बन सकती है–अगर हमारे युवा लेखक चाहते हैं तो। हिन्दी के स्रोत जीवित हैं और अंग्रेज़ी की तमाम चुनौतियों के बावजूद जीवित रहेंगे। जब तक हिन्दी में नयी आवाज़ें आयेंगी, तब तक हिन्दी आधुनिक रहेगी और अपनी जगह इस बदलती हुई दुनिया में फलती-फूलती रहेगी।

– प्रो. हाइंस वरनर वेस्लर
प्रोफ़ेसर (इंडोलॉजी), उप्साला विश्वविद्यालय, स्वीडन
heinzwerner.wessler@lingfil.uu.se

अनुक्रम

कथा

कथेतर

कथा

प्रतिबिम्ब

-अन्तरीपा ठाकुर मुखर्जी

रेल के डिब्बे में क़िस्से हैं बहुतेरे
कुछ लम्बे-छोटे, कुछ पतले-मोटे-से चेहरे
और इन चेहरों में एहसास कई गहरे
रेल के डिब्बे में क़िस्से हैं बहुतेरे

कुछ मोबाइल को ताकते
कुछ किताबों से झाँकते
जीवन के बोझ से दोहरे
रेल के डिब्बे में क़िस्से हैं बहुतेरे

कुछ एक-दूसरे के प्यार में सराबोर
कुछ कतरा के देखते दूसरी ओर
उन्हें और भी पास लाते सफ़र के थपेड़े
रेल के डिब्बे में क़िस्से हैं बहुतेरे

कुछ बातों में कुछ गानों में गुम
किसी को बस अपनी ही धुन
इस नीरवता को भेदते ड्राइवर के अल्फ़ाज़ थोड़े
रेल के डिब्बे में क़िस्से हैं बहुतेरे

दुनिया भर के महानगरों की सुबहें एक जैसी होती हैं। सुबह आठ से नौ बजे के बीच, इन शहरों के रास्ते, सार्वजनिक साधन वाले दौड़ के मैदान और यात्री मिल्खा

सिंह बन जाते हैं। एक यही वह समय है जब इन महानगरों में स्थित अधिकतर व्यवसायी, नौकरीपेशा लोग एकाग्र मन और समान वेग के साथ एक ही लक्ष्य की ओर बढ़ते प्रतीत होते हैं। इस प्रबल प्रवाह की राह में आते कई बेख़बर मासूम पर्यटक एवं नौसिखिये बह जाते हैं।

अपने जीवन के कई वर्ष मैंने भी ऐसे ही किसी महानगर की ऐसी ही किसी भीड़ की सेनानी बनकर बिताये हैं। कभी मुम्बई, कभी दिल्ली और कभी न्यूयॉर्क या लन्दन। इस तीव्र बहाव के नियमों का पालन करते हुए भी, मैं प्रतिदिन कुछ क्षण इस यात्रा के दौरान, अपने परिवेश का निरीक्षण करते बिताती हूँ कि मैं अपने घर से कार्यालय तक का पैंतालीस मिनट का सफ़र रेल से तय करती हूँ। इस दौरान अपने सहयात्रियों और उनकी गतिविधियों को कौतूहल की दृष्टि से देखना मेरी आदत बन चुकी है। मेरा ऐसा मानना है कि सार्वजनिक यातायात में हमारे समाज का प्रतिबिम्ब झलकता है। हालाँकि ऐसा करते समय एक अपराधबोध-सा होता है क्योंकि यह इस भीड़ के नियमों के विपरीत है। यहाँ अनजान लोग परस्पर आँखें मिलाने से कतराते हैं। परन्तु मुझे ऐसा लगता है, लगता क्या, मुझे पूरा विश्वास है कि इस महानगर में मैं ही एकमात्र जिज्ञासु नहीं। मेरी नज़र निरन्तर अपने जैसों को खोजती है पर अब तक बस निराशा ही हाथ लगी।

जिस दिन यह घटना हुई, वह बाक़ी दिनों से भिन्न नहीं था। अपनी दिनचर्या के अनुसार, मैं रेलगाड़ी के निर्धारित समय से कुछ देर पहले ही स्टेशन आ पहुँची। प्लेटफ़ॉर्म पर काफ़ी भीड़ थी, जो ज़्यादातर टिकट फाटक के आसपास ही केन्द्रित थी। इस तरफ़ रुकने वाले रेल के डिब्बे में ख़ाली सीट दुष्प्राप्य वस्तु है, जो भाग्यवानों को ही मिलती है। मैं फाटक को पार करते इस भीड़ को तीर की भाँति भेदती फुर्ती से प्लेटफ़ॉर्म के दूसरे छोर की ओर बढ़ी। उधर लोग तो कम होते ही हैं, साथ ही आसानी से बैठने की जगह मिलने की सम्भावना भी बढ़ जाती है। इस भीड़ का समुन्दर पार करना आसान नहीं था पर मैं दृढ़ मन से 'सॉरी,' 'इक्स्क्यूज़ मी प्लीज़' कहते आगे बढ़ती गयी। प्लेटफ़ॉर्म के दूसरे छोर पर पहुँच मैंने एक गहरी साँस ली और अपनी गाड़ी के आने की प्रतीक्षा करने लगी। उसके आने में अभी तीन मिनट बाक़ी थे।

कुछ देर बाद, मेरी बग़ल में एक अधेड़ उम्र की महिला आकर रुकी। महिला मुझसे आयु में कुछ बीस-एक वर्ष बड़ी होगी, उसने सुन्दर नीली ड्रेस और गले में सच्चे मोतियों की माला पहनी हुई थी। देखने में बड़ी ही परिष्कृत लग रही थी। हाथ में लैपटॉप का बैग भी पकड़ा था, यक़ीनन किसी बड़े ओहदे पर नियुक्त होगी।

सहसा हमारी नज़रें मिलीं, वह मुझे देख मुस्कुरायी। मुझे उसका यह व्यवहार थोड़ा दंग कर गया। क्या वह मुझे जानती है? मैंने मन ही मन सोचा। औपचारिकता के वास्ते मैंने भी मुस्कुराहट से उत्तर दिया।

महिला ने अवसर पा बात छेड़ी, "उस ओर बहुत भीड़ है, मैं इसलिए प्लेटफ़ॉर्म के इस तरफ़ आ जाती हूँ। शायद आप भी इसलिए यहाँ आयीं, अच्छा किया।"

"जी," उसे निश्चित ही मेरे स्वर में संकोच का आभास हुआ होगा। संकोच के साथ आश्चर्य भी हो रहा था, परन्तु जब मैं सदैव ऐसे सहयात्री को खोजती आयी थी जो मानवीय हो, जो एक अनजान नहीं मित्र की तरह मिले, तो आज इस महिला से बात करने में हिचकिचाहट कैसी? उसके सम्बोधन पर आश्चर्य कैसा? गाड़ी आने का समय निकट था सो मैं अपना सामान समेटने में जुट गयी।

महिला ने फिर मेरी ओर देखा और कहा, "अभी समय है। जब तक गाड़ी दूर मोड़ पर दिखाई ना दे, तैयारी करने की क्या ज़रूरत है?"

यह सुन मैं मन ही मन महिला की प्रशंसा करने लगी। रेस का हिस्सा होते हुए भी वह किसी होड़ में नहीं।

"बात तो सही कही आपने। मोड़ पर आने के बाद भी गाड़ी प्लेटफ़ॉर्म तक पहुँचने में एक मिनट तो लगाती है। इतनी देर व्यर्थ यह बोझ क्यों ढोया जाये?" मैंने धम्म से सामान नीचे ज़मीन पर रख दिया।

महिला ने ठहाके से कहा, "बिल्कुल सही।"

हम दोनों मोड़ की ओर देख गाड़ी की बाट जोहने लगे। कुछ देर बाद गाड़ी आने में विलम्ब देख मैं विचलित हो उठी। आज मेरा समय से काम पर पहुँचना ज़रूरी था।

"यह गाड़ी पता नहीं कहाँ रह गयी, मुझे देर हो रही है," मैं बोल पड़ी।

"देर तो मुझे भी हो रही है। तुम चिन्ता मत करो, आती ही होगी।"

उसका यूँ सहजता से 'आप' से 'तुम' पर आ जाना मुझे भा गया। एक अपनेपन का अहसास हुआ।

"वह देखो आ गयी," महिला के उत्तेजित स्वर ने मुझे ख़यालों की दुनिया से उबारा। जैसे ही रेल का इंजन दूर मोड़ पर दिखाई पड़ा, प्लेटफ़ॉर्म पर खड़े यात्रियों में स्फूर्ति की लहर दौड़ गयी। गाड़ी रुकते ही उस पर सवार होने के उद्देश्य से अपनी कमर कस ली और एकाग्र मन से प्रतीक्षा करने लगे। जहाँ रेल रुकी और उसके द्वार गड़गड़ाहट से खुले, उमड़ती हुई भीड़ प्लेटफ़ॉर्म से ग़ायब हो डिब्बों

में भरने लगी। जो डिब्बा मेरे सामने आ रुका था, वह अपेक्षाकृत कम भीड़वाला था और उसमें सीटें भी ख़ाली थीं। इसे कहते हैं सूझ-बूझ एवं अनुभव। अपनी इस उपलब्धि पर आज एक बार फिर इतराते मैं डिब्बे में सवार हुई और बैठ गयी। वह महिला मेरी ही सामनेवाली सीट पर जा बैठी।

दरवाज़े बन्द हुए और रेल चल पड़ी। गाड़ी के वेग से हिचकोले खाते हुए मैं आदत अनुसार अपने सहयात्रियों का निरीक्षण करने लगी। उनमें से अधिकतर अपने मोबाइल अथवा लैपटॉप में तल्लीन, सूट-बूट पहने, काम पर जाते नौकरीपेशा लोग थे और कुछ किताबों के पन्नों में निमग्न कॉलेज के छात्र प्रतीत हो रहे थे। थोड़ी दूर एक युवती अपने हैंडबैग में विराजे छोटे-से कुत्ते को पुचकार रही थी। मैंने इतना छोटा कुत्ता कभी नहीं देखा था, वह भी दूधिया रंग का। पास ही एक माँ अपने छोटे-से बेटे को कभी डिब्बे की खिड़की से गुज़रते बाहर के दृश्य दिखाती तो कभी उस कुत्ते की ओर बच्चे का ध्यान ले जाती। अपने बेटे को ऊबने से बचाने के उसके यह प्रयास सार्थक होते लग रहे थे।

डिब्बे में चारों ओर देखते हुए मेरी दृष्टि सामने बैठी प्लेटफ़ॉर्मवाली स्त्री पर पड़ी। वह भी होंठों पर हल्की मुस्कान लिये अपने अड़ोस-पड़ोस का मुआयना कर रही थी। औरों की तरह उसने अपना लैपटॉप या मोबाइल नहीं खोला। लगता है, हम दोनो ही सफ़र में कहानियाँ ढूँढ़ रही थीं या फिर किसी और में अपना प्रतिबिम्ब। हमारी नज़रें मिलीं, यह आज दूसरी बार हो रहा था। मुझे देख उसकी मुस्कुराहट खिल गयी।

इतने में गाड़ी अगले पड़ाव पर रुकी, दरवाज़े खुले और एक वृद्ध दम्पती ने एक-दूसरे का हाथ थामे घबराते, लड़खड़ाते हमारे डिब्बे में प्रवेश किया। जिन लोगों ने उनके इस आगमन पर ध्यान दिया होगा, उनके हृदय इस मार्मिक दृश्य को देख निश्चित ही पिघल गये होंगे। उस दम्पती को देख मुझे अपने नाना-नानी का स्मरण हो गया जो एक-दूसरे के सर्वस्व थे। प्लेटफ़ॉर्मवाली महिला ने उन्हें अपनी बग़लवाली दो ख़ाली सीटों पर बैठने का निमन्त्रण दिया जिसे उन्होंने स्वीकार कर लिया। गाड़ी के चलते ही महिला उनसे बातें करने लगी। मैंने ग़ौर किया कि इस वार्तालाप के दौरान उनके चेहरे से घबराहट के चिन्ह धीरे-धीरे ग़ायब होने लगे। मैं अब तक उस महिला से बहुत प्रभावित हो चुकी थी। उसका कोमल स्वभाव तथा सहज अपनापन मेरे हृदय को छू गया। मैं सदैव ही ऐसे किसी को खोजती जो भीड़ में होकर भी उससे अलग होता, जो मेरी ही तरह इस रेस का धावक होते हुए भी अनुभूतियाँ बटोरता चलता। आख़िरकार ऐसा कोई उस स्त्री के रूप में मेरे समक्ष

आ खड़ा हुआ और हमारे बीच मानवता का नाता-सा जुड़ गया।

मेरे विचारों के घोड़ों को दरवाज़े की गड़गड़ाहट ने लगाम दी। अगला स्टेशन आ गया था। द्वार के खुलते ही जनसमूह का प्रवेश-निकास पुनः आरम्भ हुआ। इस बार प्रवेश करने वालों में एक छोटा-सा झुण्ड स्कूल जाते बच्चों का था। लगभग सात-आठ वर्ष की आयु के ये लड़के-लड़कियाँ चहचहाते हुए डिब्बे में दाख़िल हुए। साथ में दो युवतियाँ भी थीं, जो शायद इनकी अभिभावक थीं। दोनों ललाट पर परेशानी की सलवटें लिये बच्चों को नियन्त्रित करने का जटिल प्रयास कर रही थीं। चूँकि गाड़ी के द्वार कुछ क्षणों के लिए ही खुले रहते हैं, उनका यह तनाव स्वाभाविक था।

बच्चों का कोलाहल डिब्बे के सन्नाटे को चीर गया, जो अब तक केवल गाड़ी के थपेड़ों या लाउडस्पीकर पर चालक के इक्का-दुक्का निवेदनों से ही भंग होता था। जहाँ उनकी उत्सुक एवं मासूम चहचहाहट हममें से कुछ को मन्त्रमुग्ध कर रही थी, वहीं कई यात्री इसे उपद्रव समझ बच्चों की ओर खीजकर देखते हुए नज़र आये। सामने बैठी मेरी मित्र उन्हें ममताभाव से निहार रही थी।

'मित्र–इस शब्द का प्रयोग इस महिला के सन्दर्भ में कुछ जल्दी ही नहीं कर दिया?' मेरे दिमाग़ ने मुझे फटकार लगायी। मन ने इस विचार का ज़ोरों से विरोध किया, 'क्यों नहीं, अगर अवसर मिला तो मैं उसे अवश्य ही अपनी मित्र बनाऊँगी। आख़िर ऐसे अच्छे लोग अब आसानी से मिलते कहाँ हैं। और लगता है, वह भी मुझे पसन्द करती है।'

रेल के चलते ही, अपने अभिभावकों के निर्देश पर, बच्चे रिक्त सीटों पर जा बैठे। अब डिब्बा भर चुका था। बैठते ही बच्चों ने युवतियों से मोबाइल माँगे और उन पर गेम खेलने में जुट गये। मेरे पास बैठा बालक, जो अब तक अपनी माँ संग खिड़की से गुज़रते दृश्य देखने को ही खेल समझ रहा था, उनकी ओर लालायित दृष्टि से देखने लगा। जब उसकी माँ ने ध्यान बटाने का पुनः प्रयास किया, तो बच्चे ने तोतली ज़बान में कहा–"मम्मा, वो दिला दो।" उसकी नन्ही उँगलियाँ मोबाइल पर गेम खेलते बच्चों की ओर उठी हुई थीं। माँ की दुविधा मैं समझ सकती थी।

दिमाग़–आज जहाँ देखो भौतिकवाद ने यही दशा कर दी है। ममता और स्नेह से विभोर हम कब अगली पीढ़ी को ध्वंस की ओर धकेलने लगे, ज्ञात ही नहीं हुआ। आज इस नन्ही कोंपल की सरलता ने चोट खायी है। वह दिन दूर नहीं जब वह केवल इन यन्त्रों में सुख ढूँढ़ेगा।

मन–पर आज की इस दुनिया में यह यन्त्र ही तो सब कुछ हैं। उन्हें बच्चों को

ना देकर क्या हम ग़लती करेंगे? इस बदलती दुनिया में, जहाँ विकास के पहिये तेज़ी, बहुत तेज़ी से घूम रहे हैं, इन यन्त्रों की जानकारी अत्यन्त आवश्यक है। इसके बिना बच्चे पिछड़ जायेंगे। दूसरे बच्चों के सामने शर्मिन्दा होंगे।

दिमाग़–अच्छा यूँ क्यों नहीं करते, एक नियन्त्रित समय-सूची बना लें जिसके अनुसार ही बच्चों को यन्त्र दिये जायें। उन पर समय की सीमा बाँध दें।

मन–क्या पता कौन-सा उपाय ठीक है और कौन-सा नहीं। बच्चों को सँभालना आसान नहीं। वैसे भी माँ-बाप के पास आजकल समय कम है और काम की चाप ज़्यादा। संयुक्त परिवार भी तो नहीं रहे। ऐसे में जो उनके जीवन को आसान बनाये वही उपाय सही।

दिमाग़–अपनी नयी मित्र से पूछना। आख़िर वह ज़्यादा अनुभवी और समझदार लगती है।

मन–हाँ, यह ठीक है। उसने भी यह दृश्य देखा होगा। इसी बहाने उससे बात करने का मौक़ा...

रेल फिर थमी और साथ ही मेरा एकालाप भी। इस बार कानों में हेडफ़ोंस लगाये गाने के ताल पर झूमते एक युवक ने डिब्बे में प्रवेश किया। कोई सीट ख़ाली न पा वह मेरे सामने खड़ा हो गया। युवक की आयु क़रीब बीस-इक्कीस वर्ष रही होगी। उसने फटीकाली जींस और हुड़ीवाली जैकेट पहनी हुई थी। लम्बे काले घुँघराले बालों की एक लट रह-रहकर उसके माथे पर गिर जाती। उस पर से अपनी नज़र हटाने पर देखा कि मेरी मित्र उसे और भी ग़ौर से देख रही थीं। महिला के कान्तिहीन चेहरे को देख मैं भौचक्की रह गयी। मुझे उसके हाव-भाव कुछ समझ नहीं आ रहे थे। मुझे अपनी ओर देखता पा उसके चेहरे पर एकाएक पूर्व मुस्कान लौट आयी।

रेल ने स्टेशन से प्रस्थान किया। युवक ने सहसा हिप-हॉप नृत्य की एक हरकत की। बाक़ी यात्री उसकी ओर ताकने लगे। बच्चे उसकी ओर कतराकर देखते, उसका अनुकरण करते और अपनी हँसी को हाथों से ढाँपते। वह बेसुध झूमता रहा। मैं उसके इस खुलेपन को देख मन ही मन उल्लसित और प्रेरित हो रही थी। सोच रही थी कि बढ़ती आयु के साथ हम अपने आप को कितने निराधार नियमों में जकड़े, औपचारिकता के बोझ के तले धँसते ही जाते हैं। मैं ऐसा सोच ही रही थी कि सामने बैठी वृद्धा स्त्री ने उस युवक को झूमते देख अपना हाथ हवा में उठाया और चुटकियों की लय पर सर हिलाने लगी। उसके पति ने भी यही किया। वहीं अन्य यात्री इस असमंजस में थे कि जिस संगीत से वह दम्पती ताल मिला रहे

थे, वह उन्हें कहाँ से और कैसे सुनाई दे रहा था। अब बच्चे उनका अनुकरण करने लगे। मेरे संकुचित-से पैर भी उनके ताल पर थिरकने लगे। युवक अब भी इस बात से बेख़बर था कि उसने अनजाने में तीन पीढ़ियों को प्रेरित किया और एक सूत्र में बाँध दिया। मैंने अपनी पूर्व धारणा को फिर टटोला। हम जीवन और प्रसन्नता को आयु तथा औपचारिकता के अधीन क्यों कर देते हैं? इस बीच मेरी मित्र का चेहरा कुछ उतरा हुआ-सा था।

रेल एक बार फिर रुकी। वृद्ध दम्पती हाथों में हाथ लिये फिर उठ खड़े हुए और मेरी मित्र को अलविदा कहकर डिब्बे से बाहर चले गये। वहीं मेरी बग़ल की सीट भी ख़ाली हुई। चूँकि यह सीट हेडफ़ोन्स पहने युवक के निकट थी, वह इसकी ओर बढ़ा। इससे पहले कि वह पहुँचता, मेरी मित्र ने दूसरी तरफ़ से लपककर इस सीट पर धावा बोला। मैं और युवक दोनों ही महिला के इस व्यवहार पर दंग रह गये। युवक ने महिला से अपने बर्ताव की सफ़ाई सुनने की अपेक्षा में एक कान पर से हेडफ़ोन हटाया और उसे एकटक देखने लगा। महिला ने बस इतना ही कहा, "आप कृपया कहीं और बैठें।"

उसके स्वर में अनुरोध कम और निर्देश अधिक सुनाई पड़ रहा था। मैं महिला के मेरे साथ बैठने के आकस्मिक निर्णय का कारण समझने का प्रयत्न कर रही थी।

मैंने सोचा कि हो सकता है कि अब जब वह दम्पती चला गया है, तो उसे सफ़र में कोई साथी चाहिए हो। हो सकता है कि उसे मुझमें अपना प्रतिबिम्ब दिखाई पड़ा हो, मैं उसे अपने जैसी लगती हुँ। यह भी हो सकता है कि उसे मेरी आँखों में अपने लिए नवजात सम्मान और प्रशंसा का आभास हो गया हो। क्या वह मुझसे बात करने के लिए इतनी उत्सुक है? क्या उसे भी लगता है कि हम मित्र बन सकते हैं? पर फिर भी ऐसे लपकना थोड़ा अटपटा लगा।

गाड़ी फिर चल पड़ी।

मैं इस उधेड़बुन में लगी ही हुई थी कि तभी महिला के मुँह से वे शब्द निकले जिन्हें मैं आज तक भुला ना पायी।

"तुम्हें बचा लिया मैंने, नहीं तो वह तुम्हारे साथ, यहाँ ठीक बग़ल में बैठा होता। फिर मुँह को हाथ से ढाँपते हुए मेरे कान के पास आकर धीमे स्वर में बोली, "इन जैसों से जितनी दूरी बना सको, उतना ही अच्छा है। जितना काला इनका तन, उतना ही काला इनका मन और उससे भी काले इनके कर्म।"

मेरा माथा ठनका! क्या मतलब है–बचा लिया? काला तन? काला मन?

किसका? महिला के वह शब्द मेरे मन-मस्तिष्क में गूँज उठे और मेरी देह को सुन्न कर गये। महिला युवक के वर्ण के प्रसंग में और भी कुछ कह रही थी पर मेरे कानों तक बस उसकी आवाज़ पहुँची, उसके शब्द नहीं। मेरा सिर एक अनैच्छिक हामी भरता रह गया। मेरे सोचने की क्षमता क्षीण हो गयी परन्तु जैसे ही वह लौटी, उसके शब्द मेरे दिमाग़ पर हथौड़ी के वार से बरसे।

मैंने युवक की ओर देखा। वह महिला की छोड़ी सीट पर जा बैठा था।

क्या उसे महिला की आँखों में अपने लिए घृणा का अहसास तक हुआ? क्या उसे इस बात का बोध तक हुआ कि वह अभी-अभी जातिवाद का शिकार हुआ है? यह भेदभाव केवल उसके वर्ण की वजह से?

किताब से उसका चेहरा ढका हुआ था। क्या वह वास्तव में प्ढ़ने में निमग्न था या केवल तिरस्कार के दु:ख को पुस्तक के पीछे छुपा रहा था?

महिला का संवाद जारी था। मैं उसकी इस विचार-संकीर्णता, इस अमानवीय प्रवृत्ति का प्रतिवाद करना चाहती थी परन्तु मेरी ज़बान साथ देने से मुकर रही थी। औपचारिकता की साँकल ने उसे जकड़ रखा था। मेरे संकुचित होंठों से बस 'लेकिन' ही निकल पाया।

मैं इस अन्तर्द्वन्द्व से जूझ ही रही थी कि एक बार फिर से गाड़ी रुकी और दरवाज़े गड़गड़ाते हुए खुले। मुझे हड़बड़ाहट में न जाने क्या सूझी और मैं अपना सामान उठा डिब्बे से बाहर निकल आयी। प्लेटफ़ॉर्म पर पाँव धरते ही मुझे अहसास हुआ कि मैं अपने गन्तव्य से एक पड़ाव पहले ही उतर गयी थी। परन्तु मुझमें डिब्बे में लौटने का साहस नहीं था।

मेरा मस्तिष्क अब विचारों की रणभूमि बन चुका था। क्या हम अपने अन्दर इतनी कटुता छुपाने में सक्षम हैं? आत्मीयता और नम्रता की सुनहरी परत को अगर खुरचा जाये तो क्या द्वेष की कालिख ही मिलेगी?

मैं महिला के स्वभाव, जो अब समझ में आया की महज़ ऊपरी था, से इतनी प्रभावित थी कि उसमें अपना प्रतिबिम्ब देखने लगी थी। क्या मैं भी हूँ उसके जैसी? शायद हूँ क्योंकि प्रतिवाद ना करना भी तो समर्थन का ही एक रूप है। क्यों मैं उसे मुँहतोड़ उत्तर नहीं दे पायी? क्यों इस अन्याय की भागीदार बनी?

अपने को कोसती मैं तेज़ क़दमों से अपने कार्यालय की ओर बढ़ने लगी। अपने अन्दर एक क्रोधाग्नि का ग़ुबार उठते पाया। मेरे हाथ पैर ठण्डे और चेहरा गर्म हो चुका था। गालों पर अश्रु की धारा थी, दु:ख की नहीं, कौंध की और मन में यह शब्द बिजली की तरह क्रौंध रहे थे :

काला कितना काला
और सफ़ेद कितना सफ़ेद
यहाँ सफ़ेद का मन काला
और काले का मन श्वेत

इन दो रंगों के द्वन्द्व में लगे
कुछ लोगों के कुकर्मों पर
आज मानवता को है खेद
तो फिर काला कितना काला
और सफ़ेद कितना सफ़ेद

विकास का ढिंढोरा पिटते
यह नैतिकता के ठेकेदार
अपनी क्रूरता को विनम्रता से ढकते
मानवजाति को वर्गों में करते क़ैद

रंगों की इस राजनीति का
परिणाम है यह सम्बन्ध-विच्छेद
तो फिर काला कितना काला
और सफ़ेद कितना सफ़ेद

मेरी पहली नौकरी

–आशीष मिश्रा

दोपहर के तीन बजे होंगे। मार्च के महीने की धूप खिली थी, जो गरम तो थी पर गरमाने वाली नहीं अर्थात् सुखद थी।

धूप ऐसे इतरा रही थी जैसे कि थोड़ी नमी लिये अभी-अभी खिला फूल, जो बगीचे में यूँ इतराता है जैसे पड़ोस के पेड़ पर उगे लाल फूल भी इसी के पीलेपन की देन हों। वह सोचता है कि माली की बाल्टी भी इसी की पंखुड़ी पर बैठी दो ओस की बूँदों ने भरी होगी।

कुछ-कुछ ऐसी ही अभिमान में झुकी-झुकी-सी झरझरा रही थी बसन्ती हवा लिए यह मार्चवाली धूप।

तभी बाहर बरामदे के पास से आवाज़ आयी, "विनोद कुमार जी...ओ विनोद जी।"

मैं अलसाये मन से उठा और गलियारे से बरामदे की ओर बढ़ा। इतने में एक बार साइकिल की घण्टी बजी। देखा तो लाल साइकिल पर पोस्टमैन साब थे। मुझे देखते ही उन्होंने अपने लम्बे-से थैले में हाथ डाला और लिफ़ाफ़ों की एक गड्डी निकाली। फिर अपनी उँगलिओं को लिफ़ाफ़ों पर चलाने लगे। दस-बारह सेकंड के बाद उँगलियों की ऊहापोह रुकी और एक ख़ाकी लिफ़ाफ़े को गड्डी से अलग कर मेरी ओर बढ़ाया।

"लीजिए, विनोद जी," मेरी ओर खिसकाते हुए कहा।

फिर एक बार साइकिल की घण्टी बजी और डाकिया किसी और के द्वारे पनघट लगाने चल पड़ा। मैंने वहीं बरामदे में पड़ी कुर्सी खिसकायी और बैठते-बैठते लिफ़ाफ़ा खोला। उसमें से एक लम्बा-सा काग़ज़ निकला।

चिट्ठी के ऊपर तीन शेरों के मुँह वाला निशान देखा और ठीक उसके नीचे चिर-परिचित 'सत्यमेव जयते' प्रदर्शित था। इतना तो साफ़ था कि कोई सरकारी

पत्र है। पहली कुछ पंक्तियों को चार-पाँच बार पढ़ा और सहसा ही दो-तीन मुस्कुराहट-भरी लकीरें मेरे निचले होंठ से उभरने लगीं।

जब मैं ग्रैजुएशन के अन्तिम वर्ष में था, तब नौकरी पाने की जागरूकता सबसे ज़्यादा उत्कण्ठित थी। उसी उत्सुकता में कई नौकरियों के लिए आवेदन-पत्र भरे थे–जैसे कि बड़े बैंकों, चमकदार इमारतों में बसी ऊँची कम्पनियों, भारतीय रेल और भारतीय डाक विभाग में।

किसी ने शैक्षणिक योग्यता में कमी बतायी, किसी ने इंटरव्यू में दुलत्ती मारी तो किसी ने दूसरे दौर के टेस्ट में ध्वस्त कर दिया।

प्रभु की माया है कि भारतीय डाक विभाग ने मेरा आवेदन स्वीकारा और नौकरी की बधाई देते हुए यह पत्र भेजा। चिट्ठी में रेखांकित की हुई एक पंक्ति में लिखा है कि अगले महीने मतलब पन्द्रह अप्रैल तक ट्रेनिंग के लिए मुम्बई जाना है। तीन महीने की ट्रेनिंग और फिर पोस्टिंग होगी।

जीवन में एक बार फिर वही हुआ जो मेरी पहली पसन्द नहीं थी। शहर के बीचोबीच लकड़ी के केबिन में बैठकर बाबूवाली चाय। कोई ऐसी नौकरी मिलती, सो तो हुआ नहीं। चमचमाती शीशे की बिल्डिंग में क्लर्क भी ना बन पाया और न ही गर्व से कह पाया..."जी मैं रेलवे में काम करता हूँ।"

ख़ैर...होइए वही जो राम रचिराखा। प्रभु प्रसाद समझकर मैंने चिट्ठी माँ के चरणों में रखी। माँ बिना चिट्ठी पढ़े ही जैसे मेरी आँखों की चमक में मेरी पूरी ख़ुशख़बरी देख चुकी थी। मैंने भी माँ की छुअन को अपने सर पर उड़ेलने दिया।

"बेटा, जीता रह। तेरे नाना भी बीकानेर में डाक बाबू ही थे," कहकर माँ ने दोबारा मुझे पुचकारा। माँ का दुलार तो होता ही ऐसा है जैसे जेठ के महीने में किसी ने आसमान में सुराख़ कर ठण्डे पानी की फुहार कर दी हो। मेरे अन्तर्मन तक को तर-ब-तर कर देने वाली नमी उनकी मुस्कुराती आँखों से टपकने लगी।

माँ अपने तख़्त से उठी और सामने मेज़ की तरफ़ बढ़ने लगी। मेज़ पर पापा की तस्वीर और उस पर सूखे गुलाबों की लाल माला थी। मेज़ की बायीं ओर की खिड़की से ठण्डी हवा उनकी माला को सहज रूप से हिला रही थी। माला पापा के निचले होंठों के पास आकर फिर से अन्दर की ओर मुड़ी थी और उस पर जब मासूम-सी चलने वाली हवा लगती तो ऐसे हिलती जैसे पापा मुझसे कुछ बोल रहे हों। जैसे मेरे पास नये पहाड़ बने हों और उनमें से हौसलों और साहस के झरने सीधे मेरे मस्तक को धो रहे हों।

माँ ने नौकरी का ख़त तस्वीर के सामने रख दिया। थोड़ी झुकी और साड़ी के दाहिने छोर को पल्लू-सा बनाकर अपने सिर पर रख लिया। अब मेरे सामने आसमान और धरती दोनों हमेशा की तरह एक बार फिर एक-दूसरे को निहार रहे थे। दोनों के बीच में किसी देवदार सरीखे पेड़ की फुनगी पर रखा पत्र उनकी अनुकम्पा से सराबोर हो रहा था।

"मुझे कल सुबह मुम्बई के लिए रवाना होना होगा। वहाँ तीन महीने की ट्रेनिंग है, उसके बाद कहीं किसी जगह पोस्टिंग होगी।" माँ ने अपने उसी गुमसुम अन्दाज़ में मेरी बात सुनी और रसोई में चली गयी।

गाँव के निकटतम स्टेशन से कानपुर के लिए पैसेंजरट्रेन सुबह सात बजे की है, इसका मतलब घर से सवेरे निकलना पड़ेगा। यही सोचते-सोचते बड़ेवाले कमरे की अटारी पर से सूटकेस उतारा और कपड़े जमाने लगा। मैंने अपनी प्रिय पुस्तक 'गीता' और डिग्री का बस्ता अन्दर लगा दिया।

"विनोद, ओ विनोद, बेटा, खाना खा ले!" रसोई से आ रही ख़ुशबू ने मानो दोबारा खटखटाकर बताया कि एक माँ ने अपने बेटे को खाने को बुलाया है।

"बेटा, वो इमरतदान उतार दे, थोड़ा आम का अचार है...ला तेरे लिए बाँध दूँ। तेरे रास्ते के लिए पूड़ियाँ और आलू की सूखी सब्ज़ी दे दूँगी, कहीं बैठ के चाय के साथ खा लियो,"

मैं चौके में रखे पाटले पर बैठ गया। माँ ने मेरी ओर खाने की थाली सरकायी। उस थाली में मेरा पसन्दीदा घी-बूरा जैसे मेरी ओर देखकर इठला रहा था। रोटी ऐसी जिसके स्वाद के लिए इन्द्र भी इन्द्रासन छोड़ दे। माँ के हाथ का खाना जैसे किसी समुद्र-मन्थन से निकला अमृत का कटोरा...मेरे लिए दोनों एक समान हैं।

सुबह जल्दी-जल्दी तैयार होकर चौपाल के सामने से बस में बैठ गया। कोई दो घण्टे में कानपुर स्टेशन पहुँच गया। हालाँकि बीच में रमईपुर के पास ड्राइवर ने पिछले पहिये भी बदले। पर राहत की बात थी कि अब मैं कानपुर स्टेशन की टिकट खड़की पर पहुँच चुका था।

"जी, ये मुम्बई की गाड़ी कितने बजे है?"

"लखनऊ-मुम्बई एक्सप्रेस साढ़े बारह बजे आयेगी और एक बजे रवाना होगी, प्लेटफ़ॉरम नम्बर आठ से।"

रेलवे अधिकारी का पूरा मुँह अन्दर से लाल था जैसे उसने सूरज को दबा रखा हो लेकिन कानपुरवालों के लिए दबा कर पान खाना जैसे साँस लेने के बराबर है।

मैंने झटपट एक हज़ार का नोट निकाला, "एक मुम्बई की टिकट चाहिए।"

वैसे जीवन का बोझ अभी कुछ ख़ास नहीं था, सो एक बैग दायें काँधे पर और दूसरा हाथ में लिये आसानी से प्लेटफ़ॉर्म आठ पर पहुँचा। यहाँ का दृश्य बहुत हद तक सामान्य था, जैसे कुछ परिवार एक साथ बैठे गप्पे मार रहे थे। परिवार बड़ा लग रहा था, शायद किसी शादी में शिरकत की तैयारी होगी।

वहीं एक कोने में मस्त एक बैडिंग पड़ा था, जिसे सिरहाना लगाये कोई फ़ौजी लेटा था। फ़ौजी की तो आँख लगी थी लेकिन उसके फ़ौजीवाले मोटे सोल के जूते ऐसे तने थे जैसे बॉर्डर पर दहाड़ रहे हों। प्लेटफ़ॉर्म की सीढ़ियों पर लाल रंग की यूनीफ़ार्म पहने कुछ क़ुली बैठे हैं।

वैसे क़ुलियों को जब भी देखता हूँ, हर बार मुझे उनमें एक नया पात्र दिखाई देता है। क़ुली जब सिर पर दूसरों का बोझ उठाता है तो कोई सन्त-सा प्रतीत होता है। क़ुली जब लालधारी भेष में खड़ा होता है तो कोई मदद को आतुर सैनिक लगता है, जब ग़ैरों का बोझ उठाये किसी यात्री को उसकी मंज़िल ये वाली ट्रेन पकड़वाता है तो मसीहा सरीखा लगता है। और जब थककर वहीं बैठ जाता है और हर आती-जाती ट्रेन से मन ही मन बातें करता है, निहारता है तो कोई पुजारी लगता है।

मैं बड़ी आतुरता से समयसारिणी के बोर्ड पर अपनी ट्रेन की जानकारी पढ़ रहा था कि तभी किसी सज्जन के पाँच-छह सूटकेस और दो झोला उठाये एक क़ुली से मुझे धक्का लगा। मेरी पानी की बोतल गिर गयी और पीछेवाले के पाँव के नीचे पड़कर पिचक भी गयी।

वैसे जिस बाबू का सामान था, उसका एक हाथ पॉकेट में और दूजे में मोबाइल फ़ोन लहरा रहा था। अगर जनाब क़ुली को एक बैग कम भी देते और ख़ुद ढो लेते तो भी चलता! लेकिन आख़िरकार क़ुली को पैसे दिये होंगे, सो पूरे वसूलने भी तो थे।

यकायक एक उद्घोषणा हुई कि मेरी वाली गाड़ी दो घण्टे देरी से आयेगी। वैसे तो कोई चिन्तावाली बात थी नहीं क्योंकि मैं रविवार की सुबह मुम्बई पहुँचने वाला था, सो अब दोपहर सही। प्लेटफ़ॉर्म पर पानी की टोंटी के पास नैसर्गिक रूप से एक चाय की दुकान दिखाई पड़ी।

"बाबू, चाय स्पेशल या चालू?"

"कोई भी दे, भाई, लेकिन कड़क बनाना।"

लगभग डेढ़ बजने वाला था। जठरागिनी अपना रूप दिखाने लगी थी। मैंने

चायवाले से दो मट्ठी ली और आगे बढ़ा। कुल्हड़ का आनन्द लेते-लेते मैं किताबों के ठेले पर रुक गया, आख़िर रास्ते का सफ़र भी तो काटना था।

सामने कुछ विशिष्ट लेखकों की अभूतपूर्व रचनाएँ रखी थीं–कविता, ग़ज़ल, चुटकुले, लघुकथा, उपन्यास। मैंने हिन्दी के लेखक तेजेन्द्र शर्मा जी की कहानियों की किताब उठायीी और उसी के पीछे दबी मुंशी जी का 'ग़बन' उपन्यास। हालाँकि 'ग़बन' पहले पढ़ा था लेकिन मन दोबारा पढ़ने का हुआ। जैसे गीता-रामायण जितनी बार पढ़ो, कुछ नया मिलता है, ठीक वही बात मुझे 'गोदान' और 'गबन' सरीखे उपन्यासों में मिलती है।

"कितने हुए, बन्धु?"

"भैया जी, डेढ़ सौ और दो सौ। आपका हुआ साड़े तीन सौ।" अब देखिए दो घण्टे की फ़िल्म का आज के ज़माने में हज़ार रुपये और दो शानदार कहानियाँ सौ-दो सौ में। मैंने पाँच सौ का हरा नोट बढ़ाया।

"भैया जी, हमारा छोटा भाई यहीं स्टेशन के पीछे ग़रीब-गुरबा का बच्चा सब को दो-तीन घण्टा अंग्रेज़ी और मैथ पढ़ाता है। अगर कुछ सहयोग होगा तो उपकार मानेंगे,"

"हाँ, ये तो मस्त काम करता है तुम्हारा भाई। सौ रुपैया की मेरी तरफ़ से कॉपी-पेन दिलवा देना बच्चा सब को।"

किताबों को छोटे बैग में डालकर जैसे ही कुल्हड़ उठाया तो देखा कि चाय का आनन्द मक्खी ले रही थी। इतनी अच्छी चाय का बेड़ा गरक हुआ लेकिन इलायची की ख़ुशबू अभी भी आ रही थी। अब दो बजने वाले थे। तभी वहाँ से एक श्रीमान आते दिखाई पड़े। काली पतलून पर सफ़ेद शर्ट और ऊपर से लटका काला कोट, हाथ में बड़े-बड़े काग़ज़ों का पुलिन्दा। देखते ही समझ में आ गया। आधी लटकी नेम प्लेट पर उनका नाम अटका था–आर.के. त्रिपाठी।

"त्रिपाठी जी, नमस्कार! लखनऊ-मुम्बई एक्सप्रेस में आप ही रहेंगे?" मैंने बड़ी सावधानी से पूछा।

त्रिपाठी जी का वही चिर-परिचित कनपुरिया मुँह खुला, जो पूरी तरह पान के रस से सराबोर था। मुँह को थोड़ा ऊपर को ऐंगल देते हुए उन्होंने जवाब दिया "जी कौनो ऐतराज़? ट्रेन आने वाली है। सीट है ना जी?"

"जी, सफ़र लम्बा है। देखिए आरएसी है, अगर बर्थ मिल जाती तो..."

त्रिपाठी जी थोड़ा-सा बड़े अफ़सरवाला हाव-भाव दिखाते हुए, "हमम्म... ठीक है, आप कितने नम्बर बोगी में हैं, भैया?"

मैंने झट से जेबों को टटोलते हुए ब्लेज़र के अन्दरवाली जेब से टिकट निकाला, "ये दो नम्बर 62 आर।"

"हाँ तो ठीक है। आगरा में आता हूँ, फिर आपकी बर्थ का इन्तज़ाम करते हैं।"

"थैंक्स, सर!" बोल कर मैं प्लेटफ़ोर्म के दूसरी ओर चल पड़ा।

आख़िर प्रतीक्षा समाप्त हुई, ट्रेन आयी। 62 आर भी मिली लेकिन कोई जनाब पैर पर पैर धरे और एक सींक से दाँत खोदते हुए मेरी सीट पर विद्यमान थे।

"ओ चच्चा, ये बासठ नम्बर सीट मेरी है। आपको तकलीफ़ दूँगा, प्लीज़!"

"हाँ तो आओ। ख़ाली पड़ी रही, हमने सोचा हमई बैठ जाबें।"

जनाब की सीट पर उनकी बेगम सो रही थीं। बड़े आदर से उन्होंने उनके पैर को खिसकाया और बैठ गये। मेरे ठीक सामनेवाली सीट पर एक मैडम बैठी थीं। मेरी सीट के नीचे उन्हीं का सामान पसरा था। सामने ट्रे पर आईपैड से निकली इयरफ़ोन की तार मैडम के झुमके के नीचे अटकी थी। मैंने सकुचाते हुए पूछा, "हैलो मैडम, क्या ये सामान आपका है?"

"ओ यस, एक्सट्रीमली सॉरी। लेट मी अरेंज दिस।" उन्होंने अपने आईपैड को साइड में रखा, कानों में से इयरफ़ोन की लीड निकाली और लगभग हड़बड़ाते हुए अपनी चप्पल पहनने लगीं।

मैडम की अंग्रेज़ी और मॉडर्न हाव-भाव को देखते हुए मुझे पहली बार लगा कि मैं बड़े शहर मुम्बई जा रहा हूँ।

"अरे मैडम जी, डोंट वरी, आई विल री अरेंज इट एंड मेक सम स्पेस।'

"आर यू श्योर?"

"या, या, या, इट्स ओके!"

सब सामान सेट करने के बाद मैंने पानी की बोतल निकाली और आधी गटक गया। थोड़ी देर में आख़िर इन्तज़ार की घड़ी ख़त्म हुई और ट्रेन का बड़ा-सा हॉर्न सुनाई दिया। अन्ततोगत्वा मेरी गाड़ी मुम्बई की ओर सरपट भागने लगी।

अच्छा मर्द

–आस्था देव

विदेश में आपके अलग छँट जाने का ख़तरा बहुत है, इसलिए ये कोशिश करते रहनी पड़ती है कि आप यहीं के बने रहें! आख़िर आपने अपना देश इसलिए तो नहीं छोड़ा कि आप यहाँ का हिस्सा न बन पायें।

यूँ तो भीड़ में खोने के लिए भारत से बेहतर कोई और जगह हो ही नहीं सकती। इस बार जब भारत अकेली गयी तो एयरपोर्ट पर ही लगने लगा, लोगों का एक सैलाब है। ये भीड़ दिन-रात की मशक़्क़त में कुछ ऐसा लगी पड़ी है कि ज़िन्दगी भाग-दौड़ के अलावा कुछ नहीं। गलाकाट प्रतिस्पर्धा में, कोशिश वहाँ भी ख़ास बनने की ही है, पर उस पर ज़िन्दगी जीने का बोझ इतना ज़्यादा हो जाता है कि कोशिश सफल होने की ज़्यादा, सुखी होने की कम हो जाती है। सफलता को सुख के पर्यायवाची शब्दों की सूची में तलाश कर देखना, नहीं मिलेगी। इतना तो समझती ही हूँ कि ज़मीन कोई भी हो, ये ना समझने की ग़लती हर जगह बराबर रूप से की जाती है।

इंग्लैंड में समाज अलग है, सोच भी। मुझे लगता है कि यहाँ व्यक्तिगत सुख को कुछ ज़्यादा ही प्राथमिकता दी गयी है। अपनी ख़ुशी के लिए लोग काफ़ी मेहनत करते हैं, चाहे फ़िटनेस के लिए दौड़ते लोग हों या शाम होते ही पब्स के बाहर लगने वाली भीड़। ये लोग एंजॉय करने में विश्वास करते हैं और इसमें सभी की बराबर भागीदारी है, चाहे स्त्री हो या पुरुष। यहाँ औरत के लिए घर के काम चॉइस हैं, ड्यूटी नहीं! भारत में औरत पर उम्मीदों का बोझ बहुत ज़्यादा है। मैं समाज और समझ के इस अन्तर को लेकर जजमेंटल नहीं होती। मैं समझती हूँ" 'माई लाइफ़ माई रूल्स' वाला समय है ये।

कुछ हफ़्ते पहले ये बात जब मैंने ट्रेन में कही थी, अपर्णा ने तपाक से कहा था, "फिर से वही फ़ेमिनिस्ट का झण्डा! यही हर पल उठाये रखना है तुझे!

दुनिया में इससे कहीं बड़ी कई रियल प्रॉब्लम्स हैं।" बतौर अपर्णा अय्यर–जेंडर डिस्क्रिमिनेशन, रियल प्रॉब्लम नहीं है। उसका अपना एक इतिहास है, जो संघर्षों से भरा है। उसके ख़ुद के संघर्ष इतने बड़े हैं कि प्राय: वह औरों की समस्याओं के लिए एक गुलाबी चश्मा पहन लेती है, ताकि वो उन्हें देख ही न पाये।

और शी सान, उसने कहा, "भारतीय पुरुष कहीं भी रहें, वो बदलते कहाँ हैं। घर की ज़िम्मेदारियाँ उनकी समझ से परे रहती हैं।" शी सान को अपने अन्तर्देशीय पति के माँ के लाडलेवाले नखरे उठाने की आदत इतनी ज़्यादा हो चुकी है कि वो अपने पति की ग़लती को एक पूरे देश के सर मढ़ने को तैयार है।

मेहविश की राय भी कहाँ अलग है, "अल्लाह बचाये, इन मर्दों की मदद से, जितना काम नहीं करते उतना फैलाते हैं! ऊपर से अहसान अलग। इससे पहले कि बिरयानी बँटे, कोई न कोई आ ही टपकता है। फिर अपने हिस्से जितना आये, वो मेहरबानी।" माहा के मियाँ को अच्छे बने रहने का शौक़ कुछ इस क़दर है कि वो कुनबे के लिए अपना घर जला दें।

जेनिफ़र आश्चर्य से हमें तकती और बोलती, "घर तो सबकी ज़िम्मेदारी है, फिर इसमें स्त्री और पुरुष का क्या अन्तर!" कहते हुए उसके चेहरे पर विषाद के ना जाने कितने रंग इकट्ठा हो जाते हैं। उसने अपनी माँ को दो बच्चों का भार अकेले खींचते देखा है। उसकी छोटी बहन के डाउन सिंड्रोम को लेकर उसके पिता इतने शर्मिन्दा थे कि उन्होंने उन तीनों से ही दूरी बना ली। जेनी के बालमन पर यह अनुभव इतना हावी रहा कि बच्चा प्लान करने में उसे बहुत देर लगी।

ये हमारे ट्रेन का जत्था है, आते समय जिसका गन्तव्य एक और जाते समय अलग-अलग, ठीक वैसे ही जैसे उम्र और जीवन के अलग-अलग पड़ाव पर खड़ी हम पाँच स्त्रियाँ।

पाँचवीं कौन? जी, मैं, अभिनया जोशी। मुझे अपनी ज़िन्दगी बहुत ही परफ़ेक्ट लगती है। सब कुछ नपा-तुला है : उम्र 35, पति नौकरीशुदा, बच्चे दो, पढ़ाई में अच्छे। सब कुछ आइडियल-सा है। ना कभी मेरी कहानी में अपर्णा की तरह पैसों की तंगी रही, ना शी सान की अकेली लड़ाई, ना मेहविश की बड़े कुनबे की बड़ी उम्मीदें, और न ही जेनी की अधिक उम्र की प्रेगनेंसी। कुल मिलाकर मुझमें ऐसी कोई बात नहीं जो मुझे इतना ख़ास बना दे कि मैं इस कहानी की मुख्य पात्र बन जाऊँ। पर उर्दू की इस कहावत 'लिफ़ाफ़ा देख मजमून भाँप लेना' का ठीक उल्टा जो अंग्रेज़ी में है, मैं उसी कथन को चरितार्थ करती हूँ। अरे वही वाली, 'नेवर जज ए बुक बाई इट्स कवर!'

वैसे कवर चढ़ाने में, बचपन से मेरा जवाब नहीं। साल में स्कूल का एक यही काम था जो मैं पूरे मनोयोग से करती थी। अब बस नक़ली मुस्कुराहट का कवर चढ़ाती हूँ, यदा-कदा! वैसे, फेंकने और फेक करने दोनों में ही मेरा हाथ ज़रा भी तंग नहीं है। अपने बारे में ही घण्टों बात कर सकती हूँ, पर आजकल थोड़ा कम बात करने की कोशिश में हूँ, किसी ने कहा है, "यही प्रॉब्लम है तुम्हारी, बहुत बोलती हो तुम," इसलिए कम बोलने की सोच रही हूँ।

नयी नौकरी, नये ट्रेन रूट पर, नवम्बर की रात के 6 बजे, बारिश के बीच, हमारी ट्रेन दो स्टेशन के मध्य 20 मिनट तक रुकी रही। वहीं हम पाँचों मिले। वैसे तो लन्दन की ट्रेन में अपने सहयात्री से बात करना क़तई आम घटना नहीं है, पर उस दिन की बात कुछ और थी। अपने बेबी बम्प के साथ बैठी जेनी ने कहा, "एक्सक्यूज़ मी, क्या आप सब मुझसे बात करती रहेंगी, ताकि मुझे घबराहट कम हो?"

अचानक, चार जोड़ी आँखें उसकी तरफ़ उठीं और उसके बेबी बम्प पर आकर ठहर गयीं! मुझे तो मानो कुछ मनचाहा मिल गया, पर इससे पहले कि मैं कुछ कह पाती, माहा ने कहा, "ईश्वर तुम्हारे साथ हैं, फ़िक्र मत करो!"

जेनी ने कहा, "मैं एक वैज्ञानिक हूँ, मैं कैसे अनदेखे ईश्वर पर विश्वास सकती हूँ"?

सबको नि:शब्द देख मैंने एक शरारती मुस्कान के साथ कहा, "किसी देवता जैसे दिखने वाले आदमी को देख लो। आँखों और मन दोनों को तसल्ली मिलेगी!"

अपने बेबी बम्प पर हाथ फेरते उसने पूछा, "इस अवस्था में भी?" और हँस पड़ी।

उसके साथ हम चारों भी हँस पड़े, और एक-दूसरे का परिचय सुनते-सुनाते हमें पता ही नहीं चला कि कब ट्रेन चल पड़ी। फिर एक-एक करके हम सभी अपने-अपने गन्तव्यों पर उतर गये, पर अब हम कम से कम अजनबी तो नहीं रहे।

गत 6 माह में, हम सहयात्री से आत्मीय ज़रूर बन गये।

एक शाम, माहा के उतरे चेहरे को देख मैंने पूछा, "कुछ परेशान हो, क्या हुआ?"

उसकी आँखें भर आयीं, "कभी-कभी समझ में नहीं आता कि जिस इन्सान के लिए मैं सब कुछ कर रही हूँ, उसकी ये अच्छाई वास्तव में अच्छाई है या बुराई? क्या ज़रूरी है कि इन्सान भला कहलाने के लिए हर ग़लती को अनदेखा और अनसुना कर दे? बात बस पैसों की होती तो मैं जाने देती, बदले में थोड़ा प्रेम, थोड़ी इज़्ज़त तो मिलती और कुछ न सही बच्चों के लिए स्नेह तो आता। कुछ नहीं

बस ग़लतियाँ निकाली जाती हैं या डिमांड बतायी जाती है। मैं इनकी 'अच्छाई' के बोझ से थक गयी हूँ। ऊपर से दिन-रात ये साबित करना कि वो हम सबके ऊपर हैं। पाकिस्तान छोड़े दो दशक हो गये, पर मर्द मालिक है कि वाहियात सोच हमेशा हावी होती रहती है।"

अपर्णा ने तब कहा था, "सोच समय के साथ बदलती नहीं है, यही तो सबसे बड़ी मुश्किल है। वैसे भी, मर्द और औरत का रिएक्शन हर सिचुएशन में अलग ही होता है। सालों पहले, जब हम श्रीलंका में थे तो श्रीनि ने गाँव में ज़मीन ख़रीदी थी, पर मैं भूमि-पूजा के तुरन्त बाद मायके चली गयी। बच्चा छोटा था, श्रीनि ने सोचा कि उसके माता-पिता को तकलीफ़ न हो क्योंकि और भी ज़िम्मेदारियाँ थीं। कुछ दिनों बाद एक ऑडियो रिकॉर्डिंग ग़लती से व्हाट्सएप फ़ैमिली ग्रुप पर आ गयी। जिसमें मेरी सास बता रही थीं कि कैसे श्रीनि जोरू का ग़ुलाम है, और बहुत सारी बातें! मैं जानती हूँ, उस ज़मीन को ख़रीदने के लिए श्रीनि ने कितनी मशक़्क़त की थी। इतना करके भी उसे बुरा भला ही कहा गया। सोचकर बहुत रोयी मैं, जबकि मेरी माँ ने कहा–उन्होंने अपने बेटे या भाई को कहा, तुम क्यों रोती हो?–पर काश मैं अपनी माँ की तरह प्रैक्टिकल होती। मेरा रोना-धोना तो कुछ देर का था, पर श्रीनि के अन्दर एक अजीब-सा बदलाव आया। वो कहता नहीं है, पर मैं जानती हूँ कि उसका मोहभंग हो गया। नहीं तो बहनो! मैं कोलम्बो से लन्दन तो कभी न पहुँचती। ये बात अलग है कि उसके बाद मेहनत भी दोगुनी की, दोनों ने। झगड़े भी बहुत पर अपनी ज़मीन और आसमान दोनों ही ढूँढ़ लिया यहाँ। सोचो, माहा, ये सब न होता, तो फिर तुम मुझ जैसी महान हस्ती से कहाँ मिल पाती?"

"हमारे यहाँ तो माजरा ही उल्टा है। सुखी तो माँ का लाडला है। ना उसमें कोई ग़लती है, ना कोई मदद वो करता है। बुरा वो भी नहीं है; उसने यही सीखा है और अब भी उस पर न बदलने का एक दबाव है। उसे बने रहना है, टिपिकल इंडियन मैन! अभिनया से न मिलती तो मेरी शिकायत पूरे इंडिया से रहती, पर उसकी फ़ैमिली से मुझे कोई शिकायत नहीं। वो वयस्क है, कोई बच्चा तो नहीं, कि वो इनफ़्लुएंस हो जाये। ये होना जो है, वो उसकी मर्ज़ी है। ऐसा लगता है कि दो नहीं, तीन बच्चे पाल रही हूँ, बस एक को दूध नहीं पिलाना पड़ा," शी ने कहा।

मैंने एक छिछोरा मज़ाक़ किया, "सच में!"

और इस बार हम सब और ज़ोर से हँसे। जेनिफ़र चुप थी; उसकी हँसी भी सतही ही थी, शायद गुज़रा कल उसे उसके आने वाले कल के लिए डरा रहा था।

"जेनिफ़र, तुम हमारी मसालेदार गॉसिप को मत सुनो। ये सब ईस्टर्न इफ़ेक्ट है।"

"नहीं अभी, ईस्टर्न मेन कम से कम बहादुर होते हैं, डरपोक नहीं। अपने पिता को मैंने हम तीनों से बचते देखा है, जैसे हम कोई गन्द हों। माँ अक्सर कहती थीं कि मेरा पिता भी एक अच्छा मर्द है, पर हमसे जुड़ना उनकी परफ़ेक्ट छवि को बिगाड़ सकता है। डर लगता है, कहीं एक इम्परफ़ेक्ट बच्चा मेरे और मार्कस के रिश्ते को भी न बिगाड़ दे।" जेनी का डर आख़िर बाहर आ ही गया।

अपर्णा ने कहा, "बेकार की बातें मत करो, जेनी!" रोष और स्नेह दोनों ही इस एक बात में थे।

"चलो, मेरा दिया पहला मन्त्र अपनाओ, जेनी!" मैंने उसे हँसाने की कोशिश की, पर एक ही मज़ाक़ पर कितनी बार हँस सकते हैं?

पर जेनी अच्छी लड़की है, कोशिश नाकामयाब होने नहीं देती, "तुम्हारे पीछे के पीछेवाली सीट पर अभिनया, तुम देख नहीं सकती। वाट ए मिस!" उसने आँख मारी।

इन सब बातों के साथ मेरा स्टेशन आ गया।

"हैप्पी हॉलिडेज़, अभि!" सब एक स्वर में बोले।

"कीप स्माइलिंग, योर स्माइल इज़ सो कॉन्टेजियस!" जेनी ने अलविदा कहते हुए कहा।

"टू!" बाक़ी तीनों ने एक स्वर में कहा।

और हँसती-चहकती मैं ट्रेन से सबको अलविदा कह नीचे उतर गयी। ट्रेन से उतरते ही ऐसा लगा, अब अभिनय की ज़रूरत नहीं, नाटक का परदा गिर चुका था। मुस्कुराहट को लपेटकर छुट्टी के बाद की यात्रा के लिए रख लिया, क्योंकि अब मुझे मेरे घर के मर्द से मिलना है, जो अच्छा है, जिसे मेरी ग़लतियाँ बड़ी आसानी से दिख जाती हैं और मेरी अच्छाई उसके लिए बात करने का विषय नहीं है, और भी कई परतें हैं इस रिश्ते की, कुछ चोटें हैं, जिसके ऊपर ख़याल रखने वाली परत को सजा, मैं बाक़ी सब ढक देती हूँ। शायद जेनी के पिता की तरह मुझे भी अपनी 'परफ़ेक्ट इमेज' को बनाये रखना है।

कुछ मुस्कुराहटें इतनी खोखली होती हैं–जैसे कोई सुरंग, ज़्यादा मुस्कुराओ तो लगता है, कहीं वो हमारे वजूद को न निगल जायें पर हर सुरंग के अन्त में रोशनी होती ही है।

मुझे अपनी रोशनी की आस नहीं छोड़नी...

एमी

–आस्था नवल

एक पतली-दुबली, लम्बी, आकर्षक-से चेहरेवाली, मुस्कान से भरी लड़की 'ऐमी,' मेरे दफ़्तर के बहुत अच्छे पद पर नयी-नयी आयी थी। सभी उसको पाकर ख़ुश थे। किसी दूसरे शहर से आयी थी और सभी से जान-पहचान बढ़ाने में लगी थी। समय से आती थी, समय से चली जाती थी, उसे पता नहीं था कि उसके पद वाले लोग समय पर आते ज़रूर हैं पर समय से जा नहीं पाते। जितना बड़ा पद, उतनी ही घर से दूरी। घर से तो वह दूर थी ही। इस शहर से आठ-नौ घण्टे की ड्राइव पर था उसका अपना घर, पति और उनके परिवार के सदस्य, दो पालतू कुत्ते। नये शहर में वह अपने शहर को बहुत याद करती थी। ऑफ़िस के पास घर बहुत महँगे थे, इसलिए ऑफ़िस से दूर ऐसा घर देख रही थी जहाँ उसके पति को शिफ़्ट होने में कोई तकलीफ़ न हो।

एक अजब-सी उमंग और ताज़गी दिखती थी उसके चेहरे पर। उससे पहले, उसके पद पर रहने वाले सभी की उम्र कम से कम पन्द्रह-बीस साल ज़्यादा रही थी। इसीलिए अपने आप को शायद बड़ा दिखाने के लिए बूढ़ी औरतों जैसे कपड़े पहनती थी। उसका और मेरा काम एक-दूसरे से कुछ ख़ास नहीं था, इसीलिए हमारी जान-पहचान बस 'हाय-हैलो' तक ही सीमित थी। उसके ज्वॉइन करने के कुछ ही दिन बाद मैं छुट्टी पर चली गयी। जब वापस आयी तो पता चला कि ऐमी आजकल उदास है। किसी ने फुसफुसा कर कहा कि उसके पति ने उसे छोड़ दिया है। किसी और ने जानकारी दी कि उसकी शादी को सात साल हो गये थे। किसी और ने यह भी बताया कि जब मैं छुट्टी पर गयी थी तो ऐमी का पति एक बार ऑफ़िस आया था और उसने उत्साह से सभी को बताया था कि अब दोनों हमेशा के लिए इसी शहर में रहेंगे।

यह सब जानकर मुझे अफ़सोस हुआ, पर उसके पास जाकर यह अफ़सोस जताती, ऐसा रिश्ता कहाँ था उससे? एक दिन कॉरिडोर में उसे किसी से बात करते सुना।

वह ज़्यादा नहीं बोल रही थी, दूसरी महिला उसे सांत्वना दे रही थी। अब वो ऑफ़िस में ज़्यादा देर तक रुकने लगी थी। पता नहीं उसे अपनी ज़िम्मेदारी पता चल गयी थी या फिर घर जाने की चाह मिट गयी थी। एक दिन मेरे ही कमरे में बैठने वाली मेरी बॉस से कुछ सलाह माँगने आयी। बहुत भरी हुई थी। बहुत देर तक काम के सिलसिले में अपनी उलझनें और कुछ तकलीफ़ों के बारे में बात करती रही। जाते वक़्त मुझसे और मेरी सहकर्मी से माफ़ी माँगी कि इतनी देर हमें डिस्टर्ब किया। उसके जाने के बाद पता चला कि इसी साल कुछ महीने पहले उसके पिता जी का देहान्त हो गया था। साथ ही यह भी पता चला कि उसका पति बहुत समय से अलग-अलग लड़कियों के साथ डेट कर रहा था और अब उसे कोई ऐसी लड़की मिल गयी है जिसके साथ वह रहना चाहता है। इन सबकी ऐमी को कभी भनक भी नहीं हुई थी।

एक दिन मैं ऑफ़िस में ही कुछ सहेलियों के साथ खड़ी बतिया रही थी कि वह भी आ गयी। ऐमी से एक लड़की ने मज़ाक़ में पूछा कि वह बूढ़ी औरतों की तरह कपड़े क्यों पहनती है? तब पता चला कि वह जिस शहर से आयी है, वहाँ इतनी सर्दी नहीं पड़ती और उसके पास इस मौसम के लायक़ कपड़े ही नहीं हैं। फिर घर बदलने का ख़र्चा, डाइवोर्स का क़िस्सा, इसलिए उसके पास न तो चाह है न समय है और न ही धन। सुनकर अजीब-सा लगा। माहौल गम्भीर न हो, इसलिए वह कुछ मज़ाक़-सा करके अपने पर लोगों को हँसाकर वहाँ से चली गयी।

ऐमी इस शहर में अगस्त-सितम्बर में आयी थी। अब दिसम्बर आ गया था। दिसम्बर में ऑफ़िस बहुत वीरान हो जाते हैं। ख़ासकर जहाँ मैं काम करती थी, एक लैंगुएज सेंटर, वहाँ अधिकांश अध्यापक छुट्टी पर अपने-अपने देश चले जाते हैं। विदेशी छात्र भी इस मौसम में कम ही आते हैं। एक क्रिसमस पार्टी होती है जो थोड़ा उत्साह जगाती है। पार्टी दिसम्बर के आरम्भ में ही हो जाती है। ऐमी ने पार्टी में बहुत आकर्षक ड्रेस पहनी जिसमें वह बहुत सुन्दर लग रही थी। जब मैंने उसे कहा कि वह बहुत अच्छी लग रही है तो तुरन्त हँसते हुए बोली, "क्या तुम्हारे पति का कोई भाई है? मैं अकेली हूँ।" थोड़ा-सा हँसकर वहाँ से चली गयी। मैं भी हँस दी पर सोचती रही कि उसे ऐसा कहते हुए कैसा लग रहा होगा!

क्रिसमस और नये साल के एक हफ़्ते बाद तक मुझे घर से काम करने की अनुमति मिल गयी। मैं सर्दी में इतने दिन घर रहने के ख़याल से बहुत ख़ुश थी। हर कोई एक-दूसरे से क्रिसमस के प्लान पूछ रहा था। ऑफ़िस की किचन में मैं अकेली बैठी चाय पी रही थी कि ऐमी भी आ गयी। औपचारिक हाय-हैलो के बाद मैंने उसे

क्रिसमस और नये साल की बधाई दी और उसे बताया कि अब नये साल में ही मिलना होगा। उसने मुझसे पूछा कि मैं क्रिसमस और नये साल पर क्या करूँगी। मैंने संक्षिप्त उत्तर दिया और औपचारिकतावश वही प्रश्न उससे कर दिया। मैंने उम्मीद नहीं की थी कि वह मुझसे इतनी बात करेगी। उसने बताया कि उसकी माँ यहाँ आयेंगी। पिता की मृत्यु के बाद वो भी अकेली हैं और ऐमी भी पति से अलग हो ही चुकी है।

उसे फ़र्क़ नहीं पड़ रहा था कि वह किससे बात कर रही है, पर शायद वह बोल लेना चाहती थी। उसने कुछ ऐसे अपनी बात रखी, "मैंने ऑफ़िस के पास एक नया अपार्टमेंट ले लिया है। अब पति को तो आना नहीं है तो दूर बड़े घर में रहने का क्या फ़ायदा! जीवन इतना बदल जायेगा, कभी सोचा नहीं था। कभी-कभी वीकेंड पर खिड़की के पास जाकर बैठती हूँ तो सोचती हूँ कि मैं कौन हूँ? शहर नया है, घर नया है, मौसम नया है। सात साल तक जिसके साथ रह रही थी, वह है ही नहीं! कितनी आदत पड़ जाती है ना किसी के साथ रहने की। पिता भी इसी साल चल बसे, इसलिए क्रिसमस का कोई उत्साह तो है नहीं। शायद माँ के साथ सर्दियों के कुछ कपड़े ख़रीद लूँ। ऑफ़िस में भी बहुत व्यस्त हूँ। मेरे लिए व्यस्त रहना ही अच्छा है।"

फिर एक विराम देकर कुछ अजीब तरह मुस्कुराते हुए बोली, "कितनी अजीब बात है ना, मुझे पता ही नहीं चला कि मेरी शादी ठीक नहीं चल रही!"

मैं तो बस उसकी बात सुनती रही। मन हुआ कि उसे गले लगा लूँ या फिर कहूँ कि वो मेरे साथ चले, हम साथ में शॉपिंग करेंगे। बहुत मन हुआ, उससे यह कहने का कि वह ख़ुद को अकेला ना समझे, या फिर यह कि वह मुझे कभी भी फ़ोन कर लिया करे, पर कुछ भी कहा नहीं गया। बड़े होते-होते कितनी औपचारिकताएँ जो सीख लेते हैं हम। अपनी व्यस्तताएँ भी हर पल याद रहती हैं। उस समय मैं उसके लिए बहुत कुछ करना चाहती थी। घर जाकर भी दो-तीन दिन तक वह मेरे दिमाग़ में घूमती रही। फिर बस क्रिसमस आ गया, सभी अपने परिवारों के साथ हुए, हम भी हुए, दोस्तों के साथ नये साल का जश्न मनाया।

नये साल में जब ऑफ़िस गयी तो सब कुछ पुराने साल जैसा ही था, बस ऐमी के कपड़े नये थे और वह पहले से बहुत ज़्यादा आकर्षक लगने लगी थी। एक दिन इतनी अच्छी लग रही थी कि मैं ख़ासतौर पर उसके कमरे में यह कहने गयी। ऐमी को अपनी तारीफ़ सुनकर अच्छा लगा और एक बार फिर उसने हँसते हुए कहा कि यदि मेरे पति का कोई भाई है तो मैं उसे बता दूँ क्योंकि अब वह अकेली है।

पर फिर एकदम से उसकी आँखों में उदासी छा गयी और उसने कहा, "तुम्हें सच में लगता है, मैं अच्छी लग रही हूँ, अच्छा है। मैं कोशिश कर रही हूँ, पर उतना आसान नहीं है।"

वातावरण को हल्का करने के लिए उसने ज़ोर से कहा, "मेरे लिए लड़के तलाशना शुरू कर दो!" मैंने भी हँसते हुए कहा कि ज़रूर देखूँगी। बहुत देर तक उसकी उदास आँखें मुझे दिखती रहीं। मैं सोचती रही कि ऐमी के लिए कितना मुश्किल होता होगा अपने दुख को हँसी में उड़ाना, कैसे सात साल तक साथ रहता हुआ व्यक्ति एकदम अनजान हो जाता है! कितनी आहत होती होगी, वो जब-जब अपना उपहास उड़ाती होगी! क्या केवल नये कपड़े उसे सब भुला देने में मदद करेंगे? क्या नौकरी की अफ़रा-तफ़री उसका अकेलापन दूर कर सकेगी? क्या सभी से हँसकर बात करने से वह अपना दुख भूल पायेगी! मैंने यह भी सुना कि उसने डांस क्लास जॉइन कर ली है। क्या उसे डांस का सच में शौक़ रहा होगा या बस अपने को कहीं उलझाये रखने के लिए वह ऐसा करती होगी!

अब वो यूँ ही कभी-कभी मेरे कमरे में आकर झाँक लिया करती थी और मेरा हाल-चाल लेती थी। मुझे ऐसा लगता था कि वह मेरा हाल-चाल लेने नहीं आती पर शायद कभी-कभी बस मुझे अपने नये कपड़े दिखाने आती थी या फिर कुछ मन हल्का करने। उसका ओहदा मुझसे बड़ा था, इसलिए मैं थोड़ी दूरी बनाये रखती थी। वैसे मुझे उसे रिपोर्ट नहीं करना होता था पर फिर भी। वह भी मेरी हिचक को समझती थी इसीलिए तभी मेरे पास आकर बैठती जब मैं अकेली होती थी। मैं बहुत बार चाहकर भी अपने मन की बात उससे नहीं कर पाती क्योंकि मैं यह नहीं चाहती थी कि उसे कहीं भी मेरी बातों में दया की महक आये।

कैसे हो जाते हैं न हम! किसी का अच्छा सोचते हुए भी इतना घबराने लगते हैं। शब्दों में भावों को प्रकट करने से डरते रहते हैं। मेरा कुछ चार-पाँच महीने का ही परिचय था और तब भी मैं उसके बारे में इतना सोचती थी। क्या उसके पति ने एक बार भी नहीं सोचा होगा! सात साल मायने रखते हैं किसी की भी ज़िन्दगी में। ये स्त्री-पुरूष का प्रेम सबसे अलग है। बहुत से समाज में एक बार शादी के बँधन में बँधने के बाद, छोड़ने का विकल्प नहीं होता, अगर कोई चाहे भी तो समाज उसे जीने नहीं देता। यहाँ का समाज मुक्त है। एक तरह से अच्छा भी है, कम से कम झूठे रिश्ते में बँधना तो नहीं पड़ता। पर कई बार लगता है कि क्या ऐमी के लिए वही अच्छा होता कि उसका पति उसके अन्य प्रेम-सम्बन्धों के बारे में कुछ न बताता! कम से कम वह अपनी दुनिया में ख़ुश तो थी। पता नहीं, सब कुछ जान लेना अच्छा होता है या कई बार अनजान बने रहना ही बेहतर होता है?

इस समाज में अपने मुताबिक़ जीने की छूट है, इसीलिए बहुत-से लोग यहाँ से वापस नहीं जाना चाहते। समाज के बन्धन से भागकर आये हुए लोगों की संख्या सबसे अधिक है यहाँ। यहाँ आसपास देखती हूँ तो कितने ही रिश्ते बिखरे पड़े नज़र आते हैं। एक और औरत है मेरे ऑफ़िस में जिसकी तीन बेटियाँ हैं। पति से तलाक़ हुए बहुत वर्ष हुए और हाल ही में बॉयफ्रेंड भी अलग हो गया। एक दिन बाथरूम में ज़ोर-ज़ोर से रो रही थी। बाहर निकली तो आँख बचाकर चली गयी। एक बल्गेरीयन टीचर है, एक दिन ऑफ़िस के बाहर कुछ खोई-सी खड़ी थी। मैंने उससे पूछा कि क्या हुआ तो पता चला कि उसका जन्मदिन था उस दिन और उसके साथ मनाने वाला कोई नहीं था। इस देश में बिल्कुल अकेली रह रही है।

अगर देखने निकलो तो अपने आसपास कितनी कहानियाँ, कितनी ज़िन्दगियाँ बिखरी पड़ी मिलेंगी। रिश्तों का बिखरना सबसे ज़्यादा दु:ख देता है। न जाने जब बिखरना होता है तो रिश्ता बनता ही क्यों है? हममें रिश्ते निभाने की क्षमता भी थोड़ी कम होती जा रही है। शायद इसीलिए ऐमी के लिए बहुत कुछ करने की चाह के बाद भी कुछ कर नहीं पायी। अपने को हर दु:ख से दूर रखने की कोशिश में, हम सबसे अलग-थलग रहते हैं और फिर अकेलेपन को अपने दुखी रहने का कारण बना लेते हैं। यदि मैं किसी के साथ दो आँसू बहा लूँगी तो क्या कमज़ोर हो जाऊँगी या मन हल्का करने से कुछ ग़लत हो जायेगा! हम दूसरों के सामने कमज़ोर दिखने से भी बहुत डरते हैं। तभी तो कितनी बार ख़ाली या कुछ निराश-सी आँखें लेकर ऐमी मेरे कमरे तक आती ज़रूर थी पर हर बार कुछ गम्भीर बात करते-करते उसे हँसी में टालकर चली जाती थी।

शायद पुराने सम्बन्धों से दु:ख झेलने के बाद नये सम्बन्ध बनाने से डरती थी। मैं भी अपने आसपास की बिखरी ज़िन्दगियों को देखकर नये सम्बन्ध बनाने के लिए कुछ उत्सुक तो नहीं ही रहती। पर फिर भी सम्बन्ध जहाँ बनने होते हैं, वहाँ बन ही जाते हैं। हर बार शब्दों की आवश्यकता नहीं होती। ऐमी से भी ऐसा ही बिन शब्दों का रिश्ता-सा जुड़ गया है। उसने वह नौकरी छोड़ दी है। मेरा भी वहाँ पर कॉन्ट्रैक्ट ख़त्म हो गया है। फ़ेसबुक पर वो कभी-कभी मेरी ज़िन्दगी में झाँक लेती है और कभी-कभी मैं उसकी ज़िन्दगी में। कई बार साथ में बिताये कुछ पल ही उम्र भर के रिश्ते के लिए काफ़ी होते हैं और कभी-कभी बहुत साल भी साथ रहकर रिश्ते बिखर जाते हैं।

अ लेडी एंड अ जेंटलमैन

–ऋचा जैन

अनीता ने साइकिल जल्दी से दरवाज़े के अन्दर घुसायी और दीवार से टिका दिया। फिर भागकर आँगनवाले आईने में अपना पल्लू देखने लगी।

मिसेज़ सरोज ने आवाज़ दी, "क्या हुआ अनीता, क्या करने लगी आते ही साथ? तुझे पता है, अज्जी बिना नहाये एक कौर मुँह में नहीं डालतीं। आज फिर देर! जल्दी से उनके नहाने की तैयारी कर।

और हाँ, अज्जी को पेशाब-कुर्सी पर पेशाब करायी थी, बाल्टी ख़ाली करके फिर से तो लगा दे।"

"हाँ, आंटी जी!"

"अरे क्या हुआ! ऐसी घबराई हुई-सी क्यों लग रही है!" मिसेज़ सरोज ने पूछा।

"कुछ नहीं। देखो तो आंटी जी, कुछ दिख रहा है क्या इधर-उधर से?"

"नहीं तो, अच्छी तो पहनी है साड़ी।"

"वो फिर देख रहा था।"

"बड़ा अड़ियल है! तूने ही तो रोक दिया था उस दिन। बोल दूँ अंकल जी से? वो बात कर लेंगे सामनेवालों से। उनके यहाँ तो इतने नौकर आते-जाते रहते हैं, लेकिन ऐसा कभी किसी ने नहीं किया। सब बड़ी इज़्ज़त करते हैं अंकल जी की।"

"नहीं, आंटी जी। वो कभी कुछ बोला तो नहीं! पता नहीं, किसी गाँव से न आया हो। नौकरी-वौकरी न चली जाये उसकी। थोड़े दिन और देखती हूँ।"

"मैं सोच रही हूँ कि मैं न नीचे लैगी पहन के आने लगूँ।" अनीता सोचकर बोली।

"पेटीकोट के नीचे लेगिंग पहनेगी? सलवार-सूट क्यों नहीं पहनने लगती? अब तो देख तुझसे बड़ी उम्र की बाइयाँ भी सूट पहन के आती हैं।"

"आप को तो पता है न अम्मा का। यहाँ आके फिर भी बदल लूँ, लेकिन घर से तो साड़ी लपेट के ही निकलना होगा।"

"चल, ठीक है। तेरी फिर वही कहानी नहीं सुननी मुझे। कभी-कभी चीज़ें बदलनी ज़रूरी हो जाती हैं। पुराने सड़े-गले ढर्रों को बदलकर ही तो समाज की प्रगति सम्भव है। तू कितना भी कमा ले, टेचू को कितने भी अच्छे स्कूल भेज दे, लेकिन प्रवृत्ति तो तेरी ही आयेगी। तू अपने लिए आवाज़ उठायेगी तो वो भी आवाज़ उठाना सीखेगी। कुछ चीज़ें स्कूल में सीखने से नहीं आती। माँ को करता देख सीखी जाती हैं।

ख़ैर, तेरा वही रोना और मेरा वही ज्ञान!" मिसेज़ सरोज अपने में बुदबुदायीं और फिर चुहल करते हुए बोलीं, "अनीता, मेरी लेगिंग्स में से एक ले ले। कौन से रंग की लैगी लेगी?"

"ये जामुनी रंग की कितनी सुन्दर है न!"

"ऐसी ले जो सब साड़ियों पे जाये।"

"काली ही ठीक लगेगी फिर तो!"

"हाँ, अभी तो काली पहन।"

"अब अगर उसने फिर देखा न, तो जाके उसको ऐसा सुनाऊँगी कि जीवन में फिर किसी को नहीं ताड़ेगा।"

"चल, ये रख। और अच्छा हो अगर भगवान तुझे हिम्मत दे किसी को खरी-खोटी सुनाने की।"

अगले दिन मिसेज़ सरोज ने आवाज़ दी, "क्या हुआ, अनीता, क्या करने लगी आते ही साथ? देख तो ज़रा अज्जी को, पेशाब करायी थी? बाल्टी ख़ाली करके फिर से तो लगा दे।"

"हाँ, आंटी जी!"

"अरे, क्या लग गया हाथ में?"

"वो फिर देख रहा था। तो हड़बड़ायी और दरवज्जे में उँगली चिपट गयी।"

"उसका मुँह तोड़ने चली थी, अपना हाथ तोड़ आयी।

जा, बकेट ख़ाली कर। फिर में बैंडऐड लगा दूँ।"

शाम को अनीता नज़रें नीची करके दरवाज़े से निकली तो वो सामने की सिढ़ी पर ही बैठा था।

"अब तो हद्द हो गयी। कोई आजू-बाज़ू भी नहीं। आज तो अंकल-आंटी भी गमी में बैठने गये हैं।" अनीता ने थरथराए मन से सोचा।

और वो चल के पास ही आने लगा।

अनीता का हाथ साइकिल की घण्टी पे चला गया। मन में सोचा, "अगर आवाज़ हलक से न निकली और ज़रूरत पड़ी तो ज़ोर-ज़ोर से घण्टी बजाऊँगी।"

पास आके वो बोला, "दीदी!"

अनीता के मनोभाव इस सम्बोधन को सुनते ही बिल्कुल उलट गये।

"दीदी, मैं आपको रोज़ देखता हूँ। आपको डण्डे वाली साइकिल में परेशानी होती है न!

आपके पास जेंट्स साइकिल है और मेरे पास लेडीज़। पुरानी मेमसाब ने दी थी। बिल्कुल नयी जैसी है। उनकी बेटी चली गयी बाहर पढ़ने, उसकी थी।

मुझे सब चिढ़ाते हैं।

हम साइकिल अदला-बदली कर लें, दीदी!"

परवरिश

–डॉ. ऋतु शर्मा नंनन पांडे

नियां आज सुबह-सुबह तड़के उठ गयी थी। आज उसकी उन्नीस वर्षीय बेटी दीया, अपने कॉलेज के दोस्तों और सहेलियों के साथ, पहली बार स्पेन जा रही थी। वैसे तो निया ख़ुद भी एक पढ़ी-लिखी, खुले दिमाग़वाली समझदार सम्भ्रान्त महिला थी, जिसे यूरोप में रहते हुए बीस वर्ष बीत चुके थे। पर कभी-कभी पश्चिम की कुछ बातें और रिवाज़ उसे बिल्कुल पसन्द नहीं आते थे। उसके पति विपुल और उनके परिवारवाले, यूरोप में पैदा होने के कारण, कुछ बातों में निया की भारतीय सोच से अलग थे। उनके लिए दीया का यूँ अकेले अपने कुछ दोस्तों और सहेलियों के साथ दूसरे देशों में छुट्टी मनाने जाना विद्यार्थी जीवन का हिस्सा था।

निया रसोई में बेटी के ले जाने के लिए जल्दी-जल्दी नाश्ता बना रही थी और सोच रही थी कि समय कैसे तेज़ी से आगे बढ़ चुका है। बीस वर्ष पहले वह यहाँ नीदरलैंड में बहु बनकर आयी थी, तब उसके लिए यह एक नयी चुनौती जैसा था, यहाँ की भाषा, रहन-सहन, खान-पान, परिवार के तौर-तरीक़े सब कुछ नया था उसके लिए। उसे न अपने ससुरालवालों के बारे में जानकारी थी और न ही अपने पति के बारे में। माँ-पिता जी ने रिश्ता तय कर दिया था, सगाई से एक दिन पहले उसने होने वाले पति को आमने-सामने देखा था। उस समय वह दिल्ली के कॉलेज में पढ़ाती थी, आत्मनिर्भर थी। फिर भी, भाई और पिता जी को किसी लड़के से उसका बात करना पसन्द नहीं था। हर एक बात के लिए, चाहे वह किसी सहेली के घर जाना हो या कुछ ख़रीदना हो, सबके लिए पिता जी और भाई की सहमति लेनी ज़रूरी होती थी। ऐसे परिवार से निकलकर निया एक स्वतन्त्र परिवार व स्वच्छन्द देश में आ गयी थी।

निया ने अब अपने आप को यहाँ की संस्कृति के अनुरूप ढाल लिया था। यहाँ की भाषा सीखना उसके लिए एक गणित का मुश्किल सवाल हल करने के समान

था। परिवार में किसी को भी ठीक से हिन्दी नहीं आती थी और अंग्रेज़ी उस समय यहाँ चलती नहीं थी। कितनी ही बार उसे डच भाषा के मुश्किल शब्दों को रटना पड़ता था, तब जाकर उसका डच उच्चारण ठीक हुआ था। विपुल के सहयोग से उसने जल्दी ही डच भाषा सीख ली थी। यहाँ की भाषा के साथ-साथ उसने यहाँ की संस्कृति को भी कुछ हद तक आत्मसात् कर लिया था। वह अच्छी नौकरी कर रही थी, किन्तु अब भी कहीं न कहीं उसके अन्दर एक भारतीय माँ ज़िन्दा थी, जो दिन-रात अपनी बेटी की सुरक्षा के विषय में चिन्तित रहती थी।

विवाह के दो वर्ष बाद उसने दीया को जन्म दिया था। पहली बार जब नन्ही दीया को हाथों में लिया था तो उसे ख़ुद पर यक़ीन नहीं हो रहा था कि यह मेरा ही अंश है। विपुल के दादा-दादी से लेकर घर-परिवार के सभी लोग बहुत ख़ुश थे। घर में दीया पहली पोती और पहली प्रपौत्री होने के कारण सबकी प्यारी थी। जैसी यूरोप की संस्कृति है, यहाँ सब अलग-अलग ही रहते हैं, फिर भी दीया के प्यार के कारण हर सप्ताह पूरा परिवार उसके घर में इकट्ठा होता था। निया दीया को हमेशा अपने साथ ही रखती थी। विपुल के कहने पर भी निया दीया को क्रैश में भेजने को तैयार नहीं हुई थी। उसने सुना था कि क्रैश में लोग कई बार दूसरे देशों के बच्चों के साथ ठीक व्यवहार नहीं करते, बच्चे गीले बिस्तर में पड़े रहते हैं, बच्चों को तीन-तीन घण्टे के अन्तराल में ही दूध पिलाया जाता है, और कभी-कभी बच्चों के अश्लील वीडियो भी बनाये जाते हैं, इत्यादि। इसलिए उसने दो वर्ष के लिए अपनी नौकरी भी छोड़ दी थी। जब दीया सप्ताह में दो दिनों के लिए नर्सरी जाने लगी, तब जाकर निया ने पार्ट टाइम नौकरी करना शुरू की।

दीया का स्कूल निया के घर से दूसरी गली में ही था पर फिर भी निया के लिए दीया को वहाँ कुछ घण्टों के लिए छोड़ना मुश्किल था। पहले दिन जब निया विपुल के साथ दीया को नर्सरी स्कूल छोड़ने गयी तो दीया अनजाने चेहरों को देख घबराकर रोने लगी। निया ने झट से दीया को अपनी गोदी में उठाया और क्लास से बाहर आ गयी। विपुल और नर्सरी टीचर के समझाने के बावजूद, उसे दीया को अपने से अलग करना बहुत मुश्किल लग रहा था। उसके बाद, जब भी दीया नर्सरी स्कूल जाती, निया उसकी क्लास के नीचे खड़ी होकर कुछ देर ठहरकर यह पक्का करती थी कि दीया रो तो नहीं रही।

दीया जब सेकेंडरी स्कूल में पढ़ने गयी, तब भी निया को घबराहट होती थी, जबकि उसका स्कूल घर के पास में ही था। फिर जब दीया घर से चालीस किलोमीटर दूर कॉलेज में गयी, तो वह सचमुच परेशान थी। निया यह सोचकर

सन्तोष कर लेती थी कि दीया अपने ही देश नीदरलैंड में है, अपने शहर के आसपास है। आज, जब दीया नीदरलैंड से बाहर जा रही थी, वो भी कॉलेज के दोस्तों और सहेलियों के साथ, निया की चिन्ता बढ़ गयी थी। उसने पिछले बीस सालों में नीदरलैंड की स्वच्छन्दता देखी थी। अभी कल ही की तो बात थी कि वह सामनेवाले घर में रहने वाली पड़ोसन मिरांडा की बेटी की शादी में गयी थी। उसकी बेटी, जो दीया की ही हमउम्र थी, अपने दोस्त से सात महीने के गर्भ से थी। मिरांडा और उसके पति को यह तनिक भी बुरा नहीं लग रहा था कि उनकी बेटी रिआना शादी से पहले ही गर्भवती हो गयी बल्कि उन्हें ख़ुशी इस बात की थी कि कुछ दिनों में वह नाना-नानी बन जायेंगे। इस तरह की बातें जब निया को सुना या दिखाई देतीं, तो वह दीया को लेकर बहुत चिन्तित हो उठती। दीया के अधिकतर सहपाठी नीदरलैंड के ही थे, केवल दीया ही भारतीय थी। निया ने दीया को भारतीय और यूरोपीय दोनों ही संस्कृति के अच्छे संस्कार सिखाकर बड़ा किया था। निया के पति विपुल हमेशा निया की इस बात के लिए तारीफ़ करते थे।

ओवन की घण्टी बजने से निया का ध्यान ओवन में बन रहे चॉकलेट-केक पर गया जो बनकर तैयार हो गया था, तभी विपुल रसोई में आये, "सब तैयार कर दिया? ज़्यादा कुछ तैयारी करने की ज़रूरत नहीं है, तीन घण्टे की छोटी-सी फ़्लाइट है। तुम यूँ ही परेशान हो रही हो। लाओ, मैं दीया के लिए चॉकलेट-शेक बना देता हूँ। तुम नाश्ता टेबल पर लगा दो। फ़्लाइट ग्यारह बजे है और उसे साढ़े नौ बजे एयरपोर्ट पर होना चाहिए।"

"सब तैयार है, बस एक बार दीया के कमरे में जाकर देख लूँ कि उसने अपनी सब ज़रूरत का सामान रखा है या नहीं," निया ने केक को डिब्बे में बन्द करते हुए कहा।

"दीया, बेटा नीचे आकर नाश्ता कर लो, फिर हमें सही समय पर एयरपोर्ट भी पहुँचना है।" विपुल ने रसोई में से ही दीया को आवाज़ लगायी। निया ऊपर दीया के कमरे में पहुँचती, इससे पहले ही दीया झट से अपने सूटकेस के साथ नीचे आ गयी।

"हाँ पापा, मैं बिल्कुल तैयार हूँ, देखिए मैं अपना सूटकेस भी नीचे ले आयी हूँ।"

"पासपोर्ट और टिकट रखा या नहीं? ऑनलाइन चैक-इन कर लेना तो लाइन में खड़ा नहीं होना पड़ेगा।"

"जी पापा, मैंने सब रख लिया है।"

दीया जितनी आसानी से विपुल से बातें कर रही थी, निया के लिए उसे यूँ अकेले भेजना उतना ही मुश्किल हो रहा था। न जाने कितने ही अजीबोग़रीब ख़याल उसके मन को परेशान कर रहे थे। पहली बार जवान लड़की अपने दोस्तों और सहेलियों के साथ अकेली जा रही है, जाने कैसे ख़ुद को सँभालेगी, ठीक समय पर खाना खायेगी या नहीं? कहीं वह वहाँ जाकर कुछ उल्टा-सीधा तो नहीं कर देगी? कहीं वह भी अपने दोस्तों और सहेलियों के साथ बैठकर बीयर या अल्कोहल तो न पीने लगेगी; यहाँ अट्ठारह साल के युवा शारीरिक सम्बन्ध बनाने में भी नहीं हिचकते हैं। यही सबसे बड़ी चिन्ता निया को डरा रही थी। कहीं कुछ हो गया तो वह अपने परिवारवालों को क्या मुँह दिखायेगी! उसने किसी तरह अपने मन को सँभाला और विपुल और दीया को नाश्ता करने के लिए कहा।

"आप लोग नाश्ता कीजिए, मैं जल्दी से कपड़े बदल कर आती हूँ। दीया, ये केक रखना मत भूलना, ख़ास तुम्हारे और तुम्हारे दोस्तों के लिए बनाया है।"

अपने कमरे में पहुँचते ही निया ने सबसे पहले अपने बाथरूम में से दवाइयों के डिब्बे में से कुछ निकालकर एक गुलाबी लिफ़ाफ़े में रखा। फिर वह जल्दी से तैयार हो कर नीचे आ गयी और मेज़ पर रखे दीया के बैग में चुपके से उसे रख दिया।

"चलो अब सब तैयार है, एयरपोर्ट जाने का समय हो गया," विपुल ने कहा।

आधे घण्टे के सफ़र के बाद वह एयरपोर्ट पर थे। विपुल ने दीया का सामान उतारने में मदद करते हुए कहा कि वे अपने सब सामान का ध्यान रखे। दीया के बाक़ी दोस्त दीया को देखते ही उसके पास आ गये। सभी ने गर्मी के मौसम के हिसाब से छोटे-छोटे कपड़े पहने थे। दीया ही एक अकेली थी जो जीन्स और पूरी बाज़ू का टॉप पहने थी। वैसे, विपुल और निया ने दीया के कपड़े पहनने को लेकर कोई पाबन्दी नहीं लगा रखी थी, पर दीया को जीन्स और शर्ट ही सबसे आरामदायक लगते थे। दीया के दोस्तों ने आकर विपुल और निया को नमस्कार किया, उन्होंने भी सारे बच्चों को उनकी छुट्टियों के लिए गुड-लक विश किया। दीया सामान साहित अपने दोस्तों के साथ एयरपोर्ट में घुसने को ही थी कि निया जल्दी से दौड़कर दीया के पास गयी और उसे गले लगाते हुए बोली, "मैंने तुम्हारे बैग में कुछ रख दिया है। ज़रूरत पड़ने पर यूज़ कर लेना।" इतना कहकर वह वापस विपुल के पास लौट आयी।

विपुल अब तक कार में बैठ चुका था। "निया, क्या करती हो? तुम्हें पता है

ना कि यहाँ ज़्यादा देर तक गाड़ी खड़ी करने पर चालान भरना पड़ सकता है। क्या ज़रूरत थी तुम्हें फिर से दीया के पास जाने की?"

"एक बहुत ज़रूरी बात कहना भूल गयी थी, बस वही बताने गयी थी। माँ बेटी की बहुत बातें होती हैं जो आप नहीं जानते।"

"हाँ-हाँ, मुझे पता है, तुम्हारी ज़रूरी बात क्या है।"

"अच्छा, आपको सब पता है? ज़रा मैं भी तो सुनूँ, क्या-क्या बात पता है?"

"हाँ, मुझे पता है, तुम दीया को कहने गयी होंगी कि खाना समय पर खा लेना, ज़्यादा शॉपिंग मत करना, रात को अकेले बाहर मत घूमना, होटल का कमरा अच्छे से चेक कर लेना, किसी के हाथ से खाने-पीने की कोई चीज़ मत लेना, डिस्को में मत जाना, अल्कोहल मत पीना, वग़ैरह-वग़ैरह, यही सब ना?"

"अगर मैंने उसे यह सब कह भी दिया तो इसमें नुक़सान ही क्या है? बच्ची है, पहली बार दोस्तों के संग देश से बाहर छुट्टी मनाने जा रही है। आप भूल गये क्या? साथवाली मारियाना के बेटे के साथ स्पेन में क्या हुआ था? वो तो फिर लड़का था, जान बचाकर भाग आया। डिस्को में कुछ लड़कों ने उसकी बियर में नशे की दवाई डालकर उसे बेहोश कर उसके कार्ड से पैसे निकाल लिये, उसका मोबाइल भी छीन लिया। और तो और उसके दोस्तों को भी पीट डाला। आजकल किसी का कोई भरोसा नहीं है, कब क्या हो जाये। ये तो फिर लड़की है, सब सोचना-समझना पड़ता है। कहते-कहते निया का गला भर आया।

"निया, तुम बेकार ही चिन्ता कर रही हो। उसके साथ उसकी सहेलियाँ और दोस्त भी हैं, सब सँभाल लेंगे। वैसे भी सब अच्छे घरों के समझदार लॉ स्टूडेंट्स हैं। स्पेन पहुँचते ही हर रोज़ दीया तुम्हें वीडियो कॉल करेगी। कुछ घण्टों की तो बात है। चलो, अब जब हम बाहर आ ही गये हैं तो आज का दिन ऐम्सटर्डम में ही बिता लेते हैं; मौसम भी बहुत अच्छा है। यहीं किसी भारतीय रेस्टोरेंट में खाना खा लेंगे। वैसे भी कितने दिन हो गये हमें यूँ एक साथ बाहर आये हुए। विपुल को पता था कि दीया जब तक स्पेन पहुँचकर वीडियो कॉल पर बात नहीं कर लेगी, निया यूँ ही बेचैन रहेगी। इसलिए उसने सोचा अगर निया कुछ घण्टे घर से बाहर रहेगी तो शायद उसे दीया की कमी कम खलेगी।

विपुल ने जितने हलके में कह दी थी निया के लिए यह बात, उतनी हल्की नहीं थी। उसके मन का डर अभी भी ज्यों का त्यों बना हुआ था। विपुल ने बाज़ार के गैराज में कार पार्क की और दोनों ऊपर बाज़ार में आ गये। दोनों डैम स्क्वेयर के पास की गलियों में जैसे ही घुसे, गली की खिड़कियों को देखकर निया को

याद आया जब वह विपुल के साथ एम्स्टर्डम आयी थी। उसके पहले उसने इतनी बड़ी-बड़ी खिड़कियाँ नहीं देखी थी। खिड़कियों में लाल रंग की लाइटें जगमगा रही थीं। लाल रंग के सुन्दर पर्दे लगे थे। अचानक एक खिड़की में एक बेहद ख़ूबसूरत गोरी लड़की को वहाँ बिना कपड़ों के खड़े हो देख, निया शर्म के मारे ज़मीन में ही गड़ गयी थी। उसने झट से विपुल की आँखों पर हाथ रखा और जल्दी से उस गली के बाहर निकालकर ले आयी थी। घण्टों वह विपुल से लड़ती रही थी कि वह उसे कहाँ, क्या दिखाने लाया था। विपुल उसे यह समझाने में नाकामयाब था कि यह एक आम बात है और यहाँ इनको वैश्या के रूप में नहीं, काम करने वाली आम औरतों की तरह ही देखा जाता है। नीदरलैंड में वैश्यावृत्ति को अनैतिक नहीं समझा जाता है। ये औरतें दिन में आठ घण्टे काम करती हैं और अपनी कमाई से टैक्स भी भरती हैं। निया के लिए ये औरतें समाज को बिगाड़ने वाली थीं किन्तु बाद में उसे भी यह बात समझ आ गयी थी कि ये यहाँ की संस्कृति का हिस्सा है।

गली से बाहर निकले तो सामने एक बहुत सुन्दर कपड़ों की दुकान थी। विपुल ने शोरूम में टँगी एक लाल रंग की ख़ूबसूरत फ्रॉक की ओर इशारा करते हुए कहा, "देखो, निया कितनी सुन्दर ड्रेस है, तुम पर बहुत जँचेगी, ज़रा पहन कर ट्राई करो। अगले महीने तुम्हारा जन्मदिन भी है।" निया ने झट से वह फ्रॉक दुकानदार से निकलवायी और ट्रायल-रूम में चली गयी। विपुल सोच रहा था, इन बीते सालों में निया की कुछ बातों में बहुत बदलाव आया है। जब विपुल ने पहली बार निया को ऐसी एक ड्रेस लाकर दी थी तब उसने बहुत मुश्किल से उसे पहना था। और उसके नीचे पजामी पहन ली थी, जिसे देखकर उसकी ननद और सास की हँसी बन्द नहीं हो रही थी। आज भी वह लम्बी फ्रॉक ही पहनती थी या पैंट और शर्ट।

"मैं कैसी लग रही हूँ?" ट्रायल-रूम से बाहर आकर निया ने पूछा। ड्रेस निया पर बहुत अच्छी लग रही थी। बिल्कुल निया के साइज़ की थी और लम्बाई भी घुटनों से नीचे तक थी।

"बहुत सुन्दर लग रही हो। इसे मेरी तरफ़ से अपने जन्मदिन का तोहफ़ा समझ लो। जानती हो, निया, आज हम बहुत समय बाद एक साथ बाहर आये हैं। मैं अपने काम में और तुम अपनी नौकरी और घर की ज़िम्मेदारी निभाने में लगी रहती हो। हमारे बीच निजी बातें कम और दुनिया की बातें ज़्यादा होती हैं। आज जब तुम्हें दीया की चिन्ता करते देखा तो समझ आया कि हमारी दीया कितनी जल्दी बड़ी हो गयी है। अब वो उम्र की उस दहलीज़ पर खड़ी है, जहाँ उसके लिए सब नया है। वह हर पल को महसूस करना चाहती है। हर नयी चीज़ के लिए उसका आकर्षित

होना स्वाभाविक है। लेकिन इस समय हमें उसके माता-पिता की जगह दोस्त बनकर उसे अच्छे और बुरे में फ़र्क़ करना सिखाना होगा और उस पर विश्वास करना भी सीखना होगा।"

बातों-बातों में कब शाम हो गयी, दोनों को पता ही नहीं लगा। वे समय से घर पहुँचना चाहते थे ताकि दीया से आराम से बात कर सकें। घर पहुँचते ही निया ने दीया को कॉल लगाया। दीया के उस तरफ़ से कॉल उठाते ही निया दीया पर बरस पड़ी, "तुम स्पेन पहुँच गयी, अभी तक हमें कॉल क्यों नहीं किया? तुम्हें पता है, हमें कितनी चिन्ता हो रही थी तुम्हारी?"

पीछे खड़ा विपुल दोनों की बातें सुनकर मज़े ले रहा था।

"माँ, माँ, समय तो देखो! हम अभी-अभी होटल पहुँचे हैं। फ़्लाइट सिर्फ़ तीन घण्टे की थी। होटल आते-आते दो घण्टे लग गये। मैं बस अभी कमरे में आयी हूँ। नहाकर आपको कॉल करने ही वाली थी। देखिए, मैं ठीक से यहाँ पहुँच गयी हूँ। मैं और सेलिन एक ही कमरे में रहेंगे। बाक़ी भी सब अलग-अलग कमरों में जा चुके हैं।" इतने में पीछे से आकर सैलिन ने निया को 'हाय' बोला।

"चलो, तुम नहाकर कुछ खा लो, कल समय से कॉल करना मत भूलना," प्यार-भरे ग़ुस्से से निया बोली।

"ठीक है, माँ! मुझे पता है, आप मेरी चिन्ता कर रही हो, पर मैं ठीक से पहुँच गयी हूँ और कल आपको समय से कॉल भी कर लूँगी। मेरी प्यारी माँ!" इतना कहकर दीया ने फ़ोन रख दिया।

"देख लिया, मैं न कहता था कि हमारी दीया बहुत समझदार है। तुम नाहक ही चिन्ता करती हो। विपुल ने प्यार से निया का हाथ अपने हाथ में लेते हुए कहा।

"दीया, तुम्हारी मॉम तो तुम्हारी बहुत चिन्ता करती हैं। तुम उन्नीस साल की हो गयी हो, फिर भी वो तुम्हारे लिए इतना सोचती हैं, तुम्हारा इतना ख़याल रखती हैं। तुम सचमुच बहुत भाग्यशाली हो जो तुम्हें इतने प्यारे माँ-बाप मिले हैं। और एक मैं हूँ, न मेरी माँ मुझे छोड़ने एयरपोर्ट आयी, न ही उन्होंने मुझे अभी तक कोई फ़ोन या मैसेज ही भेजा। आज तो वह बहुत ख़ुश हो रही होंगी। जब तक मैं वापस घर नहीं पहुँच जाती, तब तक उनका बॉयफ्रेंड हमारे ही घर में रहेगा।" दीया सैलिन की बातें चुपचाप सुन रही थी।

"अरे सैलिन, तुम भी क्या बातें लेकर बैठ गयी। चलो जल्दी से फ्रेश हो लेते हैं, अभी बाहर खाना खाने भी जाना है। मैंने सुना है, यहाँ का सी-फ़ूड बहुत अच्छा होता है।"

दीया ने होटल के कमरे में अपना सामान जमाया और अपने कपड़े और टॉयलेट बैग निकालकर नहाने चली गयी। तब तक सैलिन ने भी अपना सामान होटल के कमरे की अलमारी में रख दिया।

"अरे दीया, तुमने नहाने में कितनी देर लगा दी," सैलिन ने बाथरूम में घुसते हुए कहा, "जानती हो, टीम और फ़िलीप के कई बार कॉल आ चुके हैं। उन लोगों को तेज़ भूख लगी है। मैं जल्दी से फ्रेश होकर आती हूँ, तुम जल्दी से तैयार हो जाओ।"

सैलिन और दीया तैयार होकर नीचे आ गयीं, सब दोस्त उनका इन्तज़ार कर रहे थे। बाहर खाना खाने के बाद, दीया और उसके दोस्त जल्दी ही होटल वापस आ गये क्योंकि वे सब बहुत थक गये थे और उन्हें सुबह जल्दी निकलना था। होटलवालों ने उनके टूर का प्रबन्ध किया हुआ था। दीया अपने कमरे में लौटी तो अपने टेलीफ़ोन को चार्ज करने के लिए उसने फ़ोन का चार्जर बैग से निकाला तो उसके साथ ही एक गुलाबी रंग का छोटा-सा पैकेट भी बैग से बाहर आ गया। सैलिन बाथरूम में थी। दीया ने उस पैकेट को बड़े ध्यान से देखा। उसे लगा कि यह पैकेट उसका तो नहीं है, फिर कैसे यह उसके बैग में आ गया। उसने पैकेट को धीरे-से खोला तो देखा उसमें दवाई की गोलियों का एक पत्ता था, जिस पर लिखा था गर्भनिरोधक गोली। दीया के दिल की धड़कन एक पल के लिए रुक-सी गयी। उसे ध्यान आया कि एयरपोर्ट पर माँ जब उससे गले मिली थी तो उन्होंने कहा था, "मैंने तुम्हारे बैग में कुछ रखा है, ज़रूरत पड़ने पर यूज़ कर लेना।" दीया की आँखें भर आयीं। उसने उस पैकेट को सँभालकर बैग में वापस रख दिया।

अगले दिन सभी दोस्त मिलकर होटल के टूरवाले के साथ बाहर घूमने के लिए गये। शाम को दीया ने निया को फ़ोन किया और सारे दिन का हाल बताया। दीया के पाँच दिन दोस्तों के साथ स्पेन में कैसे बीत गये, पता ही नहीं चला। उधर, निया के पाँच दिन पाँच साल की तरह बीत रहे थे। आज निया ने दीया और उसके सारे दोस्तों के लिए सबकी पसन्द का खाना बनाया था। वह बहुत ख़ुश थी कि आज उसकी बेटी घर वापस आ रही है। दीया की फ़्लाइट सही समय पर थी। विपुल भी सही समय पर एयरपोर्ट पहुँच गये थे। दीया और दोस्त विपुल की क़ार में आधे घण्टे में घर पहुँच गये। घर की घण्टी बजी, निया ने दौड़कर दरवाज़ा खोला और झट से दीया को गले लगा लिया। सबने मिलकर खाना खाया और निया को बहुत धन्यवाद दिया।

सबके जाने के बाद निया दीया के कमरे में गयी और उससे स्पेन की छुट्टियों के बारे में पूछा। बातों-बातों में दीया ने निया से कहा, "माँ, मैं आपके और पापा के लिए स्पेन से कुछ लायी हूँ।" ऐसा कहते हुए उसने अपने सूटकेस में से एक पैकेट निकाला और निया की तरफ़ बढ़ा दिया। निया ने ख़ुशी से उस पैकेट को खोला। उसमें क्रिस्टल की एक स्पेनिश डॉल थी। निया ने दीया की तरफ़ देखते हुए कहा, "अरे, यह तो बहुत सुन्दर डॉल है पर तुम इसे अपने सूटकेस में रखकर क्यों लायी? हाथ में लेकर आना चाहिए था। कहीं सामान रखने में टूट जाती तो?" दीया ने निया के हाथों को अपने हाथों में लेते हुए कहा, "माँ, यह क्रिस्टल की डॉल मैंने आपके लिए ख़रीदी थी और मुझे यह भी पता था कि इसे यहाँ तक सावधानी से कैसे पहुँचाना है।"

निया को दीया की बात कुछ समझ नहीं आयी। उसने प्रश्न-भरी नज़रों से दीया को देखा। तभी दीया ने गुलाबी रंग का वही पैकेट निया के हाथ में रख दिया, जो निया ने उसके बैग में चुपके से रख दिया था।

"माँ, मुझे पता है, आपको पश्चिमी संस्कृति पर ज़्यादा भरोसा नहीं है, पर आपको अपनी परवरिश पर ज़्यादा भरोसा होना चाहिए था। मुझे इसकी ज़रूरत नहीं है, माँ!" कहते हुए दीया ने निया को गले से लगा लिया। निया आज अपनी परवरिश पर गर्व कर रही थी। उसकी बेटी पश्चिम में पैदा होने के बाद भी अपनी माँ द्वारा दिये संस्कारों को भूली नहीं है। आज उसकी गुड़िया सच में बड़ी हो गयी थी।

जीवन के रंग

–कुसुम नैपसिक

उसका दिल ज़ोर से धड़कने लगा जब उसने प्लास्टिक की छोटी-सी पेशाब-भरी कटोरी में स्टिक डाल दी और दस सेकंड तक इन्तज़ार करने लगी। सिर्फ़ एक लकीर गहरी नीली हुई थी। इसका मतलब उसे अच्छी तरह से मालूम था। पिछले नौ सालों से हर महीने यही करती आयी थी, और दोनों लकीरों के गहरे होने के इन्तज़ार में जाने और कितने महीने वह इसी तरह अकेली यूँ ही सिसकती रहेगी।

उसने गहरा श्वास छोड़ा। फिर बाथरूम की खिड़की से बाहर झाँकने लगी। इस साल भारी वर्षा होने के कारण दूर तक पहाड़ों पर हरियाली जमी हुई थी और हवा के झोंके अन्दर के ताप को कुछ सुकून पहुँचा रहे थे। थोड़ी देर यूँ ही खड़ी रहकर उसने खिड़की ज़ोर से बन्द कर दी। आज उसका मूड फिर से उखड़ा हुआ था। उसका मूड ऐसे ही रहता है जिस दिन वह यह परीक्षण करती है। शाम को वह डेविड से भी जली-कटी बातें करती रही और इस सबका ज़िम्मेदार उसे ही ठहराती रही क्योंकि डेविड ने शुरू के दस सालों तक उसे गर्भनिरोधक गोलियाँ खिला-खिलाकर खोखला कर दिया था। इसके बाद के नौ सालों तक वे दोनों हर महीने बच्चे होने की आशा करते रहे लेकिन अब यह उनके लिए दूर की कौड़ी हो गयी थी। दरअसल, डेविड सेटल होने तक बच्चे का रिस्क नहीं लेना चाहता था। जब भी मौली बच्चे के लिए कहती तो वह यही जवाब देता, "आजकल के बच्चों को ग़रीब माँ-बाप पसन्द नहीं होते। क्या तुम चाहोगी कि हमारे बच्चे हमें ही न पसन्द करें?"

मज़े की बात है कि डेविड को नहीं मालूम था और कितने साल सेटल होने में लग जायेंगे। शुरू के दस साल तो यूँ ही पंख लगाकर उड़ गये। लेकिन डेविड

बच्चे की बात भूलकर भी नहीं करता और अब तो मौली की किसी बात का डेविड पर कोई असर नहीं होता था। सालों से वह यही सुनता आया था, "हमारा बच्चा कब होगा? तुम कभी ख़ुद बच्चे की बात क्यों नहीं छेड़ते?"

मजाल है जो इतना होने पर भी डेविड ने कभी बच्चे की बात शुरू की हो। उसके मन की बात कोई नहीं जानता, शायद वह ख़ुद भी नहीं। हाँ, इतना ज़रूर था कि जब मौली रोने लगती तो वह कहता, "मैं भी वही चाहता हूँ जो तुम चाहती हो। बताओ मैं क्या करूँ?"

ये सुनकर मौली और भड़ककर कहती, "बस मुझसे बात मत करो।"

मौली ही जानती है, इतने सालों में जाने कितने लोगों ने उससे पूछा कि उसके कितने बच्चे हैं। शायद ही किसी ने डेविड से यह सवाल पूछा हो। क्या यह सवाल सिर्फ़ औरतों के ख़ाते में आता है? कोई भी ख़ाली-पीली उससे यह सवाल पूछ लेता। मौली पहले तो इस सवाल पर काफ़ी खुलकर बात करती थी कि हम दोनों अभी अपने करियर पर ध्यान दे रहे हैं, इसलिए बच्चों के बारे में बाद में सोचेंगे। और पूछने वाले लोग भी उसे ख़ुश करने के लिए इसी तरह की बातें करते, "अरे! बच्चे होने के बाद ज़िन्दगी के सब मज़े ख़त्म हो जाते हैं। सच में, अपने लिए कुछ करने का वक़्त ही नहीं रहता। तुम लोगों ने अच्छा किया जो अभी बच्चे-वच्चे से बचे हुए हो।" कुछ देर के लिए यह सब उसे सचमुच राहत दे जाता कि अच्छा है कि वह अभी बच्चों की ज़िम्मेदारी से बची हुई है।

वह ख़ुद भी बीस साल की अल्हड़ युवती थी जब वे परिणय-सूत्र में बँधे थे। कितने साल तो पढ़ाई-लिखाई, डिग्री पाने और फिर नौकरी की तलाश में ही गुज़र गये, फिर भी हमेशा एक कोने में बच्चे की चाह कुलबुलाती रहती।

पिछले नौ सालों से वे दोनों बच्चे के लिए भरपूर ट्राई कर रहे थे और दो साल पहले तो उन्होंने डॉक्टर से अपना ट्रीटमेंट भी कराने की सोची। सभी रिपोर्ट नॉर्मल निकलीं तो डॉक्टर ने कहा, "अब चालीस की उम्र में अपने आप बच्चे होने से रहे, इसलिए 'आईवीएफ़' करवाने की सोचो।"

इसके लिए वे आर्थिक रूप से तैयार नहीं थे लेकिन कुछ सस्ते ट्रीटमेंट जैसे 'आईयूआई' उन्होंने ज़रूर ले लिये थे, इससे उन्हें अन्दाज़ा हो गया था कि इस आग के दरिया में डूबके ही जाना पड़ेगा। हर महीने 'क्लोमिड' की टैबलेट लेना, फिर अपने पेट में ख़ुद ही 'गोनाट्रोपिंस' के सिरिंज घोंपना मौली के लिए आसान काम न था। इसके बाद नियत समय पर मौली को क्लिनिक बुलाया जाता और हर बार जाने कौन-कौन-सी मशीनें उसके अन्दर डाल दी जातीं। हाथ की मुट्ठियों

को कसकर बन्द करके वह सिर्फ़ अपने शरीर के अन्दर की जा रही प्रक्रिया को महसूस कर पाती। उसे पेट के अन्दर कुछ रेंगता-सा लगता जो भीतर ही भीतर एक तीखे दर्द में बदल जाता। दर्द से कई गर्म धारायें उसकी आँखों से झरझरा के चूँ पड़तीं जो कई दिनों तक उसके बदन में सिहरन पैदा करती रहती थीं।

इसके अलावा, हर बार क्लिनिक में जाने का ख़र्च एक हज़ार डॉलर के ऊपर चला जाता। पाँच बार 'आईयूआई' करवाकर तो दोनों ने तौबा कर ली। इसके ऊपर ख़र्च करना उनके बस का न था। अभी तक तो स्टूडेंट लोन भी नहीं चुकाया था। फिर दोनों की नौकरियों से कुछ ख़ास बचता भी नहीं था, इसलिए तन, मन और धन से निचुड़ चुके मौली और डेविड ने सोच लिया था अब अगर बच्चे होंगे तो अपने आप, नहीं तो नहीं।

ख़ैर, अब मौली घर में ही हर महीने गर्भ-परीक्षण करती और हर बार नेगेटिव रिपोर्ट आने से परेशान होकर चीख़-चिल्लाकर दो-चार दिन बाद फिर अपने आप सामान्य हो जाती थी। और अपने अगले मासिक-चक्र में गर्भवती होने के सपने देखने लगती जिसके लिए उसका ख़ुश रहना बेहद ज़रूरी था, और उससे भी ज़्यादा डेविड का ख़ुश रहना। इसलिए वह कुछ हद तक लड़ाई-झगड़े से दूर रहती। आख़िर बच्चा तो उसे डेविड से ही चाहिए था।

उसके बदलते मूड से तो सभी परिचित थे। आज अपने दफ़्तर में बैठी वह बहुत ख़ुश लग रही थी। इंश्योरेंस क्लेम की सभी फ़ाइलें जल्दी-जल्दी निपटाते हुए कुछ गुनगुना रही थी।

उसके सामने बैठी लौरा ने पूछ ही लिया, "कुछ ख़ास है क्या?"

वह अपनी मेज़ पर लगे हुए गुलदस्ते से फूल तोड़ते हुए बड़े ही सेक्सी अन्दाज़ में बोली, "हाँ, आज की रात डेविड और मैं, मैं और डेविड बहुत बिज़ी होंगे।" लौरा खिलखिलाकर हँसने लगी, तभी विक्टर आ टपका और दोनों की हँसी बिला गयी।

विक्टर बोला, "जब भी मैं आता हूँ, तुम दोनों चुप क्यों हो जाती हो? लगता है मेरे ही बारे में कुछ बातें कर रही थीं।"

मौली हाथ नचाते हुए बोली, "बस और कोई काम नहीं है हमें, तुम्हारे बारे में बात करने के अलावा। तुम क्या स्पेशल हो?"

"तो हँस क्यों रही थीं?"

"हँसना मना है क्या?"

"जब मैं आता हूँ, तुम लोग चुप क्यों हो जाती हो? अब तक तो बड़े कहकहे

छूट रहे थे। मुझे बताओ न, क्या चल रहा था?" विक्टर थोड़ी मिन्नतवाली टोन में बोला।

"ये औरतों की बात है, तुम नहीं समझोगे।" लौरा अपने बालों को सहलाते हुए स्टाइल से बोली।

"ऐसी क्या बात है जो मैं नहीं समझ सकता, एक बार बताओ तो सही।"

मौली ने झटके से क्लेम की कुछ फ़ाइलें उठायीं और विक्टर की मेज़ पर पटकते हुए बोली,

"पहले इन फ़ाइलों का काम निपटाओ फिर बताऊँगी।"

अगले ही क्षण मौली को लगने लगा जैसे उसे बुरी तरह से चक्कर आ गये। शायद वह झटके से उठी, इसी से चक्कर आये होंगे। उसने सोचा, पिछला परीक्षण तो नेगेटिव आया था लेकिन उसकी माहवारी अभी तक नहीं हुई। आज घर जाकर फिर से परीक्षण करना चाहिए।

वैसे इस तरह तो पहले भी कई बार हो गया है जब उसकी माहवारी देर से हुई और वह हर बार यही आशा पाल लेती कि शायद इस बार वह गर्भवती हो गयी है। यह परीक्षण उसके तन के लिए तो नहीं, लेकिन मन के लिए बहुत दर्दनाक था। फिर भी हर महीने करना तो पड़ता था।

घर जाकर उसने सबसे पहले परीक्षण की वही प्रक्रिया दोहरायी लेकिन परीक्षण स्टिक ने आज वही परिणाम नहीं दोहराया बल्कि दोनों लकीरें नीली हो गयीं। उसे विश्वास नहीं हो रहा था। यह उसकी चालीस साल की ज़िन्दगी में पहली बार हुआ था। उसने सोचा, "कल नर्सिंग होम में टेस्ट करवा लूँगी। इन स्टिकों का क्या भरोसा, शायद इनकी एक्सपायरी डेट निकल गयी हो।"

अगले दिन ख़ून की जाँच से भी जब यह ख़बर पक्की हो गयी तो वह तेज़ क़दमों से बिल्डिंग के बाहर निकल आयी और एक कॉफ़ी हाउस में जाकर बैठ गयी। वह कुछ पल किसी से कोई बात नहीं करना चाहती थी, बस अपने साथ रहना चाहती थी।

अब तक इस एक क्षण का उसे दो दशकों से इन्तज़ार था। कैसा लगता है जब आँखों में पला बरसों का सपना एक झटके में पूरा हो जाता है और मन असीम आनन्द के हिंडोले में डोलने लगता है। वह भी इसी हिंडोले में बैठकर कहीं दूर उड़ना चाहती थी।

शायद इसी दिन के लिए यह गाना बना है–

आजकल पाँव ज़मीं पर नहीं पड़ते मेरे,
बोलो देखा है कभी तुमने मुझे उड़ते हुए?

पूरी तरह से आश्वस्त होकर वह दफ़्तर आकर डेविड को फ़ोन मिलाने लगी। उसके चेहरे पर मुस्कुराहट रह-रहकर अपने आप चढ़ जाती, शायद इतनी बड़ी ख़बर सुनकर सभी का यही हाल होता होगा।

कमबख़्त, घण्टी बजती जा रही थी और वॉइस मैसेज पर जाकर थम जाती, तो वह झल्लाकर फ़ोन काट देती। पता नहीं, डेविड फ़ोन क्यों नहीं उठा रहा है! कुछ सोचकर उसने फ़ोन रख दिया। अपने दफ़्तर के बरामदे में वह इधर-उधर घूमने लगी। फिर सोचा, क्यों न मम्मी-पापा को फ़ोन करूँ? रिंग जाने लगी लेकिन वहाँ भी कोई फ़ोन नहीं उठा रहा था।

वह मन में सोचने लगी। यह क्या बात है! मैं इतनी बड़ी ख़बर बताना चाहती हूँ और कोई फ़ोन उठा ही नहीं रहा है। जब कोई बात नहीं होती तो घण्टों बिना मतलब की बातें करते हैं और बार-बार कहते हैं, "और बताओ क्या चल रहा है?"

आज जब बात है तो कोई सुनने वाला नहीं है।

तभी जैनिटर कूड़ा उठाने के लिए आयी और एक मुस्कान के साथ अभ्यस्त अन्दाज़ में बोली, "हाउ आर यू?" अब तो मौली के पेट में गुड़गुड़ होने लगी और पेट में दबी बात बाहर आने के लिए छटपटाने लगी। आख़िर में उसने अपने को रोका और सिर्फ़ इतना ही बोल पायी, "गुड! एंड यू?" उसने जवाब में अँगूठे और तर्जनी को मिलाया और एक बी-शेप बनाते हुए अपने ठीक-ठाक होने का संकेत देते हुए "हैव ए नाइस डे!" का रटा-रटाया संवाद कहकर चलती बनी।

उसने सोचा, अच्छा ही हुआ जो उसे कुछ नहीं बताया। नहीं तो सारा मज़ा किरकिरा हो जाता। वह अपनी मशीनी मुस्कान के साथ मुबारकबाद देती और चली जाती। अपनी ख़ास बात वह सबसे पहले उन लोगों को बताना चाहती थी जो इसे उसी की तरह महसूस कर सकें।

उसका मन हुआ फ़ोन पर मैसेज भेज दे लेकिन फिर वह रुक गयी क्योंकि वह उस इक्सायट्मेंट को नहीं सुन पायेगी जो वह शब्दों से सुनना चाह रही थी। तभी फ़ोन की घण्टी घनघना उठी।

उसने थोड़ा ग़ुस्सा दिखाते हुए कहा, "कहाँ थे? इतनी देर से फ़ोन मिला रही थी?"

"कहाँ हो सकता हूँ? जेलर हूँ। राउंड पर तो जाना ही पड़ता है।" डेविड की आवाज़ में थोड़ी झुँझलाहट थी।

"अच्छा तो यहाँ भी एक राउंड लगाने आ जाओ," आवाज़ में मधु घोलते हुए उसने कहा।

"क्या बात है, आज तो बड़ी रोमांटिक हो रही हो।"

"क्या लंच पर मिलें? ब्राइट स्ट्रीट पर?"

"नहीं यार! आज बहुत काम है।"

"देख लो! मुझे तुम्हें कुछ बताना है। बहुत ख़ास बात है।"

उसकी आवाज़ की गुदगुदी और ख़ुशी को महसूस करते हुए उसने सोचा, आज कितने दिनों बाद इसका मूड कुछ अच्छा लग रहा है। उसने कहा, "अच्छा ठीक है, चलो मिलते हैं बारह बजे।"

फिर दोनों अपने-अपने काम में मशग़ूल हो गये। मौली अपनी मीटिंग जल्दी-जल्दी निपटाने लगी और बराबर घड़ी भी देखती जाती। जैसे बारह बज जायेंगे और उसे पता नहीं चलेगा। उसने काम इतनी रफ़्तार से ख़त्म किया कि पौने बारह बजे ही लंच पर पहुँच गयी और बैठते ही एक लेमनेड ऑर्डर कर दिया। करने को कुछ नहीं था तो अपने मोबाइल से डेविड को संदेश पर संदेश भेजने लगी।

"कहाँ हो? जल्दी आओ, यार!"

जब वह आया तो उसने पूछा, "भई! ऐसी क्या बेताबी थी कि तुमने यहाँ मिलने के लिए बुला लिया?"

"पति महोदय, इतनी आसानी से तो मैं नहीं बता दूँगी," मौली मुस्कराती हुई बोली।

"तुम्हें प्रमोशन मिला है क्या?"

"अच्छा, पहले बताओ। दफ़्तर की ख़बर है या घर की? "

"घर की।"

"ह्म्म्म्म्म! "

"तुमने नया सोफ़ा ऑर्डर कर दिया है, जिसके बारे में तुम बोल रही थीं?"

"ओफ़्हो! तुम भी कितने बोरिंग हो। नये सोफ़े के लिए कौन इतना इक्सायटेड होता है? "

"क्या तुम्हारी बहन आ रही है? "

"नहीं, बाबा!"

"फिर तुम्हारे घर से कोई और आ रहा है क्या?"

"नहीं, जी!" मौली इतराते हुए बोली।

"अच्छा, मैं हार गया। अब बताओ।"

मौली से अब और नहीं रुका जा रहा था। "हम पेरेंट्स बनने वाले हैं!" उसने लगभग चीख़ते हुए कहा। आसपास के लोग उनकी तरफ़ देखने लगे और कुछ लोगों ने तो बाक़ायदा ताली बजाते हुए मुबारकबाद भी दे दी।

लजाते हुए गुलाबी हो आये गालों पर हाथ रखते हुए उसने सबको 'शुक्रिया' कहा।

डेविड सामने की सीट से उठकर उसके पास आ गया और उसे गले से लगा लिया।

फिर उसके हाथ सरकते हुए मौली के पेट पर आकर रुक गये।

देर तक डेविड मौली की आँखों में देखता रहा, उसकी आँखें पनीली हो गयीं। उसे लगा वह रो देगा। मौली की आँखों में भी नमी थी।

उसने कहा, "मुझे लग रहा था कि यही बात है।"

"तो पहले क्यों नहीं बताया, बुद्धू!"

"मुझे लगा कि अगर यह सच नहीं हुआ तो तुम परेशान हो जाओगी," डेविड ने मौली के होंठों को चूमते हुए कहा।

तभी वहाँ वेटर आया और दोनों ने फलाफल और पीताब्रेड सैंडविच ऑर्डर किया और अपने इन ख़ुशी के पलों को बार-बार जीने की कोशिश करने लगे। आज दोनों बहुत ख़ुश हैं मानो ज़िन्दगी में सब कुछ मिल गया हो।

मौली ने कहा, "देखो! अभी सितम्बर का महीना है तो हमारा बच्चा जून में होगा। जून में तो हमारी छुट्टियाँ भी होती हैं और मेरी माँ के स्कूल भी बन्द होते हैं। वे भी हमारे पास रहने आ सकती हैं। कितना अच्छा होगा। हमारे बच्चे को नानी का साथ मिलेगा। क्या ज़िन्दगी में कुछ इतना परफ़ैक्ट होता है। ऊपरवाले ने हमें सब कुछ कितना सोच-समझकर दिया है।"

डेविड ने मुस्कुराकर उसकी बात का समर्थन किया। डेविड मौली की किसी भी बात को नहीं काटना चाहता था। जो वह कहती, उसे ख़ुशी से स्वीकृति दे देता। उसे मालूम था कि मौली के लिए उसकी स्वीकृति कितनी ज़रूरी है।

क्रिसमस पर डेविड की माँ भी जर्मनी से आ गयीं। मौली उनको ज़्यादा पसन्द नहीं करती थी। उसे लगता था कि वे उनकी ज़िन्दगी में बहुत दख़ल देती हैं। भई, सभी लोग अपनी ज़िन्दगी अपने ढंग से जीना चाहते हैं। मौली ने डेविड से साफ़ कह दिया था कि तुम्हारी माँ बहुत 'बॉसी' हैं और उनका हुक्म बजाना मुझसे नहीं हो पायेगा। तब से डेविड कोशिश करता था कि मौली और माँ को दूर रखा जाये,

लेकिन बच्चे की ख़बर सुनकर उसकी माँ मिलने चली आयीं और इस अवसर पर उन्हें रोकना डेविड को उचित भी नहीं लगा था।

वे आयीं तो उन्होंने मौली का ख़ूब ध्यान रखा और उसे खाने-पीने की पौष्टिक चीज़ें खिलाती रहीं। इस बार मौली की अपनी सास के साथ ख़ूब बन रही थी। दोनों जब भी साथ होतीं तो खिलखिलाती रहतीं। अभी टीवी पर ख़बर आ रही थी कि चीन में नोवल कोरोना वायरस पाया गया है, इसलिए पूरे वुहान शहर को ही बन्द कर दिया गया है। दोनों ख़बर देखकर पेट पकड़कर हँसने लगीं, भला किसी शहर को यूँ भी लॉकडाउन किया जा सकता है। कितने बेवक़ूफ़ हैं।

मौली बोली, "अगर यहाँ ऐसा हो तो मैं तो मर ही जाऊँ।"

माँ ने कहा, "जाने कैसे-कैसे लोग हैं, चमगादड़ तक को नहीं छोड़ते।"

"कुत्ते और बिल्ली कम पड़ गये होंगे," कहकर दोनों देर तक हँसती रहीं।

फिर एक दिन जब मौली ने कहा कि उसकी माँ एक बेबी शावर रखना चाहती हैं तो उन्होंने कहा, "जर्मनी में लोग कहते हैं पहले बच्चे में बेबी शावर नहीं करना चाहिए क्योंकि इससे नज़र लग सकती है, इसलिए बेबी शावर मत करो।"

मौली को यह बात नागवार गुज़री। अब वह किस संस्कृति के तौर-तरीक़े अपनाये, अमेरिकी या जर्मनी? हालाँकि मौली का पेट दिखने लगा था और अब तो पाँच महीने गुज़र चुके थे और सबको बताना सेफ़ था। जाने क्या सोचकर उसने सास की बात रख ली और बेबी शावर नहीं रखा, बस फ़ोन पर अपने ख़ास जानने वालों को ख़बर कर दी।

मौली अपना ख़ास ध्यान रखने लगी और जाने कितने ही लेख और किताबें गर्भावस्था पर पढ़ डालीं। अपने पहले बच्चे के लिए जितनी तैयारी कर सकती थी, कर ली। लेकिन कोरोना के क़हर के बारे में रोज़ सुन-सुनकर उसके कान पक गये थे। क्या है यह कोरोना और कैसे फैलता है, किसी को ठीक से नहीं मालूम था।

जल्दी ही नर्सिंग होम में सबको एक ज्ञापन मिला कि सभी कर्मचारियों के लिए मास्क पहनना अनिवार्य है, तो मौली को यह समझने में बहुत मुश्किल आयी कि क्यों ज़रूरी है? वह तो नर्सिंग होम में एक फ़ाइनेंशियल ऑफ़िसर है और उसका डॉक्टर और नर्स से इतना वास्ता भी नहीं पड़ता। उसे ज़्यादातर इन्शोरेंस कम्पनी के साथ ही बातचीत करनी होती थी या मरीज़ों के क्लेम फ़ाइल करने होते थे, जिसे वह नर्सिंग होम में ही बने हुए अपने एक अंडरग्राउंड दफ़्तर में बैठकर करती थी जिसमें उसके साथ तीन और लोग भी थे।

अब इस कोरोना की मुसीबत की वजह से उसे पूरे दिन मास्क लगाकर और बार-बार हैंड सेनेटाइज़र से हाथ रगड़ने पड़ते थे। हर एक घण्टे में वह दफ़्तर के बाहर आ बैठती और एक पेड़ के नीचे मास्क हटाकर लम्बी-लम्बी साँस लेती। उसकी साँस वैसे भी बहुत फूलती है, लम्बे-चौड़े क़द और भरे-भरे बदन वाली तो वह पहले से ही थी। दफ़्तर की कुर्सी पर अपने फूले हुए पेट के साथ मास्क लगाकर बैठना उसके लिए एक मुसीबत थी। उसका मन अब काम में नहीं लगता था। एक दिन वहीं बैठे-बैठे उसे ख़याल आया कि क्यों न वह 'वर्क फ्रॉम होम' के लिए अप्लाई कर दे।

आख़िर जो काम वह अपने केबिन में बैठकर करती है, वह घर से भी कर सकती है और फिर अगर किसी क्लाइंट से मिलना हो तो ज़ूम से बात कर सकती है। अब तो पूरी दुनिया ही ऑनलाइन काम करने लगी है।

उसे यह विचार बहुत अच्छा लगा। जल्द से जल्द वह घर से ही काम करना चाह रही थी।

उसने एक ईमेल अपने बॉस को भेज दिया और इसके जवाब में अगले दिन ही बॉस ने उसे अपने दफ़्तर में मिलने के लिए बुला लिया।

दोनों मास्क में थे। मौली को 'गुड मॉर्निंग' कहते हुए मुस्कुराने की ज़हमत नहीं उठानी पड़ी। मास्क लगाने का यही एकमात्र सुख था।

बॉस ने बिना लाग-लपेट के कहा, नर्सिंग होम में अभी सबसे ज़्यादा कर्मचारियों की आवश्यकता है और इस वक़्त मैं छुट्टी नहीं दे सकता। अगर तुम दफ़्तर नहीं आतीं तो तुम्हारी तनख़्वाह कट जायेगी।"

मौली ने उसे समझाते हुए कहा, "लेकिन सर, आप जानते ही हैं कि यह मेरा पहला बच्चा है और अगर मुझे कोरोना हो गया तो मेरे बच्चे का क्या होगा?"

"तुम्हें घबराने की ज़रूरत नहीं है, देखो, यह नेशनल रिपोर्ट आयी है, इसके मुताबिक़ गर्भवती महिलाओं पर कोरोना का इतना असर नहीं पड़ता। ऐसा कोई प्रूफ़ अब तक नहीं मिला है कि इससे पेट में पलने वाले बच्चे को हानि हो सकती है, इसलिए तुम बिल्कुल मत घबराओ। तुम इस रिपोर्ट को अपने साथ ले जाओ और घर में आराम से पढ़ना।"

मौली ने कहा, "लेकिन सर, यह बीमारी तो पहली बार हुई है, इतनी जल्दी इस रिपोर्ट पर भरोसा नहीं कर सकते, बाद में यह ग़लत भी साबित हो सकती है।"

"तुम्हें तो पता है कि हम लोग डाटा और रिपोर्ट पर ही निर्भर करते हैं और उसी के अनुसार अपने निर्णय लेते हैं। वैसे भी नर्सिंग होम में तो हमेशा ही इन्फ़ेक्शन

और वायरस से लैस मरीज़ आते हैं। अगर हम लोग घर बैठ जायें तो काम कैसे चलेगा?" बॉस ने सपाट उत्तर दिया।

मौली ने आँखें बन्द कर लीं और सिर झुका लिया। उसके गालों पे आँसू ढलकने लगे। मन ही मन उसने बॉस को भारी-भरकम गाली दी।

बॉस अपनी कुर्सी से उठा और सांत्वना देने के लिए उसकी ओर बढ़ने लगा, लेकिन तुरन्त छह फ़ीट दूर रहने का नियम उसे याद आ गया और वह स्प्रिंग की भाँति उछलकर वापस अपनी कुर्सी पर बैठ गया।

वह बोला, "तुम्हीं बताओ मैं क्या करूँ? अभी हमारे स्टाफ़ में चार और लोग प्रेगनेंट हैं। अगर सबको छुट्टी दे दी तो हमारा नर्सिंग होम ही बन्द हो जायेगा। तुमसे पहले नैन्सी भी इस बारे में बात कर चुकी है। अब नियम तो नियम है, मैं तुम्हारे लिए बदल नहीं सकता। तुम समझ सकती हो।"

मौली अपने दफ़्तर में जाके फट पड़ी। अपना मास्क फेंककर वह कुर्सी पर बैठी और मेज़ पर सिर रखकर सिसक-सिसककर रोने लगी। कमरे में उपस्थित उसके सहकर्मचारियों ने एक-दूसरे को देखा और आँखों के इशारे से पूछा, "क्या हुआ?" दोनों ने गर्दन हिलाकर 'न' के इशारे में जवाब दिया। और मौली से पूछा, "क्या सब ठीक है?" दो-तीन मिनट तक कोई जवाब न मिलने पर वे कमरे से बाहर चले गये।

'लीव विद उट पे' लेना उसके लिए मुमकिन न था। अभी तक वह कुछ ख़ास सेविंग नहीं कर पायी थी। पहले ही फ़र्टिलिटी हॉस्पिटल में इतना पैसा पानी की तरह बहाया जा चुका था और अपार्टमेंट का किराया हर महीने पन्द्रह सौ डॉलर तो देना ही है। इन सबके ऊपर बच्चे के आने पर ख़र्चे और बढ़ेंगे। इस स्थिति में काम छोड़ना समझदारी नहीं है। पैसे तो चाहिए ही। एक आदमी की आमदनी से घर नहीं चल सकता। कितना अच्छा होता अगर उसके माता-पिता आसपास होते। बिना परिवार के सब कुछ कितना मुश्किल होता है।

उसने अगले एक हफ़्ते तक नौकरी के लिए कई जगह आवेदन किये। कहीं से कोई बात नहीं बनी। लगभग सभी से यही जवाब मिला, "हमारे यहाँ तो छँटनी चल रही है, अगले साल फिर अप्लाई कीजिए।"

थककर उसने निर्णय लिया कि अब यहीं काम करती रहेगी और देखेगी क्या हो सकता है। लेकिन यह बहुत दिन तक नहीं चल सका। एक दिन उसके सामने बैठे विक्टर ने कहा, "मालूम है, लौरा कोरोना पॉज़िटिव है।"

"यह कब हुआ?"

"कल ही उसे पता चला।"

"फिर अब?"

"अब हम लोगों को भी कोरोना टेस्ट करवाना पड़ेगा।"

टेस्ट का रिज़ल्ट जल्दी ही आ गया। मौली और विक्टर दोनों कोरोना नेगेटिव निकले।

उसे बहुत सुकून हुआ और उसने अपने गायनोकोलोजिस्ट को फ़ोन किया।

डॉक्टर ने बताया कि अब उसे काम नहीं करना चाहिए। अगर वह करती है तो क्लीनिक में आने से पहले उसे कोरोना का टेस्ट करवाना पड़ेगा और कोरोना नेगेटिव रिज़ल्ट के साथ ही वह उनकी क्लीनिक में आ सकती है।

मौली ने अपने बॉस से दूसरी बार बात करने की कोशिश की लेकिन वह टस से मस नहीं हुआ। उदास मौली को कुछ नहीं सूझ रहा था। इतना बड़ा फ़ैसला वह कैसे कर सकती है? अगर हर महीने तनख़्वाह नहीं आयेगी तो बच्चे का ख़र्चा कैसे पूरा होगा? सब कुछ सोच-सोचकर उसका तनाव बढ़ता जा रहा था। उसकी कुछ छुट्टियाँ बाक़ी थीं लेकिन वह उसे अपनी मैटरनिटी लीव के बाद लेना चाहती थी ताकि वह बच्चे के साथ रह सके।

उसने डेविड से पूछा तो उसने सलाह दी, "तुम्हें अभी छुट्टियाँ ले लेनी चाहिए और ज़्यादा तनाव लेने की ज़रूरत नहीं है।"

"लेकिन सोचो तो, अगर मेरे पास दो हफ़्ते की ज़्यादा छुट्टियाँ होंगी तो मैं बच्चे के साथ ज़्यादा रह सकूँगी। मुझे तभी सबसे ज़्यादा छुट्टियों की ज़रूरत होगी," मौली ने अपनी मुट्ठी को मेज़ पर मारते हुए कहा।

"देख लो! मुझे लगता है, यह कोरोना तुम्हारे नर्सिंग होम तक पहुँच चुका है। अब यह ख़तरनाक होता जा रहा है। मेरी बात मानो तो छुट्टी के लिए अर्ज़ी दे दो। मुझे माहौल कुछ ठीक नहीं लग रहा है।"

मौली चाहती थी कि डेविड बोले कि छुट्टी न लो ताकि वह छुट्टी बाद में लेने के अपने फ़ैसले को सही क़रार दे सके और अगर कुछ ग़लत हुआ तो डेविड भी इसका हिस्सा बन सके।

गहरी साँस भरकर मौली सोफ़े पर लेट गयी और सोचने लगी, "काश, मेरे पास कोई मशीन होती जिससे मैं अपना भविष्य देख पाती तो कितना अच्छा होता। सब कुछ इतना रहस्यमय क्यों होता है? हम क्यों नहीं अपना आने वाला कल देख सकते? लोग कहते हैं, जो तुम आज करते हो वही भविष्य में मिलता है। लेकिन जब हमेशा दो रास्ते हों और दोनों ही धुँधले हों तो कोई क्या करे! वह सोचने लगी,

"अगर मुझे कोरोना हो गया तो शायद मैटरनिटी लीव की ज़रूरत ही नहीं पड़ेगी।" वह पागलों की तरह हँसने लगी।

अब उसके ख़ुशीवाले दिन काफ़ूर हो चुके थे। दफ़्तर में होती तो पूरी एहतियात बरतती और बार-बार बिना कुछ छुए भी हाथों पर सेनेटाइज़र लगाती रहती। सेनेटाइज़र की गन्ध उसके दिलो-दिमाग़ में इस तरह बस चुकी थी कि बोतल खोलते ही उसकी नसों में अजीब ऐंठन होने लगती। लेकिन अब बस वही उसका रक्षक था। मास्क वह तभी लगाती जब उसे मालूम होता कि कोई आने वाला है।

फिर वह दिन जल्दी ही आया जब उसे फ़ोन आया कि ऊपर नर्सिंग होम में चार नर्स कोरोना पॉज़िटिव पायी गयी हैं, इसलिए उसे भी अपना टेस्ट फिर से करवा लेना चाहिए।

उसकी आँखों के आगे अँधेरा छाने लगा। उसे लगा, उसके गले में कुछ अटक रहा है, उससे थूक घूँटी नहीं जा रही है और हलक में कुछ फँस रहा था। उसे पहले ही कुछ बुरा होने का आभास होने लगा था। कुछ बहुत बुरा।

ज़िन्दगी में कुछ इस तरह के आभास सभी को कभी न कभी होते हैं, लेकिन स्थिति को पहले की तरह करने का कोई उपाय मौली के पास नहीं था। उसे अपने इस सफ़र में एक भी विकल्प सुरक्षित नहीं लगा। मान लो अगर वह दो हफ़्ते की छुट्टी ले भी लेती तो भी तो वापस उसे इसी नर्सिंग होम में आना पड़ता।

उसने अपनी जीप निकाली और 'सीवीएस फ़ार्मेसी' के सामने लगी लम्बी कारों की क़तार में लग गयी।

सभी कारें धीरे-धीरे खिसक रही थीं। इस कोरोना परीक्षण केन्द्र पर एक ख़ास क़तार सिर्फ़ स्वस्थ्य सेवा से जुड़े हुए कर्मचारियों के लिए थी। लेकिन वह भी बहुत लम्बी थी, लगभग तीन घण्टे बाद उसका नम्बर आया। नर्स ने उसके नाक में स्वॉब डालकर सैम्पल ले लिया और उसे जाने के लिए कह दिया।

वह बेचैन-सी पार्किंग में ही अपनी जीप में बैठी रही। आज धूप बहुत तेज़ और करारी थी, लेकिन मौली को इसकी परवाह नहीं थी। वह अपनी गर्भावस्था के सभी स्टेज देखने लगी जैसे मरने वाला अपने जीवन की झलकियाँ कुछ ही पलों में देख लेता है। उसने सोचा, कहाँ से शुरू किया था और कहाँ पहुँच गयी ज़िन्दगी।

तभी उसके फ़ोन पर एक संदेश आया और उसमें लिखा था–'वी आर सॉरी टू इन्फ़ॉर्म यू दैट यू आर कोरोना पॉज़िटिव' वह जैसे इसी सन्देश का इन्तज़ार कर रही थी, बस पुष्टि करना बाक़ी था। उसे पता चल गया था कि उसे कुछ होने वाला है। अब आगे का रास्ता क्या है, उसे नहीं मालूम। काश कि उसे कुछ मालूम होता

भविष्य के बारे में। तैंतीस हफ़्तों से अपने पेट में पल रहे भ्रूण पर उसने हाथ रखा और आँख बन्द कर फफककर रो पड़ी।

बार-बार यही सवाल उसके मन में आ रहा था कि भविष्य हमेशा इतना धुँधला क्यों होता है, कभी कुछ भी साफ़-साफ़ क्यों नहीं दिखाई देता?

काफ़ी देर यूँ ही रोते हुए गुज़र चुकी थी, धीरे-धीरे मौली कुछ शान्त हुई और उसने अपनी आँखें पोंछी और डेविड को अपने कोरोना पॉज़िटिव होने का सन्देश फ़ोन पर भेजकर घर की ओर रवाना हो गयी।

जट्टा और चिरैया

–प्रियंका ओम

वह औचक ही सामने आ गया था। मुझ पर नज़र पड़ते ही शर्मिन्दगी से उसकी आँखें झुक गयी थीं मानो उसका कृत्य क्षण भर पहले का हो। इतने वर्ष बीत गये, वक़्त नये-नये पैरहन तैयार करता रहा और पुरानी उतरनें बनती रहीं। उन्हीं उतरनों में से एक आज मेरे समक्ष ऐसे आ गया जैसे काले रंग का वह कुर्ता जिसे पहनने के बाद किसी अप्रिय घटना का घटित होना तय था और वह दिन हमेशा ही गुरुवार होता।

ताई जी कहती, "गुरुवार को काला ना पहना कर और शनिवार को पीला, अपशगुन होता है। दुनिया के शुरू होने से पहले से ही शनिदेव और बृहस्पति देव में निरन्तर शीत युद्ध चल रहा है।"

आज भी मैंने पीला पहना है और दिन शनिवार है। मैंने उसे अनिच्छा से देखा, अब वह बूढ़ा हो चला है। उसके सफ़ेद हो चुके बालों में बचे काले बाल आसानी से गिने जा सकते हैं। उसकी बिल्लौरी आँखें निस्तेज हो गयी हैं, माँस हड्डियाँ छोड़ चुका है। अब वह पहले की तरह आकर्षक नहीं रहा।

"पहचाना इसे?" मेरे मनोभावों से नितान्त अनभिज्ञ दादा ने उसके समक्ष प्रश्न यूँ फेंक दिया जैसे प्रतीक्षारत प्रत्याशी के सामने ताश के पत्ते फेंके जाते हैं। प्रत्याशी? नहीं, नहीं! यह मेरा पिता...छी! पिता नहीं, मेरी माँ का प्रेमी है। रगों में बहनेवाला ठाकुरों का ख़ून, मन वितृष्णा से भर गया।

नहीं, मैं प्रियम्वदा ठाकुर हूँ। मेरे नाम के साथ मेरे मृत पिता और बाबा की प्रतिष्ठा जुड़ी है। ग़ुरूर में मैं तनकर खड़ी हो गयी।

"चिरैया..." उसने स्नेहिल नज़रों से देखते हुए कहा।

'चिरैया,' समय की गुफा से आती हुई आवाज़ किसी बवण्डर की तरह मुझे अपने साथ गोल-गोल घुमाते हुए अन्तिम छोर पर ले जाकर पटक गयी। जट्टा की कहानी मेरे जन्म से पहले की कहानी है, लेकिन उसकी कहानी का मुझसे

जुड़ाव तब शुरू होता है जब मैं माँ के गर्भ में थी और वह मेरी माँ को छुप-छुपकर ताकता था।

'माँरॉ (रोटी)'–सिर्फ़ एक बार बोला गया यह शब्द ब्राह्मण वंश के ठाकुरों के महलनुमा घर में ऐसे गूँज रहा था जैसे व्याकुल प्रेमी द्वारा पहाड़ों में पुकारे गये प्रेयस के नाम गूँजते हैं। यह जट्टा की आवाज़ थी। जट्टा गठीले शरीरवाला नवयुवक है और उसकी आवाज़ भी उसके शरीर जैसी ही गठीली है। ये नाम उसके व्यक्तित्व और आवाज़, दोनों के साथ ख़ूब मेल खाता है। हालाँकि ये नाम उसे कब और किसने दिया और इसका अर्थ क्या है, यह ना तो कोई जानता है, ना जानना चाहता है।

"आ गये जट्टा?" हमेशा की तरह पूछने के लहजे में ठकुराइन ने कहा।

उसके 'जी मालकिन जी' कहने से पहले ही थाली उसके सामने रख दी गयी थी। एक इंच ऊँची घेरेवाली बड़ी-सी काँसे की थाली। आधी थाली में थाली के भीतरी आकार की मकई की एक मोटी रोटी के दो टुकड़ों को एक के ऊपर एक रख दिया गया था और बची हुई आधी थाली को गरम-गरम अरहर की दाल से भर दिया गया था। जब तक जट्टा ने अपने साथ लाये काँसे के लोटे से अँजुरी में पानी लेकर थाली का आचमन किया, तब तक तो दाल रोटीवाले क्षेत्र में अपना साम्राज्य स्थापित कर चुकी थी और रोटी का नीचेवाला दो आधा टुकड़ा दाल में भीगकर फूलने लगा था। जट्टा ने नीचे का आधा भाग ऊपर किया और बची हुई दाल में मसल-मसल कर खाने लगा। बीच-बीच में बाड़ी से तोड़कर अपने साथ लायी हरी मिर्च को दाँतों से ऐसे काटता जैसे मिर्ची से कोई पुरानी दुश्मनी हो और जैसे वह आज ही पकड़ में आयी हो।

कभी-कभी स्वाद बदलने के लिए वह अचार माँग लेता, तब दुल्हिन जी उससे पूछकर आम या कटहल का दे देतीं। वह ज़्यादातर कटहल का ही माँगता, कटहल की सब्ज़ी का बहुत रसिया था और कोआ तो दरिद्र की तरह हपाहप खाता था वह।

अभी उसने आधी रोटी ही खायी थी कि मैंने सामने पालथी लगा ली। जट्टा ने एक छोटा-सा कौर बनाया और मेरे मुँह में डाल दिया।

"हे भगवान, कलयुग है कलयुग। ठाकुरों की बेटी नौकर के हाथ से! पता नहीं कौन ज़ात है।" बड़ी ठकुराइन बड़बड़ा रही थीं। "जट्टा के आने से पहले भर पेट खिला काहे नहीं देती हो ई चिरैया को?"

"केतना भी खिला दोघ् ठकुराइन, ई चिरैया जब तक हम्मर हाथ से नहीं खायेगी, पेट नहीं भरेगा इसका भी और हमरा भी।"

"बस-बस, बहुते बोलने लगा है। मालिक सर पे बिठाये हैं।"

"माफ़ी दे दो, मालकिन! हमहूँ तोहरे बच्चा हूँ। अप्पन माँ-बाप तो याद भी नहीं।"

"हाँ बच्चा त तू हमरा ही है। दस-बारह साल का रहा तुम जब मालिक साहब ले आये।"

जिस घर में बाहरी पुरुष का क्षणिक प्रवेश भी निषिद्ध था, उस घर में स्वयं बड़े ठाकुर जट्टा का हाथ पकड़ ड्योढ़ी पार भीतर ले आये थे। कचहरी के पास चूसे हुए मालदह आम की गुठली जैसी सूरतवाला यह लड़का भीख माँग रहा था। चेहरे के भीतर धँसी आँखों से ख़ाली पेट का सूनापन चू रहा था, जैसे भीगे हुए कपड़ों से पानी चूता है या बरसात में किसी ग़रीब की छत।

"काम क्यूँ नहीं करता?" बड़े ठाकुर ने झिड़क दिया था। कचहरी में हुई बहस से कुछ खीजे हुए थे।

"मिले तो..." इतना ही कह पाया था कई दिनों का भूखा मरियल जट्टा।

"नाम क्या है?" उसकी निरीह काया को देख ठाकुर साहब का मन पसीज रहा था।

"सब जाट कहत हैं,' ठाकुर साहब के सम्मान में झुका हुआ सिर बस थोड़ा-सा ऊपर उठा था।

"जाट कोई नाम थोड़े है? हम तुमको जट्टा कहेंगे। चल, गाड़ी में बैठ जा।'

गाड़ी बड़े ढाबे पर रोक दी गयी।

भर पेट खाना मिला तो ठाकुरों का होकर रह गया जट्टा।

उसे अब ख़ुद भी याद नहीं कि वो कौन था, कहाँ का था और किसका था। बस याद है, तो बड़े ठाकुर साहब और उनकी हवेली।

कोई पूछता—कौन है तू? तो कहता—हवेलीवाले ठाकुर साहब का जट्टा।

शुरुआत में उसका काम सिर्फ़ बैठक से जूठे चाय के कप और नाश्ते की प्लेट उठाना था और इस काम में उसका मन भी बहुत लगता था। जब भी मेहमान आते, उसका होली-दशहरा सब हो जाता। दुल्हिन जी कहतीं—जूठे प्लेट का बचा हुआ अपनी थाली में उलट ले।

बड़े लोग भी ख़ूब मनचोर होते हैं। प्लेट में तरह-तरह की मिठाई और नमकीन सजा कर परोसी जाती है तो सिर्फ़ एक टुकड़ा ही तोड़कर मुँह में रखते हैं बस, और ग़रीब एक टुकड़े के लिए भी तरसते हैं।

तरसा हुआ तो जट्टा भी था लेकिन जल्दी ही उसका मन अघा गया। जब नया-नया आया था तो छज्जु हलवाई के आने से पहले ही उसको सुगन्ध लग जाती।

"दुल्हिन जी...लिस्ट बना लीजिए। छज्जु आ रहा है।"

"तुमको कैसे छज्जु के आने का पता लग जाता है?" दुल्हिन जी को बड़ा अचरज होता।

"छज्जु की देह से एक लग्गा पहिले से दूध और घी की महक आती है औ पिछले जनम में हम ज़रूर कुक्कुर रहे थे,' कहते हुए मासूमियत से दाँत निपोर देता।

"कुक्कुर तो तुम इस जनम में भी हो, ठाकुरों की देखा-देखी छगनलाल को छज्जु-छज्जु करता है। अप्पन औक़ात में रहो जट्टा।" ठकुराइन को उसका हँसना-बोलना तनिक नहीं भाता था।

ठकुराइन को जट्टा कभी नहीं सोहाया। कहतीं, "कंजी आँखोंवाला अपसगुन होता है। जेतना धरती के बाहर, ओतना धरती के भीतर। जेकरा अप्पन मतारी-बाप नहीं पूछा, उसको मालिक घर के भीतर काहे ले आये।" कहते हुए उनकी आवाज़ किसी अनिष्ट की आशंका से काँप जाती और यह सब सुन जट्टा सहम जाता।

कभी-कभी किसी फ़ुर्सत में ठकुराइन की बातों को याद करते हुए शीशे का टुकड़ा अपनी आँखों के नज़दीक लाकर ख़ूब ध्यान से देखता। उसे दूध के उजले कटोरे में चाँद का प्रतिबिम्ब हरा दिखाई देता। "सबका तो करिया है, ख़ाली हमरे हरियर, ठकुराइन ठीके कहती है, ज़रूर कौनो दोष है।"

दुल्हिन जी का उससे अलग-सा स्नेह था। जब भी भंसा में कुछ नया बनाती तो उसे भी देती। ठकुराइन के परेम जैसा थोड़ा-सा।

"स्वाद कैसा था," कभी मौक़ा पाकर पूछतीं।

तब वह विस्तार से उस लज़्ज़त का ऐसा वर्णन करता, मानो कोई श्रेष्ठतम लेखक किसी स्त्री के रूप-सौन्दर्य का विस्तार लिख रहा हो। दुल्हिन जी उसकी मासूमियत पर बहुत मुग्ध होतीं। वह सोचतीं, 'माँ कितनी ही अभागी होगी जिसने इस अस्फटिक-से कंचन मनवाले बच्चे को खोया है।' वह कुरेदतीं, "जट्टा, कुछ याद है तुमको?"

"नहीं, दुल्हिन जी, अब त भूख और गाड़ी भी बिसर गया। याद है त बस ठाकुर साहेब औ ई हवेली।" कहते हुए उसकी आवाज़ दीवाली के दीये की लौ की तरह तैलीय हो जाती।

बैठक में काम कम होने के कारण वह धीरे-धीरे गौशाला में मेदनी काका की मदद करने लगा। कुट्टी काटना, नाद में भूसा मिलाना, गायों को नहलाना और फिर गोबर समेटकर गोइँठा थापने में वह जल्दी ही निपुण हो गया।

बीच-बीच में मेदनी काका हवेली के उन क़िस्सों को साझा करते जो उससे कभी किसी ने ना कहें हो। कहते, "ठाकुरों की एक रानी होती है और एक पटरानी होती है। खेतों में मचान होता है। फ़सल की रखवाली के लिए मचान पर एक लठैत सोता है। दूर एक घर होता है, दीया-बाती करती हुई एक अभागन होती है, अभागन का भाग्य दीया बुताकर बनता है, फिर दिन भर वह खेत होती है, बिना फ़सलवाली खेत।"

और कहते, "ये सब क़िस्से-कहानी मेरे साथ चिता पर बैठ सती होंगी।"

वह अचरज से उन्हें मुँह बाये ऐसे देखता मानो कानों से नहीं, मुँह से सुन रहा हो। मेदनी काका की बातें उसे रहस्यमय लगतीं, जिन्हें सुलझाने की कोशिश में वह पूछता, "काका, औरत खेत कैसे हो जाती है?"

"तू बकलोले रहेगा।" कहकर मेदनी काका उसे फटकार देते।

काका कभी-कभी ठकुराइन के क्रोधी और दुल्हिन जी के मृदुल स्वभाव का चित्रण किया करते थे। वे कहते, "ठकुराइन ने दुनिया देखी है। दुल्हिन अभी कच्ची मिट्टी का घरौंदा है, उसको पकने में समय लगेगा।"

"काका, अब दूध दुहना सिखा दो," वह चिरौरी करता।

"बकलोल, बन्दूक़ चलाना सीख ले। दूध दुहना सीखकर का करेगा, जब गंध्ररवा मुनिया बन्दूक़ तान देगा।"

"गंध्ररवा मुनिया कौन चिड़िया का नाम है?" जट्टा नयी-नयी बतबनाई में भी पारंगत हो रहा था।

"डाकू है डाकू, लूटपाट मचाता है। गोलियाँ दागता है। बड़ा निर्मम है। आसपास का दस गाँव में क़हर बरपा है, ई गाँव का नम्बर भी जल्दिये आयेगा," कहकर काका ज़ोर-ज़ोर से खाँसने लगे।

"ई गोली ससुर जान लेबो करता है, जान बचैबो करता है," कहते हुए काका ने एक साथ दो गोली फाँक लीं।

काका के बीमार होते ही घर का प्रवेशद्वार जट्टा के लिए खुल गया। एक बार क्या वह घर के भीतर आया, फिर तो घर का ही होके रह गया। सब्ज़ी काटने से लेकर जमायी छाली को महकर घी निकालने में प्रवीण हो गया। दुल्हिन जी की अन्य सहायिकाएँ उसे मौगा कहतीं, तिस पर मात्र वह खीसें निपोर देता।

जब रोज़ सुबह वह बाल्टी भर दूध दुहकर लाता, तो दुल्हिन जी उसे गिलास भर चाय पकड़ा देतीं, जिसे वह वहीं आँगन में बैठ सुड़क-सुड़ककर घण्टे भर में पीता। फिर घर की तमाम स्त्रियों के स्नान और रसोई के कामकाज के लिए चापाकल से पानी भरता। जिस दिन बहु जी को बाल धोना रहता, उस दिन घर की सभी बाल्टियों को वह पानी से लबालब भर देता। बहु जी के बाल कमर तक लम्बे हैं, घने हैं। बालों को आँवला शिकाकाई से धोने से एक रात पहले वह मलसी भर सरसों का तेल लगवातीं, इसलिए धोने में पानी भी ख़ूब लगता।

दूसरी सेविका कहती, "ई मरदवाला काम है। लौहकल चलाकर तू लोहे जैसा मज़बूत बनेगा।"

"और जो औरत खेत में काम करती है, ऊ मर्दानी हो जाती है का?" जट्टा हाज़िर-जवाबी हो रहा था।

सच ही, वर्षों से लोहे का चापाकल चलाते-चलाते उसके हाथ लोहे की तरह मज़बूत हो गये थे और शरीर रोज़ घण्टों कसरत करने वालों जैसा कटीला। खेतों में काम करने वाली मज़दूरिन लड़कियाँ जब दिहाड़ी लेने आतीं, तब उसे देख-देखकर ख़ूब लजातीं। कुछ अधेड़ उम्र की स्त्रियाँ उसे खुलकर छेड़तीं, "जट्टा, कौन सुहाता है, सरस्वती भौजी कि लक्ष्मी भौजी?"

"हम इस कलयुग का हनुमान हूँ। ऊ भगवान राम के भक्त थे, हम ठाकुर साहब के भक्त हैं।" उनकी मैया सीता थी, हमरी मैया ठकुराइन हैं। उसके इस कथन को सुनकर ठाकुर साहब की छाती ख़ुशी से फूल जाती। वह कहते, "बस-बस...इसको और तंग मत करो कोई।"

उसकी काया ऐसी कि साबुन लगाकर नहाने के बाद सूर्य की किरणें उसकी देह से टकराकर वापस लौट जातीं और कुमारियों का आँचल बिन पूरवइया भी सर से सरक जाता। उनकी आत्मा से निचुड़कर नेह आँखों से रुई के गीले फाहे की तरह चू जाता, लेकिन जट्टा का जीवन अपनी ही रौ में था।

छोटे ठाकुर के बियाह में ख़ूब देन-लेन हुआ। आसपास के सौ गाँवों में चर्चा हुई।

मेदनी काका ने कहा, "ठाकुर साहब को गंधरवा मुनिया का चिट्ठी आया है।"

"का लिखा है उसमें?" जट्टा ने कौतुक से पूछा।

"बुरबक...पढ़े नहीं, सुने हैं। ऊ मरदे ताल ठोककर लूटने आता है। छोटका ठाकुर का बियाह का चर्चा दस गाँव में है। एतना लेन-देन कि सबका आँख फट गया।"

ठाकुर साहब बग़ल में भरी बन्दूक़ रखकर सोने लगे। पूरा घर भय के साये में सो रहा था। अन्ततः वह क्रूरतम रात भी आयी जब गंधरवा मुनिया लूटने तो आया धन लेकिन लूट गया छोटकी का भाग्य। छोटे ठाकुर के ख़ून की ग़र्मी उनकी देह को ठण्डा करने का कारण बनी।

हफ़्ता हुआ, ब्याह कर आयी थी, पैरों का आलता बदरंग भी नहीं हुआ था। माँग में नारंगी सिन्दूर गोधूली-सा शोभता...कोमल हाथों में मेहँदी महकती, किन्तु आह! भाग्य की मारी, अभागन का क्या दोष जो कुलटा पुकारी गयी।

अँधेरी काल कोठरी में क़ैद हुई, उलटी हुई तो छोटे ठाकुर की पुनः वापसी का उत्सव शुरू हुआ, किन्तु नौ महीने बाद चिरैया जन वह और अभागी हुई। यह उसके कुभाग्य का अन्त नहीं था। चिरैया को उसकी गोद से छीनकर उसे भाग्य पर रोने के लिए छोड़ दिया गया था।

उस दिन वह अजाने ही जट्टा को अवलोकित हुई थी। चिरैया उसकी गोद में थी। प्रेम लुटाती उस ममतामयी को किवाड़ लगाने की सुध नहीं रही। दुल्हिन जी ने जट्टा के समक्ष हाथ जोड़ दिये। राज़दार होने की क़सम दे दी गयी। ऐसा करुण दृश्य, कलेजा में कील-सा चुभा। जैसे बिंधता है तीर कोई...हिरण के शरीर में प्राणघाती।

जट्टा का मन भर आया था। कोमलांगी के दृष्टिगोचर होने मात्र से ही वह व्याकुल हो उठता। उसके मन की समतल दीवारों पर एक रेखा खिंच गयी थी।

उसमें किसी असम्भव की आकांक्षा जागी थी। कभी वह पलाश के वनखण्ड-सा दहकता, कभी जलावन की सूखी लकड़ियों-सा अकड़ता, उसमें चन्द्रमा की ललक थी। उसकी रातों में उजाड़ था, वह प्रतीक्षा का विग्रह बना अपने प्रेम का गाना अकेले ही गाता। दालान पर जब दोपहर करवट लेकर साँझ को पुकारती, उस वक़्त उसका हृदय मरण पर सुदूर का रुदनगीत हो जाता और रात के नीम अँधेरे में उसकी जवानी खेत हो जाती। उसे प्रेम का सूद चुकाना था। द्वैत चाहनाओं की बाती अनुल्लंघ्य नियमों की ढिबरी में रात भर जलती। उसकी रातें रीति ही रहतीं।

हृदय का ऐसा शिशुहठ, अनुरागी की ज़िद दुल्हिन जी की अनुभवी आँखों से छुपी न रह सकी। अनुग्रह की याचना कर बैठी, "उसे इस नर्क से निकाल दो।"

एक पल के लिए वह शर्त हो गया था, वह भोगी नहीं भक्त था, किन्तु प्रेम से बड़ी कोई उपासना नहीं। अमावस की काली रात में स्वर्णिम सुबह की चाह लिए उसका हाथ पकड़ निकल पड़ा। दुल्हिन जी ने पोटली में रुपये, पैसे, गहने बाँध दिये थे। अश्रुपूरित नेत्रों से इतना ही कहा था, "जट्टा, तुमको बेटा ही समझे, तुम

इसको सँभालना। हम चिरैया को सँभाल लेंगे। जाओ, कहीं दूर चले जाओ, पीछे मुड़कर नहीं देखना।" पैरों पर गिर पड़े थे दोनों, दुल्हिन जी ने दोनों को सीने से लगाकर विदा कर दिया था।

भाइयों की लाड़ली प्रियम्वदा राजकुमारी की तरह पलने लगी। उसे कभी पता भी नहीं चला। माँ और ताई जी में क्या फ़र्क़ है। दादा का चिरैया से अतिरिक्त स्नेह था। वह दादा को दादा से अधिक गुरु समझती थी। एक ऐसा गुरु जो उसके मन पर पड़ी काइयों को कोमलता से हटाता है, जो उसे अँधेरी कोठरी से निकालकर रोशनी दिखाता है।

समय ने करवट ली। ठाकुर साहब-ठकुराइन के बाद दुल्हिन जी के राजकाज में पहले जैसा कुछ भी नहीं रहा। दुल्हिन जी और चिरैया की सुध लेने जट्टा वर्षों बाद लौट आया था।

प्रियम्वदा डॉक्टर बन गयी थी। लोगों के दु:ख-दर्द दूर करती थी। दादा के साथ बुलाने पर आयी थी। शायद सब कुछ पूर्व नियोजित था। दादा प्रतिमानों और प्रतीकों द्वारा उससे कुछ कहना चाहते थे। वह भी पूछना चाहती थी, "क्या मेरी माँ भी इससे प्रेम करती थी? अन्तस में शूल की तरह उठा यह सवाल भीतर गोदने लगा था।"

"प्रेम सौन्दर्य का उपासक नहीं, अपितु निष्पक्ष होता है।"

दादा प्रेम को निष्कलंक मानते थे। दादा ने जट्टा को गले लगाते हुए कहा, "यह कलयुग का भक्त प्रेमी नहीं, उपासक है। इसने मात्र पूजा की है।"

जट्टा की आँखों में अनुरक्ति की धारा बह निकली थी। प्रियम्वदा अनायास ही उसके पैरों पर झुक गयी।

काग़ज़ के फूल

–डॉ. यूरी बोत्वींकिन

मेरे घर की खिड़की से चीड़-पेड़ों का उपवन दिखता है। उसी के पीछे से सूर्योदय होता है। किसी ने कहा है कि सूर्य कभी भेदभाव नहीं करता, भलों-दुष्टों को बराबर प्रकाश देता है। सूर्योदय के उजाले में कोई नयी आशाएँ देखता है तो कोई पुरानी स्मृतियाँ। दोनों का जुड़ाव भी दिख सकता है, यदि स्मृतियाँ आशाओं को दुर्बल न बना दें।

शाम को उपवन पर छाया-सी पड़ती है जिससे स्मृतियाँ अधिक जीवन्त और आशाएँ धुँधली लगने लगती हैं, विशेषकर आजकल के संकटों में। मैं हाथ में दारू का ग्लास लिये चीड़-पेड़ों को देख रहा हूँ। ऐसे ढलते अँधेरे को थोड़ा उज्ज्वल बनाने को अचानक स्मरण में उभरती है किसी की आँखों की कभी हार न मानने वाली चमक।

2005 का दौर था। मैं भारत में पढ़ाई करके वापस यूक्रेन आया था तो काम की तलाश में था। विश्वविद्यालय की नौकरी छूट गयी थी। पीएच.डी. में प्रवेश मिला था, पर वहाँ बहुत ही कम पैसे मिलते थे। पता नहीं तब किस लोक में यह षड्यन्त्र रचा गया था कि मेरे अनुभव में तस्करों को रुचि हो गयी थी।

"आपकी अनुशंसा मिली थी," फ़ोन में रूसी भाषी आवाज़ आयी कि, "आपको अच्छी हिन्दी आती है। हम भारत में नया कारोबार खोल रहे हैं, आपको काम दे सकते हैं। आधे साल के लिए। दवाइयाँ भारत से बाहर बेचने का काम। वेतन अच्छा मिलेगा, 500 डॉलर..."

तब यूक्रेन में यह काफ़ी बड़ी रक़म थी, विशेषकर मेरे जैसे संघर्ष करने वाले के लिए।

"फ़िलहाल तो पर्यटक वीज़ा लगवाकर जाना होगा..."

"मतलब, काम ग़ैरक़ानूनी है?"

"भविष्य में सब क़ानूनी हो जाने की उम्मीद है..."

"क्षमा चाहता हूँ। भारत से मेरा पुराना नाता है, सम्मान करता हूँ इस देश का, कुछ अवैध नहीं करूँगा वहाँ..."

कुछ देर बाद फिर फ़ोन आया।

"700 डॉलर?"

"ठीक है..."

वास्तव में बात पैसे बढ़ने की नहीं थी। विचित्र विचार तब उभरने लगे थे मन में...अचानक एक सम्भावना-सी दिखी। एकदम दूसरे आयाम में भारतीय वास्तविकता को जान लेने की...स्वयं को भी...हाँ, अपराध यदि दूसरे प्रकार का होता, हिंसा-शोषण से जुड़ा, तो कभी मैं तैयार नहीं हो पाता...

"हमारी कम्पनी के दफ़्तर कई बड़े शहरों में हैं, आप मुम्बई में काम करेंगे।"

ठीक है, भाई 'कम्पनी' और 'दफ़्तर' ही बोलो, शब्दों में क्या रखा है...

अपने इंस्टीट्यूट आकर मैंने भी 'अलंकारों की भाषा' का प्रयोग किया–

"मुझे एक अवसर मिल रहा है आधे वर्ष के लिए भारत जाकर अपना शोधकार्य उधर के पुस्तकालयों में बैठकर करने का। आशा है, उससे पीएच.डी. थोड़ी जल्दी हो जाये और अधिक सार्थक भी बने..."

किसी को आपत्ति नहीं थी। वैसे 'पुस्तकालयों' से आकर फिर निराश भी नहीं किया किसी को, पीएच.डी. भी जल्दी ही पूरी हुई...

मुम्बई में पहली बार आया...बड़े शहरों से उतना लगाव नहीं था कभी, इसीलिए पहले पढ़ाई के लिए ग्वालियर चुना था, आधुनिकीकरण से कम छुए हुए भारतीय समाज में जो रहना और उसे महसूस करना था। उधर भी शान्ति से नहीं रह सका था, काफ़ी लफ़ड़ों में पड़कर अपना ज्ञान बढ़ाया था। वास्तविक अनुभव तथा समझ दर्शन करने से नहीं, 'सहृदय भागीदारी' से प्राप्त होते हैं...और मुम्बई जैसे फ़िल्मी शहर की तो बात ही कुछ ऐसी है कि बिना कोई फ़िल्मी कहानी रचे यहाँ रहना समय गँवाने के बराबर है...

कहानी तो पहले से ही काफ़ी फ़िल्मी लग रही थी। मेरे सहकर्मियों को, जो बेलारूस से पर्यटकों के भेष में आये तक़रीबन मेरी उम्र के गुण्डे लड़के थे, न तो भारत का कोई ज्ञान था, न ही उसे प्राप्त करने की जिज्ञासा। उनके पास था तो बस ग़ैरक़ानूनी कामों का अनुभव (किसी को जेल का भी) और पैसे कमाने का लालच। दारू-पार्टी करने और गन्दी गालियाँ देने की आदत भी थी। और सबसे ख़राब था उनका स्थानीय लोगों के प्रति रवैया...एक अजीब-सी महफ़िल में ख़ुद को पाया

इस शिक्षक और शोधकर्ता ने...वे लोग ज़्यादातर घर बैठे तस्करी का काम सँभालते थे, मेरा काम था बाहर जाकर हिन्दी भाषी दुनिया से संवाद रखना। ज़रूरत पर झूठ भी बोलना हिन्दी में...हाँ, सबसे ख़तरनाक काम, माल को डाकघर पहुँचाने का, वह भी मेरा ही था। मतलब बाहर मेरा ही चेहरा सबको पहचाना था, सन्देह होने पर पकड़ा जाना भी सबसे पहले मुझे ही होता...

पहले सप्ताह जब मुम्बई में रहने के लिए मकान ढूँढ़ रहे थे, तब वह मिली... जया...एक ब्रोकर बनकर हमें अलग-अलग मकान दिखाने ले गयी। लगभग मेरी उम्र की 'मध्य वर्ग' की मराठी महिला, शादीशुदा, दो छोटी बेटियों की माँ...सहज, हँसमुख, बातूनी, छोटी पर मज़बूत बनावट की, अत्यन्त सुन्दर आँखोंवाली...

"वैसे मैं बॉलीवुड में काम करती हूँ," अपने सहज और ख़ुशमिज़ाज अन्दाज़ में बोली। "डेकोरेटर हूँ। शूटिंग के लिए कमरे, हॉल वग़ैरह की सजावट होती है नक़ली फूलों की मालाओं से, वही बनाती हूँ। काग़ज़ के फूल वग़ैरह बनाने की एक छोटी-सी कम्पनी है मेरी...कई बड़ी-बड़ी फ़िल्मों में काम किया है!"

थोड़ा बाद में पता चलेगा कि 'कम्पनी' होने का मतलब है, उसी के छोटे-से घर में कई ग़रीब लोगों का मिलकर काग़ज़ के फूल बनाना बॉलीवुड के किसी प्रॉजेक्ट के लिए।

"इतना अच्छा कारोबार है, तो फिर फ़िरंगियों को मकान दिलवाने के चक्कर में शहर में यह दौड़-भाग करने की क्यों ज़रूरत पड़ी?" मैंने पूछा।

"अरे, अच्छा कहाँ है! बहुत ख़राब चल रहा है आजकल तो। प्रतियोगिता बहुत बढ़ गयी है, ऑर्डर ही आने बन्द हो गये हैं...ब्रोकर के काम से तो कमीशन मिल सकता है। पैसों की बहुत दिक़्क़त हो रही थी तो महेन्द्र से उधार माँगने आयी थी, उसने बताया तुम लोगों के बारे में, और तुमको मकान दिलवाने का काम सौंपा..."

महेन्द्र हमें होटल में मिला था, जहाँ हम शुरू में रुके थे। वह ख़ुद को मुम्बई के मुख्यमन्त्री का इन्दौर से आया हुआ भाई बता रहा था। उसी ने हमें मकान खोजने में मदद देने के लिए अपना ब्रोकर भेजने का वादा किया था और निभाया भी काफ़ी सुन्दर ढंग से...जया से तुरन्त ही सहज-सी दोस्ती का रिश्ता बना, हल्केपन और हँसी-मज़ाक़ से भरा। यहाँ तक कि मेरे गुण्डे पार्टनर भी उसे पसन्द करने लगे। पर बात वह मुझसे ही कर सकती थी और मेरे ही क़रीब होती गयी...

"पर तुम्हीं को यह सारा जुगाड़ क्यों सोचना पड़ता है? पति भी तो कुछ करता होगा?"

“अरे, उसकी बात ही मत करो! बेकार है वह, इधर-उधर निर्माण के काम में कुछ कमाता है, पर बच्चों को तो मुझे ही सँभालना पड़ता है। उसने तो चुपके से दूसरी शादी भी की है...”

“वह कैसे? फिर तुम छोड़के नहीं गयी?”

“नहीं जा सकती हूँ बच्चों को लेकर...समाज में ही तो रह रहे हैं फिर भी। वह मुझ पर हाथ भी उठाता है। मैं जब तीसरे बच्चे के साथ पेट से थी, तो उसने इतना मारा कि बच्चे को ही खो दिया मैंने...”

झटका-सा लगा मुझे। दु:ख हुआ, ग़ुस्सा आया...हैरानी भी हुई इस बात पर कि वह यह सब कितनी सहजता से बता रही है, एक तरह के हलकेपन से भी...

“उस कमीने को तो अभी नहीं देख सकते हैं,” मेरे गुण्डेवाले ‘बॉस’ ने कहा मुझसे। “ऐसे भी अपनी स्थिति यहाँ नाज़ुक-सी है, ऐसा कोई लफ़ड़ा नहीं चाहिए कि पुलिस भी शामिल हो जाये...”

उस कमीने से मिलना भी पड़ा फिर, मिलकर ख़ुद को शान्त रखना पड़ा...

जया ने अच्छा मकान दिलवाया। चेम्बूर में, प्रसिद्ध अभिनेता राज कपूर के पुश्तैनी बँगले के एकदम पास। वह भी काफ़ी सस्ते में। उसके पति ने ही अन्दर की मरम्मत का काम सँभाला...जया ने हर जरूरी चीज़ भी दिलवायी, रसोईघर भी सुन्दर-सा सजाया...

“एकदम अच्छी बीवी की तरह...” मैंने मज़ाक़ में कहा।

वैसे वह कम शर्माती थी, पर तब शर्मा गयी थोड़ी...

“महेन्द्र कह रहा था कि मैं तुम लोगों को कोई महँगा-सा मकान दिलवाकर थोड़ी ज़्यादा कमीशन कमाऊँ...पर इतना अच्छा लगा तुम्हारे साथ! तुम जैसे लोगों को नहीं ठग सकती...इससे अच्छा है, तुम्हीं कुछ काम दिलवा दो। क्या तुम्हारे साथ काम कर सकती हूँ?”

“कर सकती हो, पर थोड़ा ख़तरा है...”

मैंने बता दिया। जया से कोई ख़तरा नहीं आने वाला है, इतना तो मैं पक्का कह सकता था। वह सच में डर गयी थोड़ी...

“देखो, मैं तुम्हारी हर ज़रूरत को पूरी करने में मदद करने को तैयार हूँ। पर किसी इल्लीगल काम में मत लगाना मुझे प्लीज़...तुम तो चले जाओगे और मैं...”

“ठीक है, मत करना मेरे साथ कुछ इल्लीगल। इम्मॉरल ही काफ़ी है...”

हँसी, हमेशा की तरह...

महेन्द्र को कहीं से पता चला कि मकान दिलवाने के बाद भी जया मिलने आती है, तो उसे शायद परेशानी हुई। जया ने बताया था कि वह पड़ा था उसके पीछे पहले से...अब उसको फ़ोन करके मेरे बारे में पूछने लगा, मुझे फ़ोन करके जया के बारे में...हम दोनों बात को घुमाते रहे। मेरे 'बॉस' को फिर चिन्ता होने लगी।

"देखो, वह कोई मन्त्री का भाई है, पहुँच काफ़ी ऊँची होगी उसकी। फ़ालतू चक्कर में पड़कर हमें ख़तरे में डाल सकते हो...उस औरत में उतनी अक़्ल तो होगी नहीं कि समस्या खड़ी न हो जाये फिर..."

"अक़्ल नहीं होती तो समस्या खड़ी हो चुकी होती।"

"ठीक है। फिर भी, सँभलके..."

जया ने बताया कि पहले उसका काग़ज़ के फूलों से फ़िल्मी मैदान सजाने का काम काफ़ी अच्छा चला था, बड़े-बड़े फ़िल्मकारों-अभिनेताओं से जान-पहचान भी हुई थी। कइयों के साथ फ़ोटो भी दिखाई...

"पता है, अमिताभ बच्चन जी भी मुझे पहचानते हैं!"

"ज़रूर पहचानते होंगे, तुम्हारा नाम ही कुछ ऐसा है..."

जया की हँसी उसकी आवाज़ की तरह थोड़ी खरखरी-सी है, बोले तो 'सेक्सी' 'रानी मुखर्जी टाइप' की...

प्यार नहीं था वह...एक जज़्बाती राहत-सी थी बस...वास्तविकता को कुछ समय के लिए भूलने का एक अवसर...और ऐसा नहीं है कि किसी का होश खो गया था...नि:स्वार्थ भी नहीं थी वह। शायद हो भी नहीं सकती थी अपने हालातों में...मैंने जितना हो सका मदद की, पैसों से भी...उसके छोटे-से घर जाता रहा बच्चों के लिए उपहार लेकर...सबको पता था कि विदेशियों की कम्पनी के लिए काम करती है तो ज़्यादा कोई सवाल नहीं उठाता था। वह दुष्ट पति भी जिसको बस पैसों से ही मतलब था...

छह महीने 'कारोबार' करके मुझे वापस घर जाना था...जया के साथ तो उससे पहले ही थोड़ी दूरी बन चुकी थी, कमाई की उसकी तलाश जारी थी तो ज़्यादा समय भी नहीं था मिलने के लिए। इसलिए कोई 'सेंटी वाला सीन' नहीं हुआ, हल्के भाव से बिछड़ गये, जैसे मिले थे, हँसते हुए...

वापस मुझे इस काम के लिए फिर नहीं बुलाया गया। बेलारूसी गुण्डों से मेरी नहीं जमी थी। मेरे काम की कोई शिकायत नहीं थी, उल्टा, सराहते थे...पर मैं नहीं पीता था, भारतीयों को गालियाँ नहीं देता था...वैसे मैं हैरान भी होता था कि ऐसा

'नथु बैल' वाला रवैया लेकर ये लोग यहाँ कैसे आ सकते हैं! फिर कौन से अच्छे अनुभव की अपेक्षा करते हैं? तभी तो आकर इनकी हालत बुरी होती है, बीमार पड़ते हैं, पीते रहते हैं...मैं मस्त रहता था भारतीय माहौल में, उस बात की जलन भी होती थी इनको शायद...पर ठीक है, अगर मेरे बिना काम सँभालना चाहते हैं तो देख लें ख़ुद...पता नहीं यह सब कितना टिकेगा...

भाग्य फिर पलट गया, मैं तस्करी छोड़कर फिर शिक्षा-क्षेत्र में आ गया नयी पीढ़ी को ज्ञान बाँटने...

जया से कोई सम्पर्क नहीं था। सोशल मीडिया में नहीं थी वह, फ़ोन करने का कोई मतलब नहीं था...पर उसका फ़ोन आ गया। अचानक, 10 साल बाद...

"यूरी, तुम सोच नहीं सकते हो कितनी मुश्किल से तुम्हारा नम्बर मिला, कितना मैंने ढूँढ़ा था इन्टरनेट पर! वह भी ख़ुद को नहीं आता है तो अपने नौकर से निकलवाया! बहुत याद आ रहे थे तुम! कितने अच्छे दोस्त थे, कितनी मदद की थी मेरी..."

मैं थोड़ा स्तब्ध रह गया...उतना गहरा कभी नहीं लगा था यह नाता कि इतने साल बाद इतने जज़्बातों के साथ उभर आये...

"पता है, यूरी, तुम्हारे जाने के बाद मेरा बिज़नेस फिर बहुत बढ़ गया, बहुत ऑर्डर आये फूलों और सजावट के, बहुत फ़िल्मों और फ़ंक्शंस के लिए काम किया, अब बढ़िया चल रहा है सब कुछ! तुमने मुश्किल वक़्त पर मुझे सहारा दिया था...कभी भी आ जाओ मेहमान बनकर, दोस्तों को लेकर भी आना, मैं सारा ख़र्चा उठाऊँगी यहाँ घूमने का!"

इतनी भी कौन-सी बड़ी मदद की थी मैंने...पैसों से ज़्यादा दिल का ही तो सहारा दिया था...

पर मैं फिर मिलने गया। तब यूक्रैनी दोस्तों और परिचितों के पर्यटक-दल बनाकर भारत घुमाने का भी काम करता था। तो अगली ऐसी यात्रा की योजना मुम्बई से होकर बनायी। छह-सात लोग थे मेरे साथ। सोचा था कि जया से मिलेंगे बस, बात करेंगे, फिर अपना पर्यटन का काम देखूँगा। पर हुआ कुछ और... अब मिली वह पुरानी संघर्ष करने वाली जया नहीं, मिली एक सफल कामकाजी महिला, जिसने पूरी क्षमता के साथ अपने दो ड्राइवरों की गाड़ियों में हमारी पूरी टोली को बिठाकर मुम्बई घुमवा दिया। अपने नये बढ़िया फ़्लैट में सबको ले जाकर खाना खिलाया, बड़ी हुई पढ़ाई करने वाली बेटियों से मिलाया...वह कमीना अभी भी कहने को पति था, पर साथ नहीं रहता था, जया के ही काम करता था नौकर

की तरह...रात के लिए होटल में रुकवाकर हमें एक रुपया भी ख़र्च नहीं करने दिया जया ने, मेरे बहुत विरोध करने पर भी...देखने में तो ज़रूर थोड़ी बदल गयी थी, पर वही हँसी, वही ऊर्जा...बातों में बार-बार–"तुम सब छोड़कर इधर आ जाना मेरे साथ काम करने के लिए, मुझे किसी समझदार मैनेजर की बहुत ज़रूरत है, ख़ूब पैसे कमायेंगे मिलकर!"...

अगले दिन हमें विदा करने आयी रेलवे स्टेशन, ख़ुद के बनाये ढेर सारे पराँठे पकड़ा दिये रास्ते के लिए...एक अद्‌भुत-सी तृप्ति रह गयी मन में उसकी नयी दिशा और पुरानी आत्मीयता से...

कई साल और बीत गये। फिर अचानक वीडियो कॉल आया। किसी होटलवाले माहौल में बैठी बहुत ख़ुश लग रही थी, थोड़ी पी हुई भी...

"मैं एकदम बढ़िया हूँ, यूरी, काम ख़ूब चल रहा है, अब मेरे बच्चे भी मेरे साथ काम कर रहे हैं, बड़े-बड़े लोगों की दावतें सजाते हैं! अब मैंने यह जगह भी ख़रीदी है, एकदम जंगलों के बीच, मुम्बई से थोड़ी दूरी पर, यहाँ आकर मस्त समय बिता सकते हो! शादी भी मैंने नयी कर ली है, उस निकम्मे को छोड़कर! मिलो मेरे पति से, ये अच्छे हैं!" उसकी बग़ल में बैठे आदमी का परिचय देकर उससे भी बात कराई..."देखो, यूरी, यहाँ मस्त जगह है, तुम दोस्तों को लेकर कभी भी आओ, रह लो जितनी मर्ज़ी मुफ़्त में! बस दारू का पैसा ख़ुद देना पड़ेगा..."

चौंका देती है यह दीवानी मराठन...

खिड़की से चीड़-पेड़ों को देख रहा हूँ हाथ में दारू का गिलास लिये...इधर की परिस्थितियों ने कसकर पकड़ा है...कर्मों के ही फल होंगे...कई रिश्तों को तोड़-मरोड़कर, हृदय-रोग से ग्रस्त, प्रेम-मार्ग से भटका हुआ हूँ...पुण्य-मार्ग का नाम भी न लूँ तो अच्छा है...पर कुछ अच्छा भी तो किया होगा कि वह काग़ज़ी फूलों की रानी अपनी आनन्दमय चमक से मेरे दिल में असली फूल खिलाकर निकली है...जैसे काल्पनिक फ़िल्मी कहानी में सच्चे भावों की गहराई छुपी होती है, वैसे ही उसकी सफलता पर लगी उन नक़ली फूलों की मालाओं में साफ़ झलकता है सच्चा जीवन-प्रेम...यह जाम तुम्हारे नाम, जया...

स्टर्लिंग हाईवेवाली

–रीता कौशल

नहीं-नहीं करती हुई एकता भौचक्की-सी उठ बैठी। उसने पर्दों के पीछे झाँका... पलंग के नीचे ताका...बन्द दरवाज़े को घूरा...खिड़कियों को खोलकर नीम अँधेरे में आँखें गड़ायी मगर कोई नहीं था; दूर-दूर तक। बस एक बेजान स्मृति थी, ऐसी स्मृति जो भम्भारों के भूत की तरह उससे चिपक गयी थी।

अधखुली खिड़की से आती हवा ने शयनकक्ष में सिहरन-सी भर दी। किसी अजनबी सपने से अभिजीत की आँख खुल गयी। वह एकता को बिस्तर में न पाकर बौखला जाता है। नाइट रोब को आड़ा-तिरछा लपेटता, वह भी बालकनी में चला आता है। वह वाक़िफ़ है एकता के हर रात के इस ठिकाने से। वह जानता है, एकता पिछले दस दिन से हर रात अपने ही घर में रूह की तरह बैचेन घूमने के बाद इसी बालकनी में अपना पड़ाव डालती है। एकता का ये हाल तब से हुआ है, जब से वे दस दिन पहले वाल्पोल में छुट्टियाँ मनाकर लौटने की तैयारी में थे।

अभिजीत झुँझलाया-सा है, कुछ क्षण यूँ ही खड़ा रहता है। एकता उसे देख कोई प्रतिक्रिया नहीं देती...बस अपनी काली, बड़ी आँखों से अँधेरे का पोस्टमार्टम करती रहती है। "एकता, मुझे तो सुबह नौकरी करने जाना है, तुम्हारा तो रोज़ का ड्रामा बन गया है," उबासियाँ लेता हुआ अभिजीत उसे वहीं खुली हवा में छोड़कर वापस सोने चला जाता है।

दस दिन पूर्व, वाल्पोल के जंगलों में छुट्टियों का आख़िरी दिन था। वक़्त अच्छा गुज़रा था...अब तो बस वापस जाकर रूटीन में फ़िट होना था। एक चॉकलेट फ़ैक्ट्री का टूर करने के बाद वे अपने हॉलीडे होम में लौटने की जल्दी में थे। आज रात जल्दी सोकर कल जल्दी उठने का इरादा था, वक़्त से घर वापस पहुँचने की यात्रा जो करनी थी। वो कहते हैं न घूमने जाने का मज़ा बहुत है लेकिन कहीं से अपने घर लौटने के आनन्द का कोई पैमाना नहीं होता। तभी अभिजीत की नज़र एक रोड साइन पर पड़ जाती है और वह स्वयं को रोक नहीं पाता।

"ये इस रास्ते पर गाड़ी क्यों मोड़ दी है तुमने? ये तो हमारे हॉलीडे होम नहीं जा रहा है, ये तो कहीं 'ब्लू होल बीच' जाता है।"

"अच्छा एडवेंचर ड्राइव मालूम पड़ता है, अभी वक़्त है हमारे पास। इसका भी लुफ़्त लेते चलें।"

एडवेंचर ड्राइव...एडवेंचर ड्राइव, और इन ऑस्ट्रेलियन के पास है भी क्या ख़ाक! बस जंगल और समन्दर...हमारे इंडिया की तरह अपार ऐतिहासिक धरोहर तो धरी नहीं है यहाँ। ड्राइव के पहले चार-पाँच किलोमीटर बुरे तो थे पर इतने बुरे न थे। जल्दी ही वो ड्राइव एक बड़े ही ख़तरनाक रास्ते में बदल गयी। तमाम पचहत्तर डिग्री के उतार-चढ़ाव, कच्चा, वीराना, सँकरा रास्ता। वापस नहीं लौटा जा सकता था, बस आगे ही जा सकते थे। कार से अजीबोग़रीब आवाज़ें निकलने लगीं। फिर भी आगे ही खींची जा सकती थी, पीछे लौटने का तो विकल्प ही न था। इस सँकरे रास्ते के दोनों किनारों पर मिट्टी के ऊँचे-ऊँचे झाड़ीदार टीले थे। कार खोलकर उससे बाहर निकलना तो दूर, इतना भी स्थान न था कि कार का दरवाज़ा इंच भर भी खुल सके। मानो निकल भी जाते तो जाते कहाँ? और ऐसे ही अपनी कार को अधर में छोड़ देते क्या? वे दोनों जान बचाने को पैदल चल भी लें पर क्या बच्चों में उतना साहस व क्षमता थी। अगर और कोई इस ट्रैक पर आयेगा तो आगे कैसे जायेगा? वैसे तो कोई सिरफिरा ही आयेगा यहाँ दिन ढले। क्या इसी आफ़त को ऑस्ट्रेलियन एडवेंचर ड्राइव कहते हैं? पहले मालूम न था...नहीं तो इस बला की तरफ़ रुख़ न करते। सर्दी में भी अभिजीत की शर्ट पसीने से तर-ब-तर थी। बच्चे मारे घबराहट के एक-दूसरे में सिमटे बैठे थे।

"क्या ज़रूरत थी अपने आप को वास्कोडीगामा समझने की...बड़े आये एडवेंचर ड्राइव करने वाले। अच्छी-भली छुट्टियाँ कट गयी थीं...कर लिया न अन्त में सत्यानाश...अब मैं तो तुम्हारे साथ ज़िन्दगी में कभी कहीं छुट्टियों पर जाऊँगी नहीं।" एकता बेलगाम अभिजीत को कोस रही थी।

"आगे तो छुट्टियों पर तब जायेंगे जब आज यहाँ से ज़िन्दा लौटेंगे। इस बीच का नाम 'ब्लू होल बीच' नहीं 'बरमूडा ट्रायंगल' होना चाहिए।" अभिजीत का सब्र जवाब दे गया।

"मम्मा हमारे पास तो कार में अब कोई खाना भी नहीं बचा, अगर मिक्कू को भूख लगी तो हम उसे क्या खिलायेंगे?"

"दीदी तो क्या हम शाम को अपने फ़ेवरेट कार्टून शो के टाइम तक हॉलीडे

होम नहीं पहुँच पायेंगे?" कोमल अपने छोटे भाई को लेकर व्याकुल थी तो मिक्कू की अपनी बालसुलभ आकुलताएँ जोर मार रही थीं।

"ये सब तुम्हारे वास्कोडीगामा डैडी की वजह से हो रहा है...देसी गधा चला था पूर्वी रेंक रेंकने...एडवेंचर ड्राइव..."

"बिल्कुल चुप, कोई कुछ नहीं बोलेगा...जब भी कुछ ग़लत होता है तो उसकी पूरी ज़िम्मेदारी मुझ पर थोप दी जाती है। मज़े लेने को सब, अगर कहीं कुछ ग़लत घट जाये तो सारा दोष देने को मैं...यहाँ जंगलों में छुट्टियाँ मनाने का सुझाव किसका था?"

अभिजीत का चेहरा तमतमा रहा था। एक-दूसरे पर शाब्दिक झपट्टे मारे जा रहे थे। अन्तर्मन में चिन्ताएँ और शंकाएँ फुँकार रही थीं। किसी तरह हूँ...हूँ की आवाज़ करती, चरमराती, हिचकोले खाती हुई गाड़ी बाक़ी बचा रास्ता खींचने में समर्थ हो गयी। अब आगे...आगे तो सिर्फ़ समुन्दर था। यहाँ आकर तो एडवेंचर ड्राइव कुएँ का रास्ता तय करके खाईं में पहुँच गयी थी। और गाड़ी के चारों पहिये काफ़ी गहरे तक समुन्दर किनारे की सूखी रेत में धँस गये थे। दूर-दूर तक बस झाड़ियाँ, उफनता समुन्दर...किसी परिन्दे तक का नामोनिशान न था। हाँ, जैसे-जैसे शाम ढलेगी और अँधेरा गहराएगा झाड़ियों में छिपे जीव-जन्तु ज़रूर सक्रिय हो जाने थे, फिर अब क्या किया जाये? गाड़ी में बैठकर रात कटे तो कटे कैसे? रात के साथ-साथ समुन्दर का उफान और बढ़ेगा और अजगर की तरह लपलपाती लहरों का प्रवाह किनारे पर ज़्यादा दूर तक जाने लगेगा। क़िस्मत ने साथ न दिया तो वे सब गाड़ी समेत समुद्र के गर्भ में समा जायेंगे। अगर चट्टानों या टीलों पर बैठे रहे तो ठण्ड या ज़हरीले कीड़े-मकोड़ों के काटने से मर जायेंगे। इधर उनके सोचने समझने की शक्ति क्षीण पड़ रही थी, उधर सूर्यदेव क्षितिज पर नीचे उतरने की तैयारी में थे।

मौक़े की नज़ाकत को देखकर यह निर्णय लिया गया कि कोमल बिटिया मम्मा के साथ मुख्य सड़क की तरफ़ जायेगी और वे दोनों किसी को वस्तुस्थिति समझाकर मदद के लिए गुहार करेंगी और मिक्कू बेटा डैडी के साथ कार के पास रुककर मदद आने तक इन्तज़ार करेंगे। बारह वर्षीय कोमल में ग़ज़ब का धैर्य था। इतना कि कई बार एकता को अपने ऊपर शर्मिन्दगी होती। एकता और कोमल जिस रास्ते से आये थे, उसके दूसरी तरफ़ जाने वाले रास्ते से मदद की तलाश में आगे बढ़ने लगे। नहीं मालूम था कि ये रास्ता कहाँ जा रहा है, पर यहाँ हाथ पर हाथ धरे बैठे रहने से भी तो कुछ नहीं हासिल होने वाला।

माँ बेटी चलती चली जा रही थीं। चेहरों पर आशंकाओं के बादल, मन में अनहोनी की सुनामी। ऊँचा-नीचा पैदल रास्ता तय करना कष्टदायी था, पर असल ख़ौफ़ शीघ्र ढलने वाले दिन और गहराने वाली रात का था। अभी झुटपुटा होने तक तो रास्ता दिखाई दे रहा था पर अन्धकार छाने के बाद तो इन रास्तों पर एक क़दम भी चलना नामुमकिन होगा। अन्धकार में गिरती-पड़ती फिरेंगी दोनों तब। लापरवाही की पराकाष्ठा तो ये कि वे जंगलों की सैर पर आये थे, पर आपातकाल के लिए कार में एक टॉर्च भी डालकर न चले थें। बस यूँ ही वास्कोडीगामा बनने का शौक़ पाले हुए थे। अगर बारिश आ जाये तो खुले आसमान के नीचे भीगने के सिवा कोई और चारा न था।

आकाश में बिजली कौंध रही थी और एकता के ज़ेहन में टीवी पर एफ़.बी.आई. के कार्यक्रम में देखे गये सीरियल किलर्स की छवियाँ कौंध रही थीं। पता नहीं कौन...कैसा मिल जाये रास्ते में और क्या हाल बनायेगा उन माँ-बेटी का। कितनी देर हो गयी थी उसे और कोमल को चलते-चलते मगर अभी तक कहीं कोई छोर नहीं मिला था। आज या तो कोई जंगली जानवर उन्हें खा जायेगा या फिर कोई सीरियल किलर उनके टुकड़े-टुकड़े करके जानवरों के खाने के लिए छोड़ देगा और नन्हा मिक्कू उसका क्या? उसे तो अभी अपनी माँ की बहुत ज़रूरत थी, कलेजे में एक हूक-सी उठ आयी थी एकता के। कैसे रहेगा वह अपनी मम्मा के बिना? एकता के अभिजीत से कोई संवेदना नहीं हो रही थी बल्कि आक्रोश फूट रहा था उसके प्रते। अभिजीत के रखे हुए ही तो गोबरधन हैं ये...समेटने सबको पड़ रहे हैं। जाने कौन से मूर्ख पण्डित ने शादी के समय जन्मपत्री मिला दी थी... ज़रूर भाँग पीकर मिलायी होगी वरना उन दोनों के बीच तो जमीं-आसमाँ का विभेद था...चले थे एडवेंचर ड्राइव करने...जान को आफ़त और लगा दी।

घनी दूरी तय करने के बाद कहीं दूर, लम्बे-लम्बे अन्तराल पर आती-जाती गाड़ियों की हल्की-सी ध्वनि सुनाई देने लगी। दिल में उम्मीद का दीया टिमटिमा गया। थोड़ा और चलें तो शायद कोई मदद मिल जाये। पर मदद...क्या कोई मदद देगा हमें; और क्या पता मदद के बहाने कोई हमारे साथ क्या करे? कोमल पूरी तरह बच्ची नहीं थी और वह ख़ुद कम जवान नहीं थी...और फिर बच्चियों को कोई बख्श देता है क्या? एफ़.बी.आई. वाले कार्यक्रम में उसने ख़ुद देखा तो है ऐसा, ऐसा...। दूर दूर तक फैला जंगल...कितना भी चीख़ पुकार लें, कोई नहीं सुनने वाला है। इस देश की यही समस्या है, यहाँ आदमी नज़र नहीं आते, बस चारों तरफ़ विस्तृत ज़मीन ही ज़मीन है। उम्मीद का दीया आशंकाओं के थपेड़ों से जूझ

रहा था। अब तक वे मुख्य सड़क पर आ चुकी थीं। क़रीब बीस मिनट तक कोई वाहन वहाँ से न गुज़रा।

"थोड़े विलम्ब में कोई हर्ज नहीं, मगर किसी ऐसी कार को रोककर लिफ़्ट मत माँगना जिसमें केवल पुरुष बैठे हों।" एकता हर सौ मीटर की दूरी पर यही वाक्य दोहराती आयी थी।

"और अगर फ़ीमेल सवारीवाली कोई गाड़ी आयी ही नहीं तो क्या यहीं पर रात गुज़ारेंगे?" कोमल की आँखों में प्रश्नचिह्न थे।

बात तो सही थी...अब तक हल्का अँधेरा हो चुका था। पता नहीं वहाँ समुन्दर के पास मिक्कू और अभिजीत पर क्या बीत रही होगी! दूर से एक कार आती दिखाई दी, पर कौन जाने वह मदद देने को रुकेंगे भी या नहीं! कार के थोड़ा क़रीब आने पर यह स्पष्ट हो गया कि कार में क़रीब दस-बारह साल की दो लड़कियाँ थीं और एक चालीस-पैंतालीस साल का पुरुष चालक। कोमल के हाथ देने पर चालक ने कार उनके पास ला कर रोक दी।

"क्या आप हम को सबसे क़रीबी पुलिस स्टेशन तक छोड़ सकते हैं, मेरे डैडी और छोटा भाई वहाँ 'ब्लू होल बीच' पर फँसे हुए हैं। हमारी कार वहाँ समुन्दर किनारे की रेत में धँस गयी है। जितनी जल्दी हो सके हमें उन तक मदद पहुँचानी होगी।" कोमल थक गयी थी किन्तु उसमें धैर्य की कमी कतई नहीं थी, ना हीं निर्णय शक्ति खोयी थी उसने। और ये क्या...? ये तो कमाल हो गया, वह व्यक्ति तत्काल ही उन्हें क़रीबी पुलिस स्टेशन तक ले जाने को मान गया। उसने एक बार भी न सोचा कि वे माँ-बेटी किसी साजिश का हिस्सा भी हो सकती हैं। एकता हक्की-बक्की रह गयी। क्या दुनिया में ऐसे भी लोग होते हैं जो बिना सोचे-समझे ही अपनी परवाह किये बिना दूसरों को सहारा दे देते हैं? क्या ये इन्सान ही होते हैं या फिर फ़रिश्ते इन्सानी रूप धर के प्रकट हो जाते हैं? अन्धा क्या चाहे दो आँखें, उसे तो प्रफुल्लित होना चाहिए था कि मुख्य सड़क पर आकर जल्दी ही मदद मिल गयी मगर एक स्मृति उसके चित्त के आभ्यन्तर को खखोल रही थी। उसे कोमल की सूरत में किसी और की छाया नज़र आ रही थी। कौन है ये...क्या चाहती है एकता से? इस वक़्त यहाँ क्यों आयी है? कौन है...कहीं तो देखा है इस छाया की असल छवि को!

पुलिस स्टेशन क़रीब पैंतालीस किलोमीटर की दूरी पर था। वह व्यक्ति उन दोनों को वहाँ छोड़कर तुरन्त चला गया। धन्यवाद की भी अपेक्षा नहीं की थी उसने। इन पैंतालीस किलोमीटर में कितनी ही बार एकता को कोमल के चेहरे पर वही

छाया गडड्मड्ड होती दिखाई दी। हक़ीक़त थी या फितूर, नहीं पता! एक स्मृति उसके चेतन को ख़ँगोले जा रही थी। कुछ तो था उसके चेतन में, हक़ीक़त के गर्भ से पैदा हुआ। ये दुनिया बहुरंगी है, एकता ने यह बात अपनी कितनी ही कहानियों में स्वयं लिखी है। अच्छे-बुरे लोग...अच्छा-बुरा वक़्त...क्या कोई वक़्त या लोग पूरी तरह से अच्छे-बुरे हो सकते हैं या फिर परिस्थितियाँ या क्षणिक आवेश उन पर अच्छे-बुरे होने की मोहर लगा जाते हैं। वो ख़ुद कैसी है? क्या वो बुरी है? नहीं... नहीं वो बुरी कैसे हो सकती है? उसने कौन-सा किसी का माल मारा है या किसी का मर्डर किया है? मर्डर...मर्डर तो किया है शायद उसने! क्या पैर के नीचे किसी चींटी का दबकर मर जाना हत्या नहीं होती? क्या इस घटना को तभी हत्या माना जायेगा जब उसे जान-बूझकर पैर के नीचे रगड़-रगड़कर मारा जाये? उसने भी तो हत्या नहीं की, चार साल पहले जो भी हुआ था, वह मात्र एक हादसा था। कोई ग़लत समय पर ग़लत जगह पर था तो वह क्या करे? पर वह स्वयं और कोमल भी तो इस बार ग़लत समय पर ग़लत जगह थे, फिर वो कैसे सही सलामत हैं!

वे सलामत थीं एक फ़रिश्ते की वजह से। ग़लत समय, ग़लत जगह की परिभाषा बदल दी उस फ़रिश्ते ने और अपनी शराफ़त से ग़लत को सही बना दिया, फिर वही क्षणिक निर्णय। एकता चाहती तो वह दिल भी धड़क रहा होता इस संसार की तमाम धड़कनों से जुगलबन्दी करता हुआ। एकता अपने आप में गुम थी। कोमल ने ड्यूटी पर तैनात पुलिस ऑफ़िसर को पता नहीं क्या बताया और क्या नहीं! एकता तो बस सबके पीछे-पीछे पुलिस कार में जाकर बैठ गयी थी। दो कारें थीं...दो पुलिस ऑफ़िसर भी। दोनों अपनी-अपनी कारें ख़ुद ही चला रहे थे। एकता व कोमल आगे जाने वाली कार में थीं सीनियर पुलिस ऑफ़िसर के साथ। अब तक अँधेरा गहरा गया था। जंगली हवाएँ भायँ-भायँ कर रही थीं। बीच-बीच के क्षणिक नीरव क्षणों में झींगुर के कमज़ोर स्वर स्पष्ट सुनाई देते। मन को अब चैन था, दो-ढाई घण्टे के ड्राइव के बाद वे मिक्कू और अभिजीत के पास पहुँच ही जाने थे।

एकता कार की खिड़की से सिर टिकाकर बैठ गयी। उसकी नज़रें अँधेरे का पोस्टमार्टम करती हुई उसको तलाश रही थीं जो अब इस दुनिया में थी ही नहीं। वही जिसकी छाया उसे थोड़ी देर पहले कोमल के चेहरे पर मँडराती नज़र आयी थी... वही तो थी...हाँ, वही थी ये, स्टर्लिंग हाईवेवाली...बिल्कुल सही पहचाना उसने। एकता वर्तमान के किनारे बैठी भूतकाल के दरिया में यादों के कंकर फेंक रही थी। नींद के झोंकों में भी वही छवि ज़ेहन में झूलती रही और कार के झटकों से जब नींद में ख़लल पड़ती तो अधखुली आँखों के आगे भी वही हवाओं में तैर उठती। जंगल में हर तरफ़ वही चेहरा उग आया था, बरसात में उगे कुकुरमुत्तों की तरह।

चार बरस पहले के एक इतवार की रात। ऐसी रात जब बादल रह-रहकर गरज रहे थे, कभी भी फटकर बरस जाने के आसार थे। स्टर्लिंग हाईवे पर गहरा सन्नाटा छाया हुआ था। इतना गहरा कि उसकी भयावहता में किनारे लगे वृक्षों की छाया भी डरावनी लग रही थी। वे एक नाईट शो से लौट रहे थे। अभिजीत को नाईट ड्राइविंग में दिक़्क़त आती है, ये बिगड़ता मौसम उसे और मुश्किल कर देगा, अतः उन्हें घर पहुँचने की शीघ्रता थी।

"वो देखो, एक लड़की वहाँ सड़क के किनारे पर खड़ी हुई है। उसकी भाव-भंगिमा देखकर मैं बता सकती हूँ कि वह हमसे लिफ़्ट माँगेगी...कहे देती हूँ गाड़ी मत रोकना...जाने क्या मंशा है उसकी; कौन जाने...किसी के दिल में क्या चल रहा है..." एकता की बात पूरी होने से पहले ही अभिजीत ने गाड़ी लड़की के पास लाकर रोक दी।

"आर यू गोइंग टुवर्ड्स फ्रेमेंटल?" लड़की ने कार की अधखुली खिड़की से झाँकते हुए याचकभाव से पूछा।

अभिजीत अभी आँखों को अँधेरे से अभ्यस्त कर लड़की के चेहरे का मुआयना करने की कोशिश ही कर रहा था। लड़की सम्भ्रान्त परिवार की लग रही थी...उम्र यही कोई सत्रह-अठारह साल रही होगी।

"नो वी आर नॉट," एकता ने तपाक से बीच में पड़कर उत्तर दिया।

"फिर भी क्या आप मुझे वहाँ तक छोड़ सकते हैं?" लड़की की बैचनी द्रष्टव्य थी।

"छोड़ तो देता लेकिन मेरा बेटा बहुत बीमार है, इसलिए हमें जल्दी से उसे हॉस्पिटल पहुँचाना है।" अभिजीत मजबूरन झूठ बोल रहा था और बग़ल में बैठी एकता अपनी फ़तह पर मुस्कुरा रही थी।

"फ्रेमेंटल ज़्यादा दूर नहीं है, सर, आपको ज़्यादा से ज़्यादा पंद्रह मिनट लगेंगे मुझे वहाँ तक पहुँचाने में।"

अभिजीत ने उत्तर देने के लिये मुँह खोला ही था कि उसकी आँखें एकता की आँखों से टकरा गयीं और उसके सच्चे शब्द होंठों तक आते-आते वापस गले में फिसल गये। एकता की तरेरी आँखों के असर से सिर्फ़ नकारात्मक प्रतिकिया ही वाणी में प्रस्फुटित हो सकी। अजनबी लड़की सहमी-सी 'नो प्रॉब्लम, थैंक्स' कहती हुई फिर से सड़क के किनारे वहीं जाकर खड़ी हो गयी जहाँ वह पहले खड़ी थी। आकाश में बिजली की कौंध में उसकी परेशानी पर व्याप्त उलझन स्पष्ट दिखाई दे रही थी। दूर कहीं रोते हुए कुत्ते का बेसुरा स्वर माहौल को भूतिया बना रहा था।

"क्या हो जाता अगर हम उसकी सहायता कर देते?" अभिजीत को शिकवा था।

"जो होता वह क्या बताकर होता, मैं एक अनजान की वजह से कोई मुसीबत नहीं चाहती।"

"मानवता भी कोई चीज़ होती है।"

"सारी दुनिया में मानवता के ठेकेदार बस तुम ही तो बचे हो ना, दिमाग़ मत ख़राब करो अब। बच्चे सो रहे हैं जग जायेंगे बेकार की चिल्लपों सुनकर।"

उस इतवार की रात से दूसरे इतवार की दोपहर आ गयी। "ये देखो ये क्या हो गया...जल्दी से आओ," अभिजीत टीवी देखते-देखते अचानक चिल्लाने लगा।

"पूरे टाइम बस शोर मचाना...," एकता गीले बालों में तौलिया लपेटती बुदबुदाई, "चैन से नहाने भी नहीं देते...अब बताओ भी क्या बात है?" उसने शयनकक्ष में दाख़िल होते हुए पूछा।

"देर लगा दी तुमने...टीवी पर उसी लड़की की फ़ोटो दिखाई गयी थी जो पिछले संडे की रात स्टर्लिंग हाईवे पर हमसे लिफ़्ट माँग रही थी।"

"तो..."

"तो क्या? वह लापता है अब...पुलिस टीवी पर अपील कर रही है, अगर कहीं किसी के पास कोई सूत्र हो उसके बारे में..."

"अररे, मैं फिर कहे देती हूँ कि तुम तो बस चुप ही बने रहना...कहीं पुलिस में जाने का मन तो नहीं बना लिया तुमने? कहे देती हूँ...सूरमा बनने की मत सोचो...कोई ज़रूरत नहीं बेकार का टण्टा पालने की...जो हो गया वो हो गया। अब बाक़ी का मामला पुलिस जाने और उसका काम जाने...हमें कोई लेना-देना नहीं किसी से।"

"पूरे टाइम बस मैं...मैं और मैं। कोई मजबूर बेचारी लिफ़्ट माँग रही थी और तुमने मुझे उसकी मदद करने से रोक दिया, अगर उसकी मदद कर दी होती तो आज ये नौबत न आती," अभिजीत ने टीवी ऑफ़ करके रिमोट पलंग पर फेंक दिया।

लम्बी बहस हुई थी उस दिन अभिजीत और एकता के बीच। और भी लम्बी खिंचती अगर सिगरेट पीने के बहाने अभिजीत घर से बाहर न चला गया होता। अभिजीत का मानना था कि एकता का दिमाग़ एफ़.बी.आई. जैसे टीवी कार्यक्रम देख-देखकर व जासूसी उपन्यास पढ़कर ख़राब हो गया है। हर बात में समाधान के पहले शंका नज़र आती है। आदमी, भला आदमी न लगकर चोर, उच्चका, क़ातिल पहले लगता है। साधारण वस्तुएँ, हथियार, बम जान पड़ते हैं उसे।

हाँ बम से याद आया, अभी दो-एक महीने पहले संध्या-भ्रमण के दौरान एकता को एक काले रंग का केबिन साइज़ ब्रीफ़केस सड़क पर दिखाई दिया था। चर्च के पासवाले फुटपाथ पर। उसी समय वहाँ से उसने एक कार जाते देखी थी। यह स्पष्ट था कि वह ब्रीफ़केस उस कार में जाने वाले लोगों से जल्दी-जल्दी में छूट गया था किन्तु वह पैदल कार के पीछे कैसे भागती। कार तेज़ी से जा रही थी तो उसका क्या दोष! हाँ ऐसा अवश्य कर सकती थी कि उस ब्रीफ़केस के बारे में पुलिस को इत्तला दे देती। वैसे वह बुरी बिल्कुल नहीं है। उसका मन तब डूब-डूब गया था जब दूसरे दिन उसी फुटपाथ व उसके आसपास इश्तहार लगे देखे कि अगर किसी को काले रंग का ब्रीफ़केस इस जगह मिला हो तो फ़लाँ फ़ोन नम्बर पर वेलफ़ेयर सोसाइटी को सूचना दे दे। सूचना देने वाले को कैश प्राइज़ दिया जायेगा क्योंकि उस ब्रीफ़केस में अत्यन्त ही आवश्यक काग़ज़ात हैं।

जीवन इतना जटिल नहीं था, जितना एकता ने बना रखा था। होने को यह बात कितनी आसान थी यदि वह उस ब्रीफ़केस को कल अपने घर उठा लाती तो आज वहाँ दिये गये फ़ोन नम्बर पर इत्तला कर उसे वापस कर सकती थी। मगर नहीं उसे तो अपने सतर्क होने का...सुरक्षा को अपनी प्रकृति बनाने का गुमान था। होशियारी और ज़रूरत से ज़्यादा होशियारी। सावधानी और इतनी ज़्यादा सावधानी कि दूसरों को पूरे समय हिदायत देते रहना, देखो गिर मत जाना, ल+*-गा मत लेना, ये टूट न जाये, वो फूट न जाये। हरदम बस सन्देह, शंका और बाल की खाल निकलना। फिर भी वह ब्रीफ़केस तो एक वस्तु मात्र था। दुनिया में कोई ऐसे काग़ज़ भी नहीं होते जिनके बिना काम न चल सके, देर सवेरे कुछ न कुछ विकल्प निकल ही आता है किन्तु हाड़-मांस से बने इन्सानों के विकल्प होते हैं क्या?

एक बार दूसरे जहाँ में गुम होने के बाद वे नहीं आते...कभी नहीं आते। पुलिस ने उस खोयी हुई लड़की की लाश शहर से पच्चीस मील दूर एक नाले से बरामद की थी बाद में। सुनकर एकता दुखी हुई थी...बेहद दुखी हुई थी पर इतनी भी नहीं क्योंकि जो हुआ था वह महज़ एक इतेफ़ाक़ था।

वे अब तक 'ब्लू होल बीच' पर पहुँच चुके थे। अभिजीत की जान में जान आ गयी थी उन्हें देखकर। पुलिस ऑफ़िसर ने अपनी कार में मोटा रस्सा बाँधकर होशियारी से उनकी कार को उस एडवेंचर ड्राइव के रास्ते धीरे-धीरे चलाकर मुख्य सड़क तक पहुँचा दिया था। एकता चुप थी...बेहद उदास भी...

इतनी उदास, जितना अभिजीत ने उसे पहले कभी न देखा था। "अब क्या है... मुँह क्यों फुला रखा है तुमने?...सब ठीक से निबट तो गया...कल तो अपने होम स्वीट होम में बैठे होंगे इस वक़्त?" उसने कारण जानने की ग़रज़ से बात छेड़ी।

"हमें उसे लिफ़्ट दे देनी चाहिये थी...," एकता धीरे से बुदबुदायी।

"किसे?"

"उसी स्टर्लिंग हाईवेवाली को," वह फिर बुदबुदायी।

और बस यहीं से स्टर्लिंग हाईवेवाली अटक गयी थी एकता के दिमाग़ में जो अब तक अटकी है। अन्दर शयनकक्ष में अभिजीत के खर्राटे गूँज रहे थे। एकता अभी भी बालकनी में बैठी अन्धकार का पोस्टमार्टम कर रही थी...इत्तेफ़ाक़न दूर कहीं बेसुरे स्वर में एक कुत्ता रो रहा था।

यात्रा

–रूही सिंह

"सब सामान रख लिया ना? पेन रखा ना बैग में? हमेशा भूल जाती हो तुम, पासपोर्ट वाला बैग एक बार और देख लो..."–गम्भीर आवाज़ में कहा पापा ने।

माँ तो सुबह से कुछ बोल नहीं रही थी, बस अपने आँसुओ को छुपाने की नाकामयाब कोशिश किये जा रही थी और ध्रुव को अपने सीने से लगाकर बैठी थी, ध्रुव भी नानी से चिपका हुआ था।

मैं तो जैसे किसी अनदेखी, अनसोची लड़ाई पे निकल पड़ी थी। अपनी बसी बसाई गृहस्थी, अपना भरा-पूरा परिवार, अपनी चलती हुई नौकरी, कितना मुश्किल था मेरे लिए नौकरी छोड़ना...।

आठ साल पहले एक समाचार-पत्र में सहयोगी सम्पादक के तौर जुड़ी थी, आज यहाँ सम्पादक हूँ। पापा से पैसे लेना नौकरी के दूसरे महीने ही बन्द कर दिया था। माँ-पापा की 25वीं सालगिरह थी, मैंने अपने पैसे बचा के माँ के लिए सोने के झुमके और पापा के लिए नया फ़ोन लिया। माँ तो रोने ही लगी थी और पापा भी भावुक होकर सबको अपना फ़ोन दिखाते हुए ख़ुशी ज़ाहिर कर रहे थे। और मैं तो सातवें आसमान पे थी, लगा दुनिया ही जीत ली। पैसे कम थे पर मेरे थे, ख़ुद के थे। असीम सुख था उनमें।

इस नौकरी को छोड़ने का निर्णय मेरे लिए मेरा एक हिस्सा ख़ुद से दूर करने जितना पीड़ादायक था। कितना कुछ पीछे छोड़ के बस निकल पड़ी हूँ, उस अनदेखे सफ़र पर, और करती भी क्या? राघव के बिना रहना भी तो उतना ही मुश्किल होता जा रहा था। पिछले छह महीने मेरे ऐसे गुज़रे जैसे छह जनम। और ध्रुव तो अभी तीन साल का ही है, पापा को हमेशा याद करता रहता है।

तभी ड्राइवर ने आवाज़ दी, "दीदी, एयरपोर्ट आ गया।"

पापा ट्रॉली लेने आगे बढ़ गये। माँ ने गले लगा के रोते हुए कहा, "सबका ख़याल रखना। ध्रुव को निमोनिया है, मौसम का बदलाव मुश्किल होता है, इसे गर्म कपड़े अच्छे से पहनाना। और तू काम की धुन में खाना भूल जाती है, समय पे खाना खा लिया करना।" मैं भी रोक नहीं पायी ख़ुद को रोने से। इतने में पापा की रुँधी हुई-सी आवाज़ आयी, "आकृति बेटा, देर हो जायेगी, बहुत से प्रोसेस हैं, ध्रुव को भी सँभालना है, निकलो, बेटा!"

पापा के पैर छूकर उनसे लिपट के ऐसे रोयी जैसे बचपन में हर बार हॉस्टल जाने से पहले रोती थी। अब पापा भी ख़ुद को रोक नहीं पाये, फिर भी ख़ुद को सँभालते हुए कहा, "मुझे विश्वास है तुम पर और गर्व भी, तुम वहाँ भी सब उतने ही अच्छे से सँभाल लोगी, और हमारी चिन्ता बिल्कुल मत करना।"

"और ये रख, ये तुझे अपनी जड़ों से जोड़ के रखेगा," पापा ने रामायण मेरे हाथ में देते हुए कहा।

माँ-पापा की नम आँखों को बार-बार मुड़ के देखते हुए मैं एयरपोर्ट के अन्दर चली आयी। एयरपोर्ट पर सब किसी ना किसी से मिल या बिछड़ रहे होते हैं, ये देखकर भावनाओं की एक अजीब-सी बाढ़ महसूस की मैंने। उस पे ध्रुव के हज़ारों मासूम-से सवाल, "नानू रो क्यों रहे हैं?" "नानी क्यों नहीं आयी?" "दादी के पास कब जायेंगे?" "पापा कहाँ हैं?"

इन्हीं सवालों के साथ हमने सारी औपचारिकता पार कर ली और एक शान्त-सी जगह देख के मैं भी इत्मीनान से बैठ गयी।

पर ये अन्दर चल रही उधेड़बुन और ये जो संगम था दुःख और सुख का, उस भँवर से बाहर आना मेरे बस में नहीं था। चंचलता मेरे स्वभाव में हमेशा से ही रही। दादी कहती थी मुझे, "शान्ति है नहीं तेरे शरीर में, जब देखो यहाँ से वहाँ चिड़िया की तरह फुदकती रहती है"

पापा भी हँसकर कहते, "अम्मा! ये चिड़िया भी एक दिन उड़कर आसमान को छू लेगी"

और आज सच में पापा की ये चिड़िया आसमान छूने निकल पड़ी, पर किसे पता था की ये चिड़िया तो एक 'प्रवासी पंछी' की तरह है जो मौसम के अनुसार एक स्थान से दूसरे स्थान तक प्रवास करती है। जो एक देश से दूसरे देश या एक महाद्वीप से दूसरे महाद्वीप ही क्यों ना जाना हो, ये प्रवासी पक्षी लम्बी-लम्बी दूरियाँ तय करते हैं। इन पक्षियों के इस प्रक्रिया (प्रवास) को इंग्लिश में माइग्रेशन और हिन्दी में यात्रा भी कहते हैं।

"क्या मैं अपनी जड़ों से दूर जा रही हूँ? अपनी जड़ों को छोड़कर क्या कोई पेड़ खड़ा रह सकता है?"

मन में उठते सवालों के तूफ़ान से घिरती जा रही थी मैं, तभी बोर्डिंग की अनाउंसमेंट पे मेरा ध्यान गया। अब वो समय आ गया जब अपने देश की हवा को भी अलविदा कहना पड़ेगा। सब कुछ पीछे छूटता जा रहा था। दिल बैठ गया, पैर जैसे जम-से गये। बहुत हिम्मत करके आगे बढ़ पायी।

शिकागो की फ़्लाइट हमारा इन्तज़ार कर रही थी। ध्रुव को ले के फ़्लाइट में अपनी सीट पे जा के बैठी, अपना फ़ोन निकाला और माँ-पापा को फ़ोन करके बताया कि मैं बैठ गयी हूँ।

पापा जी मतलब राघव के पापा को वीडियो कॉल करके माँ से और पापा जी से आशीर्वाद लिया। राघव को भी मैसेज करके फ़ोन फ़्लाइट मोड में किया ही था कि इतने में ध्रुव की शैतानी शुरू हो गयी। वो शायद चिढ़ रहा था, कभी ये दे दो, कभी यहाँ नहीं बैठना।

मुझे भी ग़ुस्सा आया, तो मैं चीख़ पड़ी उसपे ये सोचे बिना की मैं अभी कहाँ हूँ। अगले ही पल मैं रो भी पड़ी। ध्रुव को गोद में लिया और उससे प्यार से बोला मैंने, "सॉरी बेटा, मम्मा थक गयी है ना"

ध्रुव, "मम्मा आप मत रोओ, आप मेरी ये चॉकलेट ले लो।"

मैंने ध्रुव को अपने सीने से लगा लिया और मेरे होंठों पे हल्की-सी मुस्कान फूट पड़ी।

फ़्लाइट लम्बी थी और ध्रुव भी थककर सो गया था। फ़्लाइट में लगभग सब सो गये थे और मेरी नींद ऐसे ग़ायब थी जैसे अमावस की रात में चाँद। सोचा गाने सुन लेती हूँ फ़ोन पे। फ़ोन हाथ में लिया, वॉलपेपर पे नज़र गयी, राघव और ध्रुव की एक फ़ोटो थी जिसमें दोनों ख़ुश नज़र आ रहे थे।

राघव से मेरी अरेंज मैरिज हुई थी। मेरे दादा जी की पसन्द थे राघव, पेशे से सॉफ़्टवेयर इंजीनियर हैं। मुझे याद है, विदाई के समय जब मैं कार में बैठ के रो रही थी। राघव ने पानी का बोतल मुझे देते हुए कहा, "5-6 लीटर पानी तो तुम अब तक बहा चुकी हो, थोड़ा पानी पी लो और अब बस करो, तुम घर ही जा रही हो। वैसे भी वॉटरप्रूफ़ मेकअप भी इतना वॉटर झेल नहीं पायेगा।"

हल्की-सी मुस्कान के साथ राघव से दोस्ती की शुरुआत उसी पल से हो गयी थी। कितने छोटे-छोटे पल होते हैं ना, जो हमें एहसास से भर जाते हैं। वो अँगूठीवाली रस्म, हम दोनों को एक थाल में दूधिया पानी और फूलों के बीच से

अँगूठी ढूँढ़नी थी। चारों ओर से राघव के लिए आवाज़ें आ रही थीं–"भैया-भैया, चाचू, तो कोई रघु।"

कोई मेरा नाम ले ही नहीं रहा था। लगा कहाँ अजनबियों में आ गयी।

ख़ैर, खेल शुरू हुआ और अचानक से मैंने महसूस किया राघव के हाथ का स्पर्श, उनके हाथ में अँगूठी थी और वो अँगूठी उन्होंने मेरे हाथों में दे दी। उसी के साथ मैं इस खेल की विजेता हो गयी, पर जीत राघव गये मेरे दिल को।

वहाँ लगा, इस अजनबी परिवार में कोई मेरा है।

ऐसे कई प्यारे और हसीन पल हैं। वैसे भी प्यार की उमर दिन-महीनों से नहीं होती, प्यार के तो बस ये छोटे-छोटे पल ही होते है।

ऐसा भी नहीं था कि मुझे राघव की कोई बात या राघव को मेरी कोई बात बुरी नहीं लगती है पर हमने हमेशा चुना है उस इन्सान को, जिसका होना मायने देता है हमारे जीवन को।

इस उधेड़बुन में कब नींद आयी, पता ही नहीं चला जब उठे तो हम शिकागो पहुँचने ही वाले थे, ध्रुव भी उठ गया था।

प्लेन लैंड हुआ और एयरपोर्ट की सारी औपचारिकताओं को पूरा करके सामान लेकर बाहर निकली तो देखा, राघव मेरे पसन्द के सफ़ेद लिली के गुलदस्ते के साथ हमें रिसीव करने आये थे। ध्रुव भाग के पापा के गले लग गया। उन दोनों के चेहरे की ख़ुशी को देख के लगा बस क़ैद कर लूँ ये पल भी और उस पल की एक फ़ोटो ले ली मैंने।

घर पहुँचने के रास्ते में मैंने इस शहर को एक चलती-फिरती नज़रों से देखा। साफ़ सुन्दर शहर, नीला साफ़ आसमान, बहुस्तरीय सड़कें।

इधर हमारे बीच बातों की झड़ी लगी थी और ध्रुव की कहानियाँ तो ख़त्म होने का नाम नहीं ले रही थीं।

हम घर के दरवाज़े तक पहुँचे ही थे कि राघव बोल पड़े–

"रुको, रुको! एक मिनट...अन्दर मत आना!"

मैं, "अरे, क्या हुआ, राघव...सब ठीक तो है ना?"

राघव, "बस एक मिनट दो मुझे।"

और वो अन्दर चले गये।

जब वो वापस आये उनके हाथों में एक चावल से भरी कटोरी थी।

गेट की दहलीज़ पर उसे रखते हुए बोले, "अब इसे अपने पैरों से लगाकर अन्दर आ जाओ।" मैं कुछ बोल ही नहीं पायी।

घर के अन्दर आकर ऐसा लगा, जैसे कोई बीज भी पौधा तब बनता है जब उसे मिट्टी में बोया जाता है। मेरी मिट्टी तो राघव हैं, उनके बिना ये बीज अपनी जड़ें फैला ही नहीं सकता, बिल्कुल वैसे जैसे एक प्रवासी पक्षी जो कभी मौसम, तो कभी भोजन की खोज में अपनी जड़ों से दूर कहीं बहुत दूर एक लम्बी यात्रा करके अपना नया घोंसला बसा के उस जगह को अपना ही लेता है।

वैसे उन पक्षियों को जितनी चुनौतियों का सामना करना पड़ता है, मेरी चुनौतियाँ भी उससे कम नहीं थीं। मेरे लिए, ध्रुव के लिए बिल्कुल नया वातावरण। यहाँ के लोगों में ख़ुद को ढूँढ़ना, भाषा की अलग समस्या से जूझना। हिन्दुस्तान में पिछले आठ सालों से नौकरी में रही। ध्रुव के पैदा होने के बाद कभी मेरी माँ तो कभी राघव की माँ हमारे पास आ जाती थीं। ध्रुव को हमेशा उसके नानी-दादी का प्यार मिला और मुझे पूरे परिवार का सहयोग। पर चुनौतियों से पीछे हटना कभी सीखा कहाँ था मैंने। धीरे-धीरे यहाँ की भाषा से लेकर, यहाँ के लोगों के बीच अपनी जगह बना ही ली थी मैंने।

आज फिर कार से एयरपोर्ट जा रही हूँ पर आज मेरी ख़ुशी का ठिकाना नहीं है। पूरे चार साल हो गये यहाँ आये हुए, ध्रुव सात साल का हो गया और स्कूल में अच्छे से घुल मिल गया है। मैंने भी पार्ट टाइम कंटेंट राइटिंग शुरू कर दी है। अपनी छोटी-सी गृहस्थी जमाते हुए, इस जगह को हमने और हमें इस जगह ने खुले दिल से अपना लिया था। ये साफ़-सुन्दर सड़कें, ये नीला आसमान, सब आज और भी ख़ूबसूरत लग रहा है। लगे भी क्यों ना, आज माँ-पापा और राघव के माँ-पापा जी पहली बार हमसे मिलने, हमारे साथ रहने, शिकागो जो आ रहे हैं। पापा कितना गर्व महसूस करेंगे ये देखकर कि किस तरह प्यार से उनकी इस प्रवासी पक्षी ने अपना घोंसला प्रवास में भी बसा ही लिया।

प्रवासी पक्षियों की इस पूरी प्रक्रिया को यात्रा कहते हैं।

मैं 'आकृति शर्मा' और ये थी मेरी यात्रा! मेरी जड़ों से दूर, मीलों उड़कर आने की यात्रा और साथ ही मेरे अन्तर्मन में आने-जाने वाले उतार चढ़ाव की 'यात्रा'!!

फ़्राइडे नाइट

–विनोद दुबे

सिंगापुर। तेज़ रफ़्तार से भागता एक ख़ूबसूरत शहर। सोमवार से शुक्रवार तक लोग यूँ अपने कामों में व्यस्त रहते हैं जैसे मेले में ख़रीदे किसी गुड्डे को सोमवार को चाभी भरकर नाचने के लिए छोड़ दिया गया हो। अब वह गुड्डा सिर्फ़ शुक्रवार की रात ही थमेगा। पूरे हफ़्ते की दौड़-भाग के बाद शुक्रवार की रात एक स्फटिक शिला की तरह नज़र आती है। दोस्त-यार अक्सर इस स्फटिक शिला पर साथ बैठकर शनिवार और रविवार के दूर तक फैले नीले जलाशय को देखते हैं। मैं सिंगापुर में नया हूँ। इस वीकेंडवाली सभ्यता के लिए भी नया हूँ।

"आज शाम हम सब आदित्य और माही के यहाँ मिल रहे हैं, ऑफ़िस से आप सीधे वहीं आ जाइएगा" मेरे अपने फ़ोन पर पत्नी का मैसेज देखा।

"तुम्हें कैसे पता, मुझे तो किसी ने नहीं बताया," मैंने जवाब दिया।

"व्हाट्सएप पर एक ग्रुप बनाया है 'पागलपंथी,' उसी में मैसेज आया है।" पत्नी ने मुस्कराहट की इमोजी के साथ उत्तर भेजा। मैंने ठेंगा दिखाते हुए हामी भरी और मन ही मन 'पागलपंथी' शब्द पर मुस्करा पड़ा। 'पागल हो क्या?' अब तक का जीवन यह सुनकर चिढ़ जाता किन्तु आज मैंने जिस समूह की अनौपचारिक रूप से सदस्यता ग्रहण की है, उसका नाम ही है 'पागलपंथी'।

ख़ैर, हम नये हैं, हमें मना करना नहीं आता, बेहतर है, हम शामिल हों और सिंगापुर में रह रहे प्रवासी भारतीयों के चश्मे से, उनकी बातों से सिंगापुर को समझें।

मैं थोड़ी देर से पहुँचा। आदित्य के घर के बाहर चप्पलों और जूतों का ताँता किसी मन्दिर की याद दिलाता है। घुसते ही मैंने घर का मुआयना किया। मैंने ग़ौर से देखा तो पाया कि उसी तीन कमरों के घर में आदमी, औरत और बच्चों के तीन अघोषित समूह बने हुए थे। जहाँ आदमी क्रिकेट, राजनीति, सिनेमा और घर की बातों में व्यस्त हैं, औरतें आपस में कई क्रमचय और संचय बनाकर तस्वीरें

ले रही हैं। दो का ग्रुप, चार का ग्रुप, अकेले, मन्दिर के पास, खिड़की के पास, वग़ैरह-वग़ैरह। आदमियों का झुण्ड हॉल में एक तरफ़ हाथ में झाग-भरी बियर लिये बैठा है। सजी-सँवरी औरतें हॉल में दूसरी तरफ़ तस्वीरें क्लिक कर रही हैं। बच्चे कमरे में वीडियो गेम में उलझे हैं। तरह-तरह के खाने का स्टॉल-सा लगा हुआ है। सब अपने घरों से कुछ बनाकर लाये हैं जिसे यहाँ 'पॉटलक' कहा जाता है। 'पॉटलक' शब्द यहाँ काफ़ी प्रयोग होता है जिसमें सारे मिलने वाले परिवार कुछ न कुछ बनाकर लाते हैं। प्रवासी भारतियों का झुण्ड पॉटलक करने के लिए किसी एक घर में इकठ्ठा हुआ। ये कहानी सिंगापुर के एक टिपिकल फ्राइडे नाइट की है। मैं भी इस कहानी का किरदार हूँ। कोई मेरी इच्छा पूछे तो मैं चुपचाप एक कोने में बैठा रहना चाहूँगा। मैं नया हूँ, इसलिए चुप रहना थोड़ी मजबूरी भी है। न पता होने पर चुप रहना अमोघ अस्त्र है। परन्तु नये होने का दोष यह है कि हर कोई आपको जानना चाहता है।

"यह शरद है, भारत के बनारस से है। अभी-अभी सिंगापुर आया है।" आदित्य ने मेरा संक्षिप्त परिचय दिया।

"बनारस तो बड़ी स्पिरिचुअल टाइप की जगह है, ना? तेरे को कोई मन्त्र वग़ैरह तो आता होगा।" प्रदीप ने कहा।

मुझे बताया गया कि प्रदीप बॉम्बे से यहाँ आये हैं। हालाँकि उनका 'तेरे को' कहने ने मुझे इशारा कर दिया था। बातों से लगा कि उनकी दुनिया चर्चगेट से विरार के बीच सीमित है। उन्हें समझाते वक़्त मुझे लगा कि बनारस उनके लिए दूसरे उपग्रह की बात है।

"वैसे, यहाँ सिंगापुर में आप कहाँ रहते हैं?" यह सवाल मैंने सिंगापुर आने के कुछ ही दिनों में अनेक बार सुन लिया था। किन्तु उस फ्राइडे शाम की पार्टी में इस सवाल के कई मायने थे। सुनने में यह साधारण-सा सवाल अपने आप में कई उत्तरों की सम्भावनाएँ लिये हुए है।

"होऊगांग एरिया में।" मैंने सस्ते में बात निपटानी चाही।

"होऊगांग।" शब्द सुनते ही लोगों ने मेरे बारे में एक धारणा बना ली। ले दे के सिंगापुर है ही बित्ता भर। लेकिन उस बित्ते भर में लोगों ने कई कोने, वृत्त और केन्द्रक बना लिये हैं।

"होऊगांग।" सिंगापुर के बाहरी क्षेत्र में पड़ता है, उत्तर पूर्व कोने में। लिहाज़ा मेरे जवाब ने वहाँ बैठे लोगों को ज़्यादा प्रभावित नहीं किया।

"उधर घर बड़े सस्ते मिलते हैं।" आदित्य ने हिकारत-भरी नज़र से मुझे देखा।

"नहीं यार, वहाँ से ज़्यादा सस्ता तो जुरोंग साइड में है।" प्रदीप ने बीच बचाव करने की कोशिश की। मैं थोड़ा सहज हुआ। मन ही मन ख़याल आया कि जुरोंगवाला कोई दिख जाये तो उसे मैं भी हिकारत की दृष्टि से देखूँ। मेरी यह लालसा तब पूरी हुई, जब विनीत जी बोल पड़े, "अरे मैं ख़ुद जुरोंग में ही रहता हूँ, अब इतना भी सस्ता नहीं रहा।" उनकी बातों से लगा मानो वे चोर हैं और अपनी दाढ़ी में फँसा तिनका छुपाने की कोशिश कर रहे हैं। वैसे तो मैं नया-नया था पर वहाँ बैठे दोस्तों ने थोड़ी ही देर में सिंगापुर की भौगोलिक दशा की रैंकिंग समझा दी। साथ ही साथ, यह भी बता दिया कि ईस्ट कोस्ट में रहने वाला जुरोंग या 'होऊगांग' के ऑउटस्कर्ट्स में रहने वाले से कहीं अधिक सामाजिक प्रतिष्ठा रखता है।

"यार, चाहे कितना भी महँगा हो, एक बार जो ईस्ट साइड में रह ले, फिर छोड़ा नहीं जाता।" आदित्य ने यह बात कहते हुए इस बात की घोषणा कर दी कि भौगोलिक रूप से वह सबसे पॉश इलाक़े में रहता है। यह कहने के बाद उसने एक गर्वमिश्रित मुस्कान के साथ मेरे और विनीत की ओर देखा। मानो वो कह रहा हो कि तुम लोग किसी गाँव-खेड़े में रहते हो, यहाँ का मेट्रो तो ईस्ट साइड में है। वैसे सिंगापुर का ईस्ट कोस्ट पार्क जहाँ समन्दर और सब्ज़ बाग़ साथ-साथ कोसों दूर तलक साथ चलते हैं, पूर्वी सिंगापुर को निश्चित ही ख़ूबसूरत बना देते हैं।

ख़ैर, भौगोलिक रूप से ज़लील होने के बाद मन व्यथित था किन्तु शान्ति थी कि ज़लालत में जुरोंगवाला विनीत मेरे साथ था। किन्तु जब मैंने कहा था कि 'आप कहाँ रहते हैं?' तो ऐसा छोटा सवाल अपने में असंख्य सम्भावनाएँ लिये होता है। मुझे अभी और छीला जाना बाक़ी था।

"होऊगांग में कौन से कोंडो में रहते हो, वहाँ तो लैंडेड प्रॉपर्टी कम ही है।" प्रदीप ने चौसर के खेला में बड़ा पासा फेंक दिया था। मुझे वह शकुनि से कम नज़र नहीं आया। मैं उसे कैसे कहता कि कि लैंडेड प्रॉपर्टी तो बड़े दूर की कौड़ी है, मैं तो कोंडो में भी नहीं रहता, बल्कि एचडीबी में रहता हूँ।

सिंगापुर में सरकार के हाउसिंग डेवलपमेंट बोर्ड (एचडीबी) की बनायी बिल्डिंगें हैं। जो तुलनात्मक रूप से किफ़ायती हैं। फिर प्राइवेट डेवलपर्स के बनाये हुए कोंडोमिनियंस (कोंडो) हैं। गेट लगी हुई कम्युनिटी, सिक्योरिटी गार्ड, खेल के मैदान, जिम, स्विमिंग पूल जैसी सुविधा यहाँ रहती है। फिर आती हैं लैंडेड प्रॉपर्टी। सिंगापुर में जगह की वैसे ही इतनी कमी है। तिस पर भी जिसके पास लैंडेड

प्रॉपर्टी, वह तो बड़ा अमीर हुआ। तो वर्ण व्यवस्था में लैंडेड प्रॉपर्टी सबसे ऊपर, कोंडोमिनियंस उसके बाद और आख़िर में एचडीबी।

एक पल को लगा कि मैं जिस एचडीबी में रहता हूँ उसके आसपास किसी कोंडो का नाम बता दूँ पर नैतिक शिक्षा में पढ़ाये शब्द कान में गूँज गये।

"बेटा, किसी भी दबाव में कभी झूठ मत बोलना, जब तक कि जीवन-मरण का प्रश्न न हो।" वैसे भी राजा हरिश्चन्द्र ने सत्य के लिए क्या-क्या नहीं कर दिया, मैं कम से कम इतनी जलालत तो झेल ही सकता था।

मैं 'पार्क ग्रीन' में रहता हूँ। अश्वस्थामा मरो 'नरो वा कुंजारो' की तर्ज में पर एचडीबी या कोंडो में विभेद करने के बजाय सिर्फ़ 'पार्क ग्रीन' का नाम लेना ही उचित समझा। मुझे लगा किसी को क्या ही पता होगा। किन्तु जैसा अक्सर होता आया है, वही हुआ। अभी तक ख़ामोशी से शराब पर फ़ोकस किये हुए विनीत भाई साब ने दाँत चियारते हुए कहा, "अबे, वो तो एचडीबी है, तू वहाँ रहता है?" उनका सवाल अपने आप में ही मुझे घृणा की दृष्टि से देख रहा था। मैंने गर्दन झुकाते हुए इतने धीमे-से हामी भरी। मेरी एचडीबी में रहने वाली बात प्रदीप के लिए भी फ़ुल टॉस थी। उसने गेंद को सीधा-सीमा रेखा के बाहर भेज दिया।

"अबे तू वहाँ रहता कैसे है? बच्चे स्विमिंग वग़ैरह कहाँ करते हैं, जिम, प्लेग्राउंड, वहाँ तो कुछ भी नहीं होगा।" आदित्य की माने तो जैसे स्वर्ग और नर्क को भगवान ने सिंगापुर के कोंडो और एचडीबी के रूप में स्थापित कर दिया हो। चूँकि आदित्य कोंडो में रहता है, वहाँ अप्सराएँ नृत्य करते हुए उसे अंगूर खिला रही हैं और मुझ जैसे एचडीबी में रहने वाले को गर्म तेल की कड़ाही में तला जा रहा है।

मुझे लगा कि अब यह स्वीकारने के बाद मेरी जलालत का सिलसिला थम जायेगा, किन्तु ईश्वर को कुछ और मंज़ूर था। 'शान्ति जी' फ्रूट जूस हाथ में लिये चेक शर्ट पहने अब तक उदासीन भाव से सब सुन रहे थे। शान्ति जी स्वयं एक एचडीबी और एक कोंडो के मालिक हैं। कई सालों पहले भारत से सिंगापुर आ चुके हैं। लेकिन उनके अगले वाक्य ने मेरे भीतर अशान्ति पैदा कर दी।

"एचडीबी तो आपका अपना होगा, ना।" उन्होंने दाँत निपोरते हुए कहा। मुझसे पूछा गया यह सीधा-सीधा प्रश्न अर्जुन के तीर की तरह था। मानों मै कर्ण-सा ज़मीन पर बैठा पहिया निकाल रहा हूँ। मैंने उसी असहाय मुद्रा में शान्ति जी की तरफ़ देखा। आँखों ही आँखों में कहा, "हे मधुसूदन! यह सब बोलने की आपको क्या ज़रूरत थी?" थोड़ी ही देर में शान्ति जी के इस सवाल ने बहस को अलग दिशा दे दी। बाक़ी लोगों के बीच एक अलग गुट बन गया। घर के मालिक

वर्सेज किरायेदार। वे लोग जिन्होंने सिंगापुर में घर ख़रीद लिया है और वे लोग जो किराये पर रहते हैं। घर ख़रीदने वालों ने घर के इन्वेस्टमेंट के फ़ायदे, सिंगापुर में रिटायर होने के फ़ायदे और यहाँ की चाकचौबन्द व्यवस्था का अभूतपूर्व वर्णन किया। मेरे जैसे जो लोग किराये पर थे, उन्होंने सबसे पहले कोरोना के बाद बढ़े किराये पर संगीतमय रुदाली प्रस्तुत की। उसके बाद खिसियानी बिल्ली खम्भा नोचेवाला मुहावरा चरितार्थ करते हुए उन्होंने सिंगापुर में बढ़ती महँगाई का ज़िक्र किया, घर ख़रीदने के बाद आजीवन यहीं बँध जाने और भारत की जड़ों से अलग हो जाने का ज़िक्र किया। उन बातों से इतना तो तय ही था कि जिनके पास अपना घर है, वे इस वर्ण व्यवस्था में ऊपरवाले पायदान पर हैं। इस घर ख़रीदने वाली बहस ने ख़त्म होने से पहले गंगोत्री की तरह एक पी.आर., सिटीजन और फ़ॉरनर की चर्चा की अलग गंगा बहा दी।

नागरिकता का स्टेटस सिंगापुर में प्रवासी भारतीयों के लिए इतना भावनात्मक मुद्दा है कि महिलाएँ भी इसमें शामिल होने से अपने आप को न रोक पायीं।

नन्दिनी जी जो 'सोशल मीडिया बटरफ़्लाई' के सम्बोधन से गर्वान्वित महसूस करती हैं, ने अगुआयी की। उन्होंने बताया कि किस तरह उन्हें आते ही कुछ महीनों में पी.आर. और फिर यहाँ की नागरिकता मिल गयी थी। घर ख़रीदने, बच्चों के स्कूल की फ़ीस से लेकर न जाने कितने ऐसे फ़ायदे हैं जो उन्होंने हमें ताबड़तोड़ गिनवा दिये।

"इस पार्टी की सबसे पुरानी सिंगापुर की नागरिकता प्राप्त महिला हैं।" अपने नेकलेस पर हाथ फेरते हुए उनके गर्व की मुद्रा को देखकर एक बार मुझे लगा सहसा वे सिंगापुर के स्वतन्त्र होने से पहले ही यहाँ की नागरिकता पा चुकी थीं। सिंगापुर में नागरिकता अगर सबसे ऊँची श्रेणी है तो पी.आर. (परमानेंट रेसिडेंट्स) उसके बाद की श्रेणी। उसके बाद आते हैं हम जैसे वर्क पास होल्डर। अगर हमारी नौकरी चली जाये तो हमें सिंगापुर को 1 महीने में छोड़ना होगा। ऋचा जी जो स्वयं पी.आर. हैं, उन्होंने पी.आर. और नागरिकों को मिल रहे रियायतों के अन्तर का रोना रोया। उनका कहना था अगर नागरिक बच्चे की पढ़ायी के लिए दस डॉलर फ़ी दे रहा है तो उसी शिक्षा के लिए पी.आर. क्यों पाँच सौ डॉलर दे। उनकी दुखती रग थी कि घर ख़रीदने में भी पी.आर. से नागरिक की तुलना में ज़्यादा टैक्स लिया जा रहा है। उनके तथ्यात्मक विवरण को सुनकर थक चुकी दूसरी नागरिक रुचि जी झपट पड़ीं।

"तुम्हें अपना दुःख दिखता है। इन बेचारों से पूछो, जिनके पास न पी.आर. है

न नागरिकता। ये तो घर ख़रीदने की सोच भी नहीं सकते और स्कूल में एक हज़ार डॉलर की फ़ीस दे रहे हैं।" हमारी तरफ़ उन्होंने इस तरह देखा जैसे हम दया के पात्र हैं। और मज़ेदार बात यह है कि आपकी नागरिकता या फिर पी.आर. मिल जाने की योग्यता बहुत पारदर्शी रूप से निर्धारित नहीं है। कितने साल रह लिया, कौन-सी नौकरी करते हो, कितने बच्चे हैं, इत्यादि बातों के हिसाब से लोग अपने-अपने क़यास लगाते रहते हैं। बाज़ दफ़ा तो लगता है जैसे कोई तोता है जो पिंजरे में जाकर किसी नाम की पर्ची निकालता है और उसे ही पी.आर. दे दिया जाता है। अगर कोई चीज़ हम भारतियों को साफ़-साफ़ समझ नहीं आती तो हम टोटकों का सहारा लेते हैं। सिंगापुर से प्रेम-प्रदर्शन के लिए वे चीनी भाषा भी सीख जाते हैं। भले ही भारत में कभी दो रुपये दान न दिया हो, यहाँ रक्त दान देकर सर्टिफ़िकेट माँग लेते हैं। मन्दिरों में मत्था टेकते हैं। शुक्र है कि गाय आसानी से मुहैय्या नहीं है, वर्ना लोग गौमाता को चारा खिला-खिलाकर अपच करा देते। ख़ैर, मुझे इतना समझ तो आ ही गया कि नागरिकता का स्टेटस यहाँ बहुत बड़ा वर्ण-भेद करता है।

औरतों के वार्तालाप में एक उभयनिष्ठ शब्द बार-बार मेरे कानों में प्रतिध्वनि कर रहा था। 'हेल्पर यानी कि मेड' सिंगापुर में हाउस हेल्प के लिए भारत, म्यांमार, फिलीपीन्स इत्यादि देशों से भारी मात्रा में लड़कियाँ आती हैं जो आपके घरों में दो साल के कॉन्ट्रैक्ट पर रहती हैं और घर के सारे काम करती हैं। आपके बच्चों के साथ घुले-मिले होने की वजह से वे घर की सदस्य-सी हो जाती हैं। मैं और मेरी पत्नी नये हैं तो स्वभावत: इस 'हेल्पर' महिमा को अभी तक बख़ूबी नहीं समझ पाये हैं।

जीवन संघर्ष का ही नाम है। जहाँ संघर्ष नहीं है वहाँ लोग संघर्ष का निर्माण कर लेते हैं। महिलाओं के जीवन में संघर्ष का विशेष स्थान है। सास-बहू संघर्ष तो विश्वव्यापी मुद्दा है। यहाँ जब बहुएँ अपने पति का हाथ थामे सिंगापुर आती हैं, तो अपनी सास से कोसों दूर हो जाती हैं। संघर्ष पर पूर्ण विराम लग जाता है। किन्तु वह संघर्ष भी कैसा संघर्ष जो गाहे-ब-गाहे मुँह बाये न खड़ा मिले। बहुएँ सिंगापुर आने के कुछ दिन बाद हेल्पर ले लायीं और दो औरतों के घर में आते ही संघर्ष ने पुनर्जन्म ले लिया। आप सोचेंगे कि आख़िर हेल्पर लाना ही क्यों? किन्तु अव्वल तो हेल्पर घर के सारे कामों का बोझा उठा लेती है, जिससे परिवार में काफ़ी आरामदायक स्थिति हो जाती है। दोयम एक यहाँ हेल्पर (मेड) का होना भी अघोषित रूप से स्टेटस सिंबल है। अगर आपके पास नागरिकता है, अपना घर है, गाड़ी है किन्तु मेड नहीं है, तो आपके कन्धे पर लगे फीते में एक तारा अभी भी कम है। वहाँ बैठी औरतों में सबसे पहले इस बात पर गुट बना कि किसके पास

मेड नहीं है। जिसके पास मेड नहीं है, उसे इस तरह देखा गया मानो वे ख़ुद मेड हैं। किन्तु जिनके पास मेड हैं, उनके अपने रोने हैं।

"मेरी वाली तो एकदम पगलैट है, उसको बोलो क तो समझती है ख।" रश्मि जी ने अपना दर्द बयाँ किया।

"वो कम से कम कुछ करती तो है, मेरी वाली तो बस मुँह ताकती रहती है।" नन्दिनी जी ने अपना दुखड़ा रोया।

"मेरी वाली तो इतनी गन्दी है कि बिना मुँह धोये किचन में घुस जाती है।" रुचि जी ने कहा।

मेरी पत्नी से पूछा गया कि तुम मेड क्यों नहीं रख लेती। पत्नी ने लाख समझाने की कोशिश कि उसे ज़रूरत नहीं, बहुत समय रहता है, वैसे भी अभी वो घर पर ही तो है। किन्तु बाक़ियों ने उसे तरह-तरह से ज्ञान दिया कि किस तरह सिंगापुर में अपने घर में हेल्पर का होना हवा में ऑक्सीजन होने जितना महत्त्वपूर्ण है। इसलिए उसे इस दिशा में शीघ्रातिशीघ्र ठोस क़दम उठाने चाहिए। नन्दिनी ने तुरन्त मेड एजेंसी का नम्बर दिया और चुनाव करने में सावधानियों की सूची रश्मि जी ने बतायी। मसलन किस देश की हो, कितनी उम्र की हो, क्या-क्या आना चाहिए, वग़ैरह-वग़ैरह। मैंने मन ही मन सोचा कि इतना तो अरेंज्ड मैरिज में लड़की को भी नहीं देख पाते होंगे।

रात के तक़रीबन 12 बज चुके थे। इस महाकक्षा से ट्रेनिंग लेने के बाद मैं और मेरी पत्नी घर की तरफ़ भारी क़दमों से चल पड़े। हम बड़ी ख़ुशी और उम्मीदों से इस फ्राइडे नाइट की पार्टी में गये थे। जाते समय हमारा विश्वास प्रबल था, नया सीखने-जानने की ललक थी। किन्तु लौटते समय मन में निराशा का भाव था। जाते समय हम सोचकर गये थे कि हम होऊगांग में रहते हैं जो कि सिंगापुर जैसे ख़ूबसूरत देश में है। आते समय हम सिंगापुर का भूगोल सीखकर आये थे। हमें बताया जा चुका था कि होऊगांग एक कोना है और अगर आप ईस्ट कोस्ट पर नहीं रहते तो क्या ही रहते हैं। अब तक हमारे लिए एचडीबी की ख़ूबसूरती अनुपम थी। पास में बस स्टॉप, ट्रेन स्टेशन, प्लेग्राउंड, शॉपिंग मॉल सब कुछ था। अचानक हमें पता चला कि असली जीवन तो सिर्फ़ कोंडो तक ही सीमित है। जहाँ स्विमिंग पूल, जिम, टेनिस कोर्ट इत्यादि सुविधाएँ हैं। हमें अब तक लगता था पी.आर. और हेल्पर होना ज़रूरी है पर ऑक्सीजन सदृश ज़रूरी है, इसका पता आज चला।

घर आकर बिस्तर पर लेटे इन्हीं बातों में कब आँख लग गयी, पता ही नहीं चला। नींद माँ जैसी है, मन के सारे संघर्ष अपने आँचल में समेटकर, हमें कुछ घण्टों के लिए ही सही मुक्त कर देती है।

"आज हमारे पड़ोसी मिस्टर लिम और उनकी पत्नी ने हमें चाय पर बुलाया है।" शनिवार की इस भारहीन सुबह नींद खुलते ही पत्नी ने बताया। यहाँ मिलने-मिलाने के ज़्यादातर काम शुक्रवार रात से रविवार रात तक ही होते हैं।

"मुस्करा क्यों रहे हो, चलो उठो। कल रात की तरह फिर से ज़लील होना है" मेरी पत्नी ने कहा। मुझे याद आया कि हमारे गाँव में नीम की दातून की मुँह में जुगाली करते सुबह-सबेरे बोधई कक्का किसी के दरवाज़े पहुँच चाय पी सकते थे। कोई उन्हें आमन्त्रित नहीं करता था। ख़ैर, व्यवस्थित तरीक़े से काम और सबकी निजता का सम्मान सम्भ्रान्त समाज की निशानी है। थोड़ी ही देर में हम दोनों मिस्टर लिम और उनकी पत्नी के साथ बैठे थे। सब कुछ कितना सुव्यस्थित था। लिम दम्पत्ति की फ़िटनेस देखकर अन्दाज़ा नहीं लगाया जा सकता कि ये 70 साल की उम्र के लोग हैं। लिम की बातों में उम्र का अनुभव, ठहराव और अपनापन था। उन्होंने हमसे भारत, वहाँ की संस्कृति, हमारे परिवार, हमारी शादी सबके बारे में बात की। उन्हें सब कुछ बताते मेरी पत्नी कई दफा भावविह्वल भी हुई। आख़िर कोई तो हमें सुन रहा था।

"कल क्या किया?" मिस्टर लिम ने अंग्रेज़ी में पूछा और मेरे दर्द का पिटारा खुल गया। कल प्रवासी भारतीयों के साथ गुज़रे 'फ्राइडे नाइट' का विवरण सुनकर लिम दम्पती भी हँसते रहे। उन्होंने जीवन के कई अनुभव साझा किये। भरा-पूरा एक लम्बा जीवन जी लेने के बाद आपको चीज़ों से मोह नहीं रहता। उनकी बातें कानों को सुकून देती रहीं। हमने भारत और चीन की संस्कृतियों पर चर्चा करते हुए चीज़ों को हासिल करने के 'रैट रेस' में तमाम समानताएँ पायीं। हमारी सोच, समझ और जीवन-दर्शन के बारे में बात करते रहे। एक घण्टे की सार्थक परिचर्चा के बाद हमने विदा ली। मन शान्त था। लिम की बातें कानों में गूँजती रहीं। हमने जीवन को उत्पादों में बाँट दिया है। घर, गाड़ी, बच्चों के स्कूल, नागरिकता का स्टेटस, हेल्पर, हमने इन्हीं कसौटियों पर जीवन का मूल्यांकन करना शुरू कर दिया है। सिंगापुर में कितनी ही ख़ूबसूरत जगहें हैं, एक नयी सभ्यता और संस्कृति है। यहाँ के प्रवास के दौरान अगर हम उन्हें देखें, सुनें, समझें, शायद जीवन ज़्यादा समृद्ध होगा। बाक़ी चीज़ें जैसे घर, गाड़ी, नागरिकता, समय के साथ मिल ही जायेंगे। मन ख़ुश था। फ्राइडे नाइट की पार्टी का बोझ लिम दम्पती ने मन से हटा दिया था।

"चलो, आज शाम कुछ अलग पागलपन्थी करते हैं। एक बस लेते हैं और जितना हो सके सिंगापुर घूमकर देखते हैं।" मैंने पत्नी से कहा।

"मैं भी यही कहने वाली थी," उसने मुस्कराते हुए मेरा प्रस्ताव स्वीकार किया।

आश्रय

-शिखा वार्ष्णेय

सूरज आज निकला नहीं था। अक्टूबर की एक अलसुबह सिया एक बड़े से मग में अपनी ग्रीन-टी नें एक पत्ता बेसिल का डालकर पीछेवाले बग़ीचे में बैठ गयी थी, जहाँ एक पेड़ को काटकर बनायी गयी बेंच उसे बहुत पसन्द है। अच्छी ठिठुरन थी। घास पर अभी भी ओस ठहरी हुई थी। पेड़ अपने पत्तों को त्याग चुके थे और अब ठण्डी हवा के झोंकों का सहारा ले, अपनी सूखी टहनियों से सिया को छूने की कोशिश कर रहे थे। सिया को हल्की ठण्ड महसूस हो रही थी पर उसका मन अन्दर जाकर जैकेट लेने का नहीं हुआ। यूँ भी उसे ठण्ड पसन्द थी। गर्मी उसे उलझन देती थी और ठण्ड जीवन में डटे रहने का हौसला।

पिछले साल इन्हीं दिनों की बात है। उसने इस इमारत में सबसे नीचेवाला दो कमरों का घर ले लिया था, जिसमें पीछे की तरफ़ एक छोटा-सा बग़ीचा उसे साथ में मिला था। वह अपना एक सूटकेस और कुछ और सामान से भरा एक बड़ा-सा गत्ते का डिब्बा लेकर यहाँ शिफ़्ट हो गयी थी। आज एक साल बाद भी उसे अपने इस फ़ैसले पर सन्तुष्टि ही है। बल्कि कभी-कभी वह सोचती है कि उसे यह फ़ैसला बहुत पहले ले लेना चाहिए था।

गोद में पड़े मोबाइल की स्क्रीन पर बिल्ली लिखा चमकने लगा।

"अरे इसे आज क्या हो गया? हेलो, क्या हुआ बेटा? सब ठीक है ना," सिया ने बेसब्री से पूछा। छुट्टीवाले दिन इतनी सुबह बेटी के फ़ोन से उसे घबराहट होने लगी; हाथ काँपने लगे।

"रिलैक्स मॉम, कुछ नहीं हुआ।"

"आह! शुक्र है। कितनी बार कहा है, ऐसे अचानक फ़ोन मत किया कर। एक धड़कन मिस हो गयी मेरी। क्या हुआ? इतनी जल्दी उठ गयी आज?"

"आप भी तो उठ गयीं। क्या कर रही हो?"

"पहले मेरी बात का जवाब दे? फ़ोन तूने किया है।"

"अच्छा, बाबा! अरे कुछ नहीं। हम तो अभी सोये ही नहीं।"

फ़ोन पर सुमी यानी बिल्ली की खिलखिलाती आवाज़ सुनाई दी।

"रात को एक के बाद एक दो फ़िल्में देखीं। अभी बस सोने जा रही थी तो सोचा थोड़ा आपको डरा लूँ।"

"उफ़्फ़! ये लड़की भी ना! सच में बिल्ली है। एकदम सही नाम रखा है मैंने इसका। चुड़ैल है पूरी तू। जा, सो जा अब," सिया लाड़ में बोली।

"हाँ हाँ। जा रही हूँ। आपका क्या प्लान है आज का?"

"अरे बताया तो था। आज हमारा यहाँ का ग्रुप गाँव की सैर पर जा रहा है ना। बस वही है। नौ बजे क़रीब निकलेंगे, रात तक वापस।"

"यार, आपकी ऐश है। जाओ-जाओ मज़े करो। हाँ सुनो! अगला शनिवार ख़ाली रखना।"

"क्यों?"

"अरे! बाद में बताऊँगी। बस रखना। ठीक है? चलो गुड नाइट, मतलब गुड मॉर्निंग! ही-ही-ही...।"

और सुमी ने खिल-खिल करते हुए फ़ोन रख दिया। अब पता नहीं क्या प्लान बना लिया इस लड़की ने अगले हफ़्ते का। मेरी तो मीटिंग है अपने संगीत ग्रुप के साथ उस दिन। अब उन्हें कोई बहाना बनाना पड़ेगा। ये बिल्ली तो मानने से रही।

सिया बेटी के प्लान का अनुमान लगाते हुए ट्रिप की तैयारी करने के लिए घर के अन्दर आ गयी। वैसे काफ़ी समझदार हो गयी है अब तो सुमी। उसे याद आने लगा। कैसे बिफर-बिफर जाती थी पहले ज़रा-ज़रा-सी बात पर। कितना हंगामा किया था उसने तब, जब सिया ने इस बिल्डिंग में एक अपार्टमेंट लेकर यहाँ शिफ़्ट होने की बात की थी। एकदम से फैल गयी थी बच्चों की तरह।

"ये क्या नया शौक़ चर्राया है आपको मॉम? क्या तकलीफ़ है आपको यहाँ? इतना बड़ा घर नहीं सँभलता तो ठीक है ना! अपना कमरा तक सँभाल लो बस। मत किया करो कोई काम। कोई कहता है क्या? या हमारे साथ रहने में समस्या है आपको? बोलो।"

"अरे समस्या कोई नहीं, सुमी, पर तू ही सोच न। वहाँ उस अपार्टमेंट में सारी सुविधाएँ हैं। मेरी अपनी उम्र के लोग हैं। सबकी एक-सी ज़रूरतें, एक जैसी सोच। वहाँ ज़्यादा आराम से रहूँगी न!"

"हाँ-हाँ, उस वृद्धाश्रम में तो आपको आराम ही आराम होगा। वहाँ तो आप अपनी बेटी के यहाँ से ज़्यादा ख़ुश रहोगी। वाह क्या बात है!"

सुमी ने ताना मारा। उसका चेहरा लाल हो गया था। लगा कि बस अब रोयी कि तब।

"अरे नहीं, बेटा! कहाँ से कहाँ ले जा रही है बात। तुझ जैसी प्रैक्टिकल बच्ची से मुझे ऐसी उम्मीद नहीं थी। देख, हर उम्र और अवस्था की अपनी ज़रूरतें होती हैं। अलग सुविधाएँ चाहिए होती हैं। अब तू देख। जब हम पढ़ते हैं कॉलेज में तो हमें क्या चाहिए होता है? बस एक हॉस्टल का कमरा! बस सोने भर को। तब हमारी ज़िन्दगी में सबसे महत्त्वपूर्ण होता है पढ़ना, घूमना, दोस्तों के साथ समय बिताना। फिर एक उम्र आती है जब हम अपने एक साथी के साथ एक छोटा-सा घर चाहते हैं। फिर बच्चे आते हैं जीवन में तो ज़रूरत एक बड़े घर की होती है। जहाँ खेलने की जगह हो, पास में स्कूल हो, पार्क हो। हमारा सामाजिक परिवेश बदलता है। है कि नहीं? हमने भी ऐसा ही किया न? बोल अब। क्या ग़लत कह रही हूँ मैं?"

सिया ने सुमी को शान्त करने की कोशिश की।

"फिर बच्चे बड़े होते हैं, अपनी-अपनी ज़िन्दगी में आगे बढ़ते हैं। अपना ठिकाना, बसेरा बनाते हैं तो फिर माँ-बाप भी दूसरी अवस्था में प्रवेश करते हैं। उनकी भी ज़िन्दगी बदलती है, ज़रूरतें बदलती हैं। उन्हें अब अलग तरह की सुविधाओं की ज़रूरत पड़ती है। मैं और तेरे पापा वैसे भी तो कुछ समय के बाद एक छोटे-से सुविधा-सम्पन्न अपार्टमेंट में रहने जाने को सोचा ही करते थे न!"

"हाँ तो ठीक है न। मैं दूँगी न आपको जो सुविधा चाहिए।"

सुमी फिर खीजकर बोली।

"तू यह तो देख नहीं रही कि उस जगह पर कितनी सुविधाएँ हैं। डॉक्टर की, काम की, मनोरंजन की सब तरह की सुविधा कैम्पस में ही है। अपनी ही उम्र के लोगों के बीच रहूँगी तो मन भी लगेगा न मेरा। उन लोगों ने एक पार्ट-टाइम जॉब भी दे दिया है मुझे एक बुक-क्लब चलाने का। मेरी रुचि का काम है, पैसे मिलेंगे वो अलग। अब तेरे घर में रहूँगी तो तुम दोनों अपने काम पर जाओगे या मेरी निगरानी करोगे। मुझे कहीं आना-जाना हो, कुछ करना हो तो बैठी रहूँ तुम लोगों के इन्तज़ार में। कभी मुझे किसी अपने मेहमान को बुलाना हो तो? मेरी कोई प्राइवेसी नहीं है?"

सिया ने आख़िरी दाँव फेंका। इस 'प्राइवेसी' शब्द पर आज की पीढ़ी बहुत भरोसा करती है। अब शायद सुमी मान जाये।

सिया के समझ में नहीं आ रहा था कैसे सुमी को समझाये। चार साल पहले पति रोहित के जाने के बाद उसे अब इस घर में रहने में ही जाने क्यों उलझन होती है। सुमी के घर जाकर रहना तो फिर दूर की बात।

पहले तो वह बहाने-बहाने से सुमी के घर आ धमकती थी। उस तीन कमरे के घर में सुमी अपने साथी के साथ रहने लगी थी। अच्छी नौकरी थी दोनों की, तो अपने माँ-बाप के घर से कुछ ही दूर दोनों ने यह घर ले लिया था; जहाँ सिया गाहे-ब-गाहे हक़ से पहुँच जाती थी। कभी कोई व्यंजन बनाकर ले जाती और रात को वहीं रुक जाती। कभी सुमी की छींक फ़ोन पर सुनकर कहती–अरे! तेरी तबीयत ठीक नहीं? मैं आती हूँ, और अपने दो जोड़ी कपड़े और टूथब्रश लेकर उसके पास भाग आती। सुमी का साथी हँसता, ख़ूब चिढ़ाता उसे, "मम्मी का मन पापा के साथ नहीं लगता, बहाने ढूँढ़ती रहती हैं यहाँ आने के।"

सिया भी हँस देती।

"हाँ तो? मेरी बेटी का घर है। ज़्यादा बोला ना तो यहीं आकर बस जाऊँगी।"

और सिया झट से सुमी के लिए सूप बनाने के लिए उसकी रसोई में घुस जाती।

सुमी का बचपन सिया के सामने चलचित्र-सा घूमने लगा। इतनी हाइपर-एक्टिव बच्ची थी सुमी, जाने कहाँ से अचानक टपक जाती, जाने कैसे उसका मन भाँप जाती। ज़रा सिया का मन उदास-सा हुआ नहीं कि आकर उससे चिपक जाती। पता नहीं कैसे उसके मन के हर भाव का भान हो जाता था उसे। बड़ी हुई तो अचानक ही किसी दिन घर आते समय सिया के लिए फूल ले आती, या सिया की पसन्द का केक। पता नहीं कैसे इस लड़की को उसके मूड का पता चल जाता था। उसकी इसी ख़ासियत के चलते सिया ने लाड़ से उसका नाम 'बिल्ली' रख दिया था। पहले-पहले तो सुमी अपने इस नाम से चिढ़ती थी, बाद में उसे इसमें मज़ा आने लगा। उसने ख़ुद ही सिया के फ़ोन में अपना नाम बिल्ली फ़ीड किया था।

अब ना जाने क्या नया तोता पाल लिया शनिवार के लिए इसने। सिया अतीत से वर्तमान में आयी। यूँ सिया को उसके घर जाने में या उसके दोस्तों की पार्टी में शामिल होने से कोई गुरेज़ नहीं है। बल्कि उसके सभी दोस्तों के साथ ख़ूब हिलमिल जाती है वह। पर फिर भी कभी-कभी उसे लगता है कि सुमी ज़बरदस्ती उसे अपने आयोजनों में शामिल करती है। शायद उसे अपनी ज़िम्मेदारी का एहसास होता है या फिर मम्मी का उसके साथ न रहने का गिल्ट। बचपन में जब सिया बात-बात पर उसे छेड़ने के लिए कहती कि, "अभी तो चिपकी रहती है, बड़ी होगी तो पास नहीं फटकने देगी," तो तुरन्त सुमी बोलती, "क्यों बड़े होकर क्या पर उग आते हैं? जहाँ मैं रहूँगी वहाँ आप रहोगी मेरे साथ।" उसकी इस बात पर रोहित उसे चिढ़ाते, "अच्छा! बिल्ली अपने बिल्ले के साथ चली जायेगी एक दिन तो क्या मम्मी को दहेज़ में ले जायेगी।"

"दहेज इल्लीगल है, समझे! दहेज में कुछ नहीं जायेगा। मम्मी बस मम्मी की तरह मेरे साथ रहेगी।" तुरन्त तुनककर सुमी बोलती।

फिर बीच माहौल सँभालने के लिए सिया को ही आना पड़ता।

"हाँ। और क्या। मैं तो इसी के साथ रहूँगी। कोई कुछ भी कहे, कुछ भी करे।" पर मन ही मन सिया सोचती कि वो दिन कभी न आये जब उसे अपनी बेटी या किसी के भी साथ रहने को मजबूर होना पड़े।

और वाक़ई जब सुमी ने अपना घर लिया तो अपनी ज़रूरत से अधिक तीन कमरों का लिया। उसमें एक कमरा अकथित रूप से मम्मी का था। हालाँकि सिया का उसके साथ शिफ़्ट होना उस समय असम्भव ही था। परन्तु अचानक हुई रोहित की मृत्यु के बाद सुमी अपने साथ शिफ़्ट होने के लिए उसके पीछे पड़ी रहती थी। जाने कैसे-कैसे ऊटपटाँग बहाने बनाकंर सिया उसे चार साल तक टालती रही थी।

"अरे तेरे कबूतरख़ाने में नहीं रहा जायेगा मुझसे। बड़े घर की आदत है ना।" कभी कहती, "अच्छा अगले साल आ जाऊँगी, थोड़ा सामान तो सँभालने दे यहाँ का।" सुमी को उसके बहाने समझ में आते थे पर फिर वह थोड़े आड़े-तिरछे मुँह बनाकर मान जाती थी। उसे लगता था कि एक दिन तो मम्मी को वह अपने पास ले ही आयेगी। कभी तो सिया के बहाने ख़त्म होंगे। आख़िर वह भी सिया की ही बेटी थी। वह अपनी माँ को पहचानती थी।

सिया का स्वाभिमान अहम की सीमा को बस छूता-सा ही था। वह हमेशा स्वाभिमान की सबसे ऊँची सीढ़ी पर होती और ज़रा-सा भी किसी पर आश्रित होना या किसी का उसके कामों में दख़ल देना उसे झट उछालकर अहम् की पहली सीढ़ी पर चढ़ाने के लिए तैयार हो जाता। वह हमेशा से अपने बूते पर जीती आयी थी और अपनी ज़िन्दगी में किसी की भी दख़लन्दाज़ी उसे तानाशाही लगाकरती है। बेशक वह देखभाल या परवाह के नाम से की जाये या प्रेम के नाम पर। सिया से बर्दाश्त नहीं होता। रोहित से भी जब-तब उसकी इसी बात पर ठन जाती थी। तब यही सुमी इसी 'प्राइवेसी' और 'स्पेस' का तर्क देकर रोहित को समझाती थी। सिया हमेशा से अपने जीवन की मालकिन स्वयं ही रही है। अब रोहित के जाने के बाद क्या उसका जीवन भी ख़त्म हो गया? उसकी तो अभी ज़िन्दगी बाक़ी है। वह क्यों किसी के भी आश्रय में रहे। बेशक सुमी उसकी बेटी है और बहुत प्यार करती है उससे। परन्तु उसकी भी तो अपनी ज़िन्दगी है। वह क्यों उस पर बोझ बने और अपनी जीवनशैली भी बदले।

सिया को समझ में नहीं आता था कि इन 'ओल्ड एज़ होम' या 'वृद्धाश्रम' नाम की जगहों का समाज ने इतना बवन्डर क्यों मचाया हुआ है। उस दिन सुमी भी बस इसी नाम पर हाय-तौबा मचाये थी। ऐसे कह रही थी जैसे मैं किसी मिट्टी की झोपड़ी में रहने जा रही हूँ। 'सीनियर सिटीज़न होम' कहती तो शायद ज़्यादा समझ आता उसे। 'वृद्धाश्रम' तो लोग ऐसे इस्तेमाल करते हैं कि जैसे जहन्नुम हो। या फिर वहाँ रहना कोई महापाप हो। सिया को तो यहाँ रहते लोग भी इतने ही प्रसन्न और जीवन से भरपूर लगते हैं जितने कि इनसे बाहर रहने वाले। बल्कि कभी-कभी तो ये लोग अपने जीवन से ज़्यादा सुखी और सन्तुष्ट नज़र आते हैं। यह तो सच है कि एक उम्र के बाद जीवन को अधिक और अलग तरह की सुविधाएँ चाहिए होती हैं, अलग देखभाल की ज़रूरत होती है जिसे इस तरह के संस्थान बेहतर तरीक़े से पूरा करते हैं तो फिर क्या गुरेज़ होना चाहिए ऐसे स्थानों में रहने से, अपनी ज़िन्दगी अपने हिसाब से जीने में। बाक़ी रही अपनों की बात तो वे तो अपने रहेंगे ही न। मिलते-जुलते रहेंगे, ज़रूरत पड़ने पर साथ भी रह सकते हैं। वैसे ही जैसे अब मिला करते हैं। यही सब बार-बार समझाकर आख़िरकार सिया ने सुमी को मना ही लिया था और इस सुविधा-सम्पन्न सीनियर सिटिज़न अपार्टमेंट काम्प्लेक्स में एक अपार्टमेंट ले लिया था। सुमी ने भी जब यहाँ की व्यवस्था आदि देखी तो, "चलो ठीक है, आप ऐसे ख़ुश हो तो यही सही," कहकर अपनी सहमति दे दी थी।

"और क्या, फिर कल तेरे बच्चे होंगे, तेरे घर पर रहूँगी तो वो नानी के घर कैसे आयेंगे-जायेंगे?" सिया ने इतराकर कहा और अपने ही बचपनेवाले तर्क पर हँस दी।

दरवाज़े की घण्टी बजी तो सिया ख़यालों से वर्तमान में लौटी। दरवाज़ा खोला तो वहाँ उन्हें गाँव की सैर पर ले जाने वाला वैन-ड्राइवर मुस्कुराता हुआ खड़ा था।

"तैयार मैम? हम चलने के लिए तैयार हैं।"

"बस दो मिनट में आयी," सिया ने भी मुस्कुरा कर कहा और आकर फटाफट अपने बैग में सामान रखने लगी।

वैन कैम्पस के गेट के पास ही खड़ी थी। सब लोग उसमें अपनी-अपनी सीटों पर जम गये थे। ड्राइवर ने सबसे सीट-बेल्ट लगाने की गुज़ारिश की और वैन चल पड़ी। दो घण्टे की यात्रा के बाद हँसते, बतियाते स्त्री, पुरुषों की यह टोली अपने गन्तव्य पर पहुँच गयी। एक पार्क में एक अच्छा-सा कोना तलाशकर सबने अपना-अपना पिकनिक ब्लैंकेट बिछाया और अपने-अपने पिटारे खोलने लगे। नीता आंटी ने अपने डिब्बे से थेपले निकालकर रखे, रिया ने सब्ज़ियोंवाले सैंडविच।

जॉर्ज बढ़िया सलाद लेकर आया था और मार्था मीठी पाइज़। सिया ने भी अपनी बनायी हुई ख़स्ता कचौड़ियाँ निकालकर रख दीं। तभी मारिया ने वाइन की बोतल भी निकाल ली और सब ज़ोर से 'चियर्स' चिल्लाये।

सिया गर्व से उन हँसते, खिलखिलाते, जीवन से भरे लोगों को निहार रही थी, जिन्होंने किसी मजबूरीवश या हताशा से नहीं, बल्कि अपना जीवन गरिमा और ख़ुशी से जीने के लिए यह विकल्प चुना था। उन्होंने आश्रय नहीं, अपने लिए घर चुना था।

हिना-कहानी तीन पीढ़ियों की

-सोमा व्यास

शुक्रवार की शाम कुछ ख़ास ही होती है मेरे लिए। पूछो क्यों? अरे भई, रेडियो शो जो होता है मेरा! सात समन्दर पार, अपने देश की मिटटी से दूर, ये गाने ही तो अपने देश की याद दिलाते हैं। इसीलिए तो जैसे ही इस भारतीय रेडियो स्टेशन के बारे में पता चला तो बस पहुँच गयी अपना दण्ड-कमण्डल लेकर और स्वैच्छिक रूप से हर शुक्रवार की शाम कर दी गानों की इस सतरंगी दुनिया के नाम।

बस तब से ही रेडियो के साथ एक रूहानी-सा रिश्ता बन गया है। बहुत भाती है गानों की यह दुनिया मुझे। वो गाने जो मेरे दिल के क़रीब हैं, वो गाने जिनके साथ मेरा बचपन बीता है; ये गाने कभी हँसाते हैं, तो कभी रुलाते हैं और कभी गुदगुदाते भी हैं। शायद ही ऐसा कोई भारतीय होगा जो बॉलीवुड गानों से बेइन्तहा प्यार न करता हो! बॉम्बे फ़िल्म इंडस्ट्री या बॉलीवुड में दुनिया की सबसे ज़्यादा फ़िल्मों का निर्माण होता है। भारत जैसे विभिन्नता वाले देश में बॉलीवुड फ़िल्में और उनके गाने लोगों के बीच एक बहुत बड़ा सम्पर्क-बिन्दु हैं।

मेरी उँगलियाँ लगातार गानों की सूची में से वो गाने चुन रही थीं जो आज की थीम पर हों और आज का यह शो समर्पित किया था मैंने राज कपूर साहब को जिन्हें बॉलीवुड में कौन नहीं जानता? उफ़्फ़ इतने प्यारे-प्यारे गाने हैं उनके तो और चुनने का वक़्त इतना कम!! मुझे लगता है, हर गाने के पीछे एक कहानी होती है और हर बोल के पीछे एक भावना, बस उसे समझने की ज़रूरत है, उसे जीने की ज़रूरत है और हर संगीतप्रेमी के अन्दर ये दोनों गुण तो होते ही हैं। इन गानों को सुनते वक़्त मैं पता नहीं किन-किन भावनाओं से गुज़री हूँ। कभी एक मुस्कुराहट होंठों पर खेल गयी तो कभी चुपके से दूर बैठे अपनों की याद में आँखों से एक आँसू लुढ़क गया, कुछ गानों ने मन में एक उम्मीद भरी तो कोई उदास बना गया और किसी-किसी गाने ने तो उस रिश्ते की याद में आँखों को नम कर दिया जो

कभी जीवन का अटूट अंग था पर अब हमेशा के लिए साथ छोड़ गया...सच ना! कितनी बावरी दुनिया है यह भी!

तो जब मैं राज कपूर निर्देशित उनकी आख़िरी फ़िल्म 'हिना' का यह मुख्य गाना सुन रही थी, तब मुझे अचानक अहसास हुआ कि इस नाम के साथ मेरा कितना गहरा रिश्ता है। बस फिर क्या था दिमाग़ ने आगे-पीछे दौड़ लगाकर वो सारी घटनाएँ, वो सारी बातें ढूँढ़ निकालीं, जिनका इस नाम से रिश्ता हो। और जब मैं ये सारी बातें सोचने लगी तो मुझे यह अहसास हुआ कि भले ही ये सारी घटनाएँ बहुत अलग वक़्त में घटी थीं, अलग-अलग लोगों के साथ थीं और अलग परिस्थितियों में हुई थीं, पर इन सभी घटनाओं के बीच एक अनाम-सा रिश्ता था, कुछ-कुछ रूहानी-सा...बिल्कुल इन गानों की तरह। तो चलिए पहले लेकर चलती हूँ आपको यादों के गलियारे में बहुत साल पीछे...

क़रीब 1960 के दशक की बात होगी शायद, भारत के पूर्वोतर में एक छोटे-से शहर में एक मध्यवर्गीय ब्राह्मण परिवार की सीधी-सादी, साड़ी में लिपटी बहू रोज़ की तरह घर की सीढ़ियाँ साफ़ कर रही थी। अचानक उसकी नज़र सीढ़ी के दरवाज़े के पीछे सहमी, सिमटी हुई-सी एक छोटी-सी लड़की पर पड़ी जो किसी भी हाल में पाँच साल से ज़्यादा की नहीं थी। उस पर एक नज़र पड़ते ही यह साफ़ पता चल गया कि वह बहुत देर से रोये जा रही थी। "तुम कहाँ रहती हो, बेटी?" उस महिला ने प्यार से पूछा पर उसे कोई जवाब नहीं मिला। उस महिला को यह तो पता था कि ये बच्ची आस-पड़ोस की नहीं है क्योंकि उन दिनों गाँव या छोटे शहरों में सब एक-दूसरे को जानते थे। अपनापन ज़्यादा होता था, आज की तरह रिश्ते अजनबी नहीं होते थे। ऐसा लगता था कि वह खो गयी थी, बहुत डरी हुई थी और भूखी भी। एक मिनट की देर किये बिना वह महिला दौड़कर ऊपर घर में गयी और उसके लिए बिस्कुट लेकर आयी और साथ ही साथ अपने पति को भी इस बात की जानकारी दी और वह भी फटाफट साथ चल दिये। बिस्कुट ने बिल्कुल रामबाण का काम किया और अगले ही पल वह बच्ची आराम से उस महिला की गोद में बैठकर बिस्कुट खाने लगी। अब दोनों पति-पत्नी के सामने सबसे ज़रूरी काम था उस बच्ची की जानकारी लेना, पति ने धीरे-धीरे प्यार से बच्ची के घर का नाम, घर का पता, माँ-बाप का नाम पूछना चाहा जिसके जवाब में सिर्फ़ दो शब्द सुनने को मिले 'अम्मा' और 'दूर'। हर बार वह लड़की उस महिला को देखकर कहती 'अम्मा' और घर के लिए कहती 'दूर'।

अब तक वह लड़की उस महिला से पूरी तरह घुल-मिल चुकी थी और उन्हें

बिल्कुल भी नहीं छोड़ रही थी। ऐसे में पति ने पुलिस को जानकारी देना ही ठीक समझा। कुछ घण्टों की खोजबीन और पूछताछ के बाद पुलिस दो लोगों को साथ लेकर आयी जो उस लड़की के पिता और चाचा होने का दावा कर रहे थे। उन्हें देखकर लड़की की आँखों में थोड़ी पहचान की झलक तो दिखाई दी पर उसने डर के कारण उनके साथ जाने से साफ़ मना कर दिया। काफ़ी समझाने-बुझाने के बाद वह उनके साथ अपने घर जाने को तैयार हुई पर हर पल वह मुड़-मुड़कर उसी महिला को देखती रही, जिसने पिछले कुछ घण्टों में माँ समान उसका ध्यान रखा। पति ने भी पुलिस और उन आदमियों के साथ जाने का निर्णय लिया जिससे पूरा विश्वास हो कि वह लड़की को उसके असली माँ-बाप को ही सौंप रहे हैं। उस लड़की के घर जाकर पता चला कि उनका दावा ठीक था और वह उस मुस्लिम परिवार की इकलौती बच्ची थी। सुबह-सुबह जब वह सो रही थी तो उसकी माँ घर का कुछ काम निबटाने चली गयी थी और जब वह लौटकर आयी तो बच्ची का कहीं अता-पता नहीं था। उस मुस्लिम दम्पती ने इस ब्राह्मण दम्पती का बार-बार शुक्रिया अदा किया और उनके ज़िम्मेदारीपूर्ण रवैये की सराहना की। साठ के उस दशक में जब ज़ात-पाँत, अलग-अलग समुदाय और उनकी संस्कृतियों के बीच अच्छी ख़ासी रेखाएँ थीं और समाज में सबका एक अलग स्थान निर्देशित था, उस समय भी उदारता का यह कार्य इन दो परिवारों को एक अनाम रिश्ते में बाँध गया..."जाति, धर्म, संस्कृति सबसे परे यह रिश्ता था एक इन्सानी रिश्ता...एक रूहानी रिश्ता...और इसे बनाने वाली छोटी लड़की हिना!"

दूसरी बार इस नाम का ज़िक्र हुआ क़रीब 1982-83 के दौरान और स्थान था बिहार प्रदेश की राजधानी पटना। "माँ, मुझे सोनू नहीं मिल रही। रोज़ का नाटक है उसका तो ये। रिक्शा आने वाला है उसका और मुझे भी तो कॉलेज जाना है।" भैया का यूँ परेशान होना और सोनू का स्कूल रिक्शा आने के एकदम पहले ग़ायब हो जाना कोई नयी बात नहीं थी, क़रीब-क़रीब रोज़ का ही नियम था यह तो। "मैं आपसे कह रहा हूँ, पापा जी उसे मज़ा आता है हमें तंग करने में और पढ़ने में तो बिल्कुल मन नहीं लगता है इस लड़की का!" सोनू के साथ हमेशा धैर्य रखने वाले और उसे बहुत प्यार करने वाले भैया भी आज तो परेशान हो गये थे, बिस्तर के नीचे छुपकर सोनू ने देखा कि पापा जी चुप थे पर कुछ सोच रहे थे। असल में इस रोज़-रोज़ के नाटक से सभी परेशान थे, इसलिए जब रात को पापा जी पास आकर बैठे तो सोनू को लगा, आ गयी शामत! पर उन्होंने बहुत नरम ढंग से पूछा, "सोनू अब तो स्कूल जाते हुए तुम्हें 6 महीने होने लगे बेटा, फिर भी स्कूल जाने से इतना

क्यों डरती हो? असल बात क्या है?" पापा जी के इस नरम रवैए से सोनू की आँखें भर आयीं और उसने अपने पिता को डरते हुए उस टीचर के बारे में बताया जो बच्चों के साथ बहुत बुरा बर्ताव करती थी, उन्हें बहुत कड़ी सज़ा भी देती थी और ऊपर से धमकी देती थी कि अगर अपने माता-पिता को बताया तो और भी ज़्यादा कड़ी सज़ा मिलेगी। शायद वो वहाँ के प्राध्यापक की चहेती थी, इसलिए उसकी शिकायत करने की हिम्मत कोई कर नहीं पाता था। उन दिनों बच्चों को सज़ा देना या छड़ी से पीटना कोई आश्चर्य की बात नहीं थी बल्कि मानसिकता तो यह थी कि "स्पेयर द रोड एंड स्पॉइल द चाइल्ड" इस तरह के व्यवहार से बच्चे के कोमल मानसिक स्वास्थ्य पर क्या असर पड़ सकता है, ऐसी समझ और संवेदनशीलता बहुत कम लोगों के पास थी।

"आप मुझे फिर से स्कूल तो नहीं भेजेंगे ना?" यह सब बताकर सोनू ने सबसे पहले पापा जी से यही पूछा और वो हमेशा की तरह टहलते हुए कुछ सोचने लगे। दूसरे दिन छुट्टी का दिन था और शाम की चाय पीते हुए पिता जी ने उद्घोषणा की कि मैं बचे हुए छह महीने सोनू को स्कूल नहीं भेजूँगा बल्कि घर में ही पढ़ाऊँगा। ये सुनते ही सब सकते में आ गये, किसी को भी ऐसे निर्णय की उम्मीद नहीं थी। सोनू को छोड़कर किसी ने भी इस फ़ैसले का स्वागत नहीं किया। सबको लग रहा था कि अगर पिता जी ऐसी नरमी बरतेंगे तो सोनू स्कूल के इस माहौल में कभी घुल-मिल नहीं पायेगी। पर पापा जी का निर्णय अडिग था, उनका कहना था कि अगर कोई बच्चा मानसिक रूप से इतना परेशान है कि वो पूरे छह महीने लगातार हर रात यही सवाल पूछता है कि आप मुझे कल तो स्कूल नहीं भेजोगे ना तो यह चिन्ता की बात है। पढ़ाई ज़रूरी है पर बच्चे का स्वस्थ मानसिक विकास और भी ज़रूरी है। अगर छह महीने घर पर पढ़ने से बच्चे का मानसिक स्वास्थ्य अच्छा रह सकता है तो मुझे ये मंज़ूर है और उनका यह फ़ैसला उचित भी रहा। छह महीने बाद पापाजी ने फिर से सोनू का उसी स्कूल में बादवाली कक्षा में प्रवेश करवा दिया। पहले दिन सोनू का दिल ज़ोरों से धड़क रहा था, उसे लगा कि कहीं उस पुरानी टीचर से उसका पाला ना पड़ जाये। पर भगवान का शुक्र था कि उसकी पुरानी कक्षा नयी कक्षा से बिल्कुल उल्टी तरफ़ थी। जैसे ही उसने धीरे-धीरे उधर क़दम बढ़ाया एक भीनी-सी ख़ुशबू ने उसका स्वागत किया। जैसे-जैसे वह अपनी कक्षा के पास गयी, उसे लगा यह भीनी-सी ख़ुशबू उस पूरे वातावरण में फैली हुई है। कक्षा में क़दम रखते ही एक दूधिया रंग की साड़ी पहने, गालों पर लटकी काली लट को हाथों से पीछे करते हुए, होंठों पर एक प्यारी-सी मुस्कुराहट के साथ

उसकी नयी शिक्षिका ने गर्मजोशी के साथ उसका स्वागत किया। बस उस दिन के बाद से घर में स्कूल जाने से पहले ना ही कोई हंगामा हुआ, ना ही आँसू बहे बल्कि स्कूल के नाम से सोनू के चेहरे पर एक ख़ुशी-सी दौड़ जाती थी। एक अच्छे शिक्षक की एक बच्चे की ज़िन्दगी में क्या अहमियत होती है, कैसे एक शिक्षक की समझदारी और संवेदनशीलता एक बच्चे की पूरी ज़िन्दगी का रुख़ बदल देती है, सोनू के परिवार को उस दिन अहसास हुआ। और सोनू उसे तो बस ऐसा लगता था कि आसमान से कोई परी उतरी और उसके स्कूल के डर को एक बार में अपनी जादू की छड़ी घुमाकर छू-मन्तर कर दिया...और सोनू की इस मनपसन्द परी का नाम था 'हिना'!!

और फिर एक बार इस नाम का ज़िक्र हुआ 2010-11 में अमेरिका के हिल्सबोरो (न्यू जर्सी) राज्य में। "मम्मा कितने दिन से कोई प्लेडेट नहीं की मैंने प्लीज़ आज तो मुझे मेरे नये दोस्त के यहाँ ले चलो ना प्लीज़, प्लीज़, प्लीज़..." उफ़्फ़ ये बच्चे भी ना किसी चीज़ के पीछे पड़ जाते हैं तो बस रुकते ही नहीं! वैसे तो मैं ख़ुद से ही उसकी प्लेडेट आगे से आगे करवा देती हूँ पर इस बार ऑफ़िस के काम, दूसरी प्रेग्नेंसी और मेरे पति की यात्रा के चक्कर में ध्यान ही नहीं रहा और ना ही हिम्मत। पर सच ही तो कह रहा है बेचारा, कितने दिनो से दोस्तों के साथ नहीं खेला। अन्त में आत्मग्लानि ने मुझे धर दबोचा और मैंने कार की चाबी निकाल ही ली। हालाँकि मैं उसकी माँ से स्विमिंग क्यासेस में मिल चुकी हूँ पर उनके घर कभी नहीं गयी थी। नवम्बर के अन्तिम हफ़्तों की बात थी और हवा में काफ़ी ठण्ड थी। उनके घर की गरमाहट ने बिल्कुल अपने घर जैसा अहसास दिया। दोनों बच्चों ने फटाफट नीचे के कमरे की तरफ़ दौड़ लगा दी, आख़िर सारे खिलौने वहीं जो रखे थे। हम दोनों ने भी चाय का कप पकड़ा और बस बातों का सिलसिला शुरू। बहिर्मुखी होने के कारण मुझे किसी से भी बात करने में कोई परेशानी नहीं होती, फिर भी किसी से दिमाग़ मिलना एक अलग ही बात होती है और आश्चर्य की बात ये थी कि हम दोनों ही एक-दूसरे के साथ बहुत सहज महसूस कर रहे थे। ऐसा लगा कि ना जाने कब से एक-दूसरे को जानते हों, वक़्त का पता ही नहीं चला और जब घड़ी पर नज़र गयी तो रात के ग्यारह बज चुके थे। ऐसे तो मेरे पति यात्रा कर रहे थे, और उसके शौहर भी शहर में नहीं थे फिर भी किसी के यहाँ इतनी रात तक रुकना और वो भी पहली बार...मुझे बड़ी शर्मिन्दगी महसूस हुई और मैंने माफ़ी माँगते हुए अपने बेटे को तुरन्त ही घर चलने के लिए कहा। बच्चे ख़ुद भी आधी नींद में थे पर एक-दूसरे को छोड़ने को तैयार नहीं थे। इस स्थिति को देखते हुए

मेरी नयी बनी दोस्त ने प्रस्ताव रखा कि क्यों न मैं रात उसके यहाँ ही रुक जाऊँ और सुबह चली जाऊँ। मेरी इस अवस्था में रात को कार चलाना ठीक भी नहीं था। मन में झिझक होने के बावजूद मैंने अपने आप को सहमत होते हुए पाया। रात को अलग-अलग कमरों में सोते हुए हम दोनों ही इस बात पर आश्चर्यचकित थे कि हम दोनों उन अलग देशों से हैं जो आज भी एक-दूसरे से रूठे हुए हैं, अपने मनमुटाव नहीं भुला पाये। वहीं हमने एक-दूसरे में एक प्यारा दोस्त पा लिया और एक बार फिर मुझ पर हिना का रंग चढ़ गया!

सुबह जाते वक़्त हमने एक-दूसरे को प्यार के साथ गले लगाया और उस पल ही मुझे एहसास हो गया कि मुझे ज़िन्दगी भर के लिए एक दोस्त मिल गया।

और तब से यह दोस्ती फलती-फूलती रही...इस क़दर कि जब मुझे मेरे तीन महीने के बच्चे को छोड़कर डॉक्टर के पास जाना था तो सबसे पहले मुझे मेरी इसी दोस्त का ख़याल आया। और जब मेरी इस दोस्त के पिता को हृदय की बीमारी हुई तब उसके साथ मेरी दुआएँ भी गयीं। सर्जरी के बाद जब उसने मुझे बताया कि सब ठीक से हो गया और वो ठीक हैं तो मुझे ऐसा लगा कि मेरा कोई अपना ही स्वस्थ हो गया।

ईश्वर के तरीक़े भी अजीब हैं कि यूँ तो हम सब जुड़े हैं, फिर भी किसी के साथ तो एक पल में रिश्ता बन जाता है और किसी के साथ ज़िन्दगी भर साथ रहकर भी मन जुड़ नहीं पाते। यही सब सोचते-सोचते मैंने कब अपना शो ख़त्म किया और कब घर पहुँच गयी, पता ही नहीं चला। घर पहुँचने पर मैंने देखा कि हमेशा की तरह मेरा छोटा बेटा डूडल कर रहा था। आज पहली बार मेरा ध्यान उसकी एक अजीब बात पर गया कि वह जब भी कुछ बनाता, उसे हमेशा एक-दूसरे से जोड़ा करता है, आज मैंने पूछ ही लिया..."बेटा ये लाइन खींचकर सबको जोड़ते क्यों हो?" उसने अपनी चमकीली आँखों से मुझे देखते हुए कहा, "क्योंकि मम्मा सब कुछ कनेक्टेड है ना!" जिस सहजता से उसने मेरे सामने 'वसुधैव कुटुम्बकम' का सिद्धान्त रखा, मैं तो आश्चर्यचकित ही रह गयी। कहाँ मैं अपनी ज़िन्दगी के टुकड़ों को जोड़कर एक सामान्य बिन्दु तलाशने की कोशिश कर रही थी और कहाँ मेरा पाँच साल का बेटा इतनी सहजता से इस शाश्वत सत्य को स्वीकार कर रहा है...शब्द नहीं थे मेरे पास।

कितना सही कहा उसने! सब कुछ कनेक्टेड ही तो है, सब कुछ कितना सरल है, बस ज़रूरत है तो एक-दूसरे को दिल से अपनाने की, ठीक वैसे ही जैसे सालों पहले मेरे माता-पिता ने एक खोयी हुई लड़की 'हिना' के साथ एक रिश्ता

क़ायम किया था...और मैंने अपनी टीचर 'हिना' के साथ जिसने अपने प्यार और संवेदनशीलता से मेरे मन से स्कूल का डर हमेशा के लिए निकाल दिया...और फिर मेरी ज़िन्दगी में आयी मेरी ये दोस्त 'हिना', जिसके साथ आज भी एक रिश्ता क़ायम है और शायद हमेशा रहेगा भी।

कई बार मैं सोचती हूँ कि क्या इस नाम में ही कुछ ख़ास बात है जिसने अलग-अलग वक़्त पर मेरी ज़िन्दगी को छुआ और हिना के रंग की तरह ही मानवता का रंग मुझ पर चढ़ा या शेक्सपियर को कोट करूँ तो "ह्वाट्स इन अ नेम? दैट ह्विच वी कॉल अ रोज बाइ एनी अदर नेम वुड स्मॉल अस स्वीट।"

बहरहाल छोड़ कर जाती हूँ आपको इस ख़याल के साथ और एक सवाल के साथ कि क्या आपकी ज़िन्दगी में कोई ऐसा ख़ास नाम है जिससे आपकी कोई खट्टी-मीठी याद जुड़ी हो? आज की इस ज़हर घुली आबोहवा में हम व्यक्तिगत और सामाजिक रूप से ऐसा क्या कर सकते हैं कि समाज में मानवता या इन्सानियत बची रहे? सोचिए इस बारे में और सुनिए ये गीत...फिर मिलेंगे...तब तक के लिए विदा!

कथेतर

तुम चीज़ क्या हो, यार!

–ऋचा जैन

पुणे का एक बड़ा-पुराना इलाक़ा है–कोथरुड़। मैं कोथरुड़ के यशोमंगल अपार्टमेंट में रहती थी। सामने सड़क पर मंगल स्वीट्स था। मंगल स्वीट्स के दायीं ओर था मृत्युंजय मन्दिर और बायीं तरफ़ कुछ दूरी पर दशभुजा गणपति। मृत्युंजय मन्दिर और मिठाई की दुकान के बीच कच्ची ज़मीन पर जो ठेले खड़े होते थे, वहाँ पहली बार चीज़ सैंडविच (Cheese Sandwich) खाया था। चीज़ से यह मेरा पहला साक्षात्कार था। घर (जबलपुर) में बाहर खाना और बाहर का खाना दोनों ही ख़राब माने जाते थे। हर चीज़ की ऐसी-ऐसी उपमाएँ और तथ्य सामने रख दिये जाते थे कि जब घर छोड़ा तो हल्दी के टीके के साथ रूमाल की गाँठ में यही नसीहत साथ आयी कि घर का बना खाना ही पौष्टिक और शुद्ध होता है। मम्मी का मैगी को केंचुए जैसा बोलना, और उनके हिसाब से उसका अँतड़ियों में चिपक जाना मानस-पटल पर अच्छे से चिपक गया था। वो कहतीं, 'ब्रेड को पैरों से गूँधकर बनाते हैं।' इतना सारा आटा व्यावसायिक पैमाने पर कैसे गूँधते होंगे, यह शायद मम्मी की कल्पना-शक्ति के बाहर की बात थी। ब्रेड और मैदे से तो जैसे उनका जन्म-जन्मान्तर का बैर था।

लेकिन कोथरुड़ के उस क्लब सैंडविच और उस पर किसनी से किस-किसकर गिरते हुए ताज़ा-ताज़ा चीज़ के मोटे-मोटे छल्ले घर में सुनी सारी उपमाएँ भुला देते थे। जब टिफ़िन नहीं आना होता था तो मैं और मेरी रूम-मेट चीज़ी चीज़ों को खाने पहुँच जाते। फिर जब पहली बार छोटा भाई कुछ दिन साथ रहने आया तो उसे भी 'टेन मस्ट थिंग्स टु डू इन पुणे' (Ten must things to do in Pune) के अन्तर्गत सबसे पहले चीज़ सैंडविच खिलाने ले गयी। भाई ने भी उसी हैरत व लपलपाती जीभ और नज़रों से चीज़ का ताज़ा-ताज़ा उमड़-घुमड़कर ब्रेड पर गिरने

का नज़ारा देखा, वही ब्रेड जो हमें मिलने वाली थी। जब तक वह यहाँ रहा, हम अक्सर क्लब-सैंडविच खाने पहुँच जाते थे।

'हू मूव्ड माय चीज़?' (Who moved my cheese?), पूछते हैं इस पुस्तक के पात्र। यह डॉ. जॉनसन स्पेन्सर की एक अति सफल बिज़नस पुस्तक है। इसकी कहानी मानव स्वभाव की 'कम्फ़र्ट ज़ोन' से लगाव की प्रवृत्ति और जीवन में आने वाले अप्रत्याशित परिवर्तनों के प्रति मनुष्य की उदासीनता एवं पलायनवादी दृष्टि पर प्रकाश डालती है। कहानी में दो चूहे हैं और हैं हेम और हॉ, लिटल पीपल, जो मानुष जाति के प्रतिनिधि हैं। चारों चीज़ कॉरिडोर से चीज़ खाकर अपने दिन मज़े से गुज़ार रहे हैं। एक दिन अचानक चीज़ गायब–चूहे समझ गये कि चीज़ धीरे-धीरे ख़त्म हो गया है और बिना समय गँवाये नये चीज़-भंडार की खोज में निकल गये। और यहाँ हमारे मानव बन्धु मानवीय प्रवृत्ति के अनुसार इस बात को पचा ही नहीं पा रहे हैं कि चीज़ अब नहीं रहा। वे अपने साथ हुए इस अन्याय पर क्रुद्ध हैं। हेम तो ज़रा भी समझने को तैयार नहीं। हॉ समझ जाता है कि अब कुछ तो करना पड़ेगा! वह अपने भय और संशय की दीवारों को तोड़कर नयी सम्भावनाओं की खोज में निकलता है और अपनी इस यात्रा में हेम के लिए दीवारों पर अपनी सीखें छोड़ता जाता है। उसे उम्मीद है कि एक दिन हेम भी अवसाद का कम्बल हटाकर कर्म की ओर अग्रसर होगा। क्या पुस्तक का यह सांकेतिक 'चीज़' मेरे जीवन में असल में साक्षात् चीज़ के रूप में आया! जबलपुर में भी मेरा चीज़ था, किसी और रूप में। घर में यह सुख-सुविधाओं, घर के खाने, व्यवस्था, सुरक्षा और लाड़-प्यार के रूप में था। समय और परिस्थितियों के साथ आवश्यक और उचित बदलावों को आत्मसात् करना ही जीवन जीने की कला है–इस तर्ज पर मैंने ख़ूब चीज़ उड़ाया, हालाँकि सरोकार शत-प्रतिशत जिह्वा की लपक से था, जीवन की उठा-पटक से नहीं!

दूसरा अविस्मरणीय चीज़ी क़िस्सा भी कुछ इसी तरह का है, जब लन्दन में सवा साल की बिटिया को गप-गप चीज़ खाते देखा। एक ट्यूबनुमा पैक से चीज़ के फूल की पंखुड़ियाँ-सी निकलतीं, जिसे वो प्रैम में बैठे-बैठे बड़े प्रेम से बिना वीडियो देखे 'ख़ुद' खाती। एक क्षण के लिये दादी-नानी की सारी बे-गुटकूँ घुट्टियाँ चीज़ में पीस गुटकाने का ख़याल भी दिमाग़ के आर-पार हुआ।

अब तक पिज़्ज़ा और पास्ता जैसे चीज़ पर आधारित व्यंजन भारतीय रसोईघरों में अच्छी-ख़ासी घुसपैठ कर चुके थे। अमूल के सिल्वर पैकिंग वाले चीज़-क्यूब बच्चे और बड़े सभी एक मनपसन्द स्नैक के रूप में धपाधप खाने लगे थे।

चीज़ के प्रति एक उत्सुकता हमेशा ही रही। कैसे बनता है! दही, पनीर, छेना तो मम्मी झट से बोल देती थीं, "अरे हम घर में ही बना देंगे, शुद्ध। बाहर का अशुद्ध खाने की कोई ज़रूरत नहीं।" वैसे ही क्या चीज़ भी घर पर बन पायेगा—और बना भी तो कितनी तरह का?

जी हाँ, सुनने में आता है कि दुनिया भर में चीज़ की पन्द्रह सौ से भी ज़्यादा किस्में होती हैं। हर देश के अलग-अलग विशेष चीज़। चीज़ बनाने के लिए सबसे ज़रूरी चीज़ होती है—दूध। चीज़ मुख्यत: गाय के दूध से बनता है लेकिन भैंस, बकरी, भेड़, यहाँ तक की ऊँट, गधे, याक और घोड़े के दूध से भी बनाया जाता है। जैसा देश, जैसी आबोहवा, वनस्पति और जैसे जीव, वैसा ही चीज़।

पूरे यूरोप में चीज़ खाया जाता है। रात्रि भोजन के बाद वाइन के साथ खाया जाता है। हर देश में अलग-अलग तरह के चीज़ बनाने की सैकड़ों सालों पुरानी विधियाँ सांस्कृतिक धरोहर के रूप में मौजूद हैं। चीज़ का इतिहास नौ हज़ार वर्षों से भी पुराना है। चीज़ सभ्यताओं का अभिन्न अंग रहा है। जहाँ-जहाँ से मानव सभ्यता द्वारा पशुपालन के संकेत मिलते हैं, वहाँ-वहाँ से यह भी प्रमाणित होता है कि तभी से चीज़ ने मानव जीवन में अपना स्थायी स्थान बना लिया था। स्थान की जलवायु, वनस्पति और दूध देने वाले जानवर की प्रजाति आदि चीज़ का प्रकार निर्धारित करते हैं। यूरोप के साथ अमेरिका, न्यूज़ीलैंड, ऑस्ट्रेलिया भी चीज़ के बड़े उत्पादक और उपभोक्ता हैं।

चीज़ का मानव-जीवन में पदार्पण प्राकृतिक संयोग के रूप में देखा जाता है। और यह संयोग अलग-अलग द्वीपों में अलग-अलग तरह से घटित हुआ। बात सहस्त्रों वर्षों पूर्व की है जब मनुष्य दूध, पानी जैसे तरल पदार्थों को जानवरों के पेट आदि में रखता था। रेनेट नाम का एक एन्ज़ाइम नवजात जानवरों में प्राकृतिक रूप से पाया जाता है जिससे दूध उनके लिए पाच्य बन जाता है। ऐसा अनुमान लगाया जाता है कि इसी एन्ज़ाइम की उपस्थिति से थैली में रखा दूध गढ़िया गया होगा और मानव को चीज़ का प्रथम स्वाद मिला होगा। ठण्डे देशों में गढ़ियाये दूध के थक्कों में नमक मिलाकर उनको संरक्षित किया जाने लगा और इस तरह महीनों तक चीज़ खाने योग्य बना रहने लगा। भारत जैसे उष्णकटिबन्धीय जलवायुवाले देश में गर्मी से दूध अपने आप ही जम गया होगा और फिर किसी सहज अम्ल से फट गया होगा। आज भी दूध में फिटकरी, नीबू आदि से फाड़कर छेना और छाछ अलग-अलग कर लिये जाते हैं। भारत के घर-घर में पनीर आज भी ऐसे ही बनाया जाता है। दुनिया के अनेक देशों में इसे कॉटेज चीज़ के नाम से जाना जाता है। रेनेट एन्ज़ाइम के अब विकल्प आ गये हैं जिन्हें शाकाहारी रेनेट कहा जाता है।

सुपर मार्केट्स में शाकाहारी रेनेट से बनाये गये चीज़ 'सूटेबल फ़ॉर वेजिटेरियन्स' (suitable for vegetarians) मार्किंग के साथ मिलते हैं। दूध का उपयोग न कर वानस्पतिक प्रोटीन्स से भी अलग-अलग स्वाद के वीगन चीज़ बनाये जा रहे हैं।

'बरो मार्केट' (Bourough Market), लन्दन में चीज़ प्रेमियों का स्वर्ग है। बरो मार्केट उतना ही पुराना है जितना कि ब्रिज। लन्दन ब्रिज। आज से क़रीबन 1000 वर्ष पूर्व जब यह पुल बना तो यह लन्दन शहर में प्रवेश करने का एकमात्र रास्ता था। जहाँ पर लोगों की आवाजाही हो, वहाँ बाज़ार का अस्तित्व में आना स्वाभाविक है। तो बरो मार्केट भी पनपने लगा। बरो मार्केट के उत्थान-पतन और समय के अनुसार बदलते स्वरूपों का लेखा-जोखा एक अलग आलेख की आवश्यकता को दर्ज करता है। मैं यहाँ ऑफ़िस से लंच-ब्रेक में आयी थी। लन्दन में मेरा पहला कार्यालय मॉन्युमेंट में था। मॉन्युमेंट, लन्दन का एक ट्यूब स्टेशन है। ऑफ़िस की इमारत से निकलते ही कॉबल्ड स्ट्रीट में खड़े दो सौ दो फ़ीट ऊँचे स्मारक के दर्शन होते। स्टेशन को नाम 'मॉन्युमेंट' इसी स्मारक से मिला है। यह लन्दन की एक महात्रासदी और उसके बाद शहर की नयी शुरुआत की याद दिलाता है—वर्ष 1666 की भीषण आग जिसमें लन्दन शहर का एक बड़ा हिस्सा जल के राख हो गया था। स्मारक की डिज़ाइन इंग्लैंड के महान वैज्ञानिक, गणितज्ञ एवं वास्तुशिल्पी सर क्रिस्टोफ़र रेन और रॉबर्ट हुक ने बनायी थी। यहाँ से आठ मिनट की पैदल दूरी पर ही है यह लन्दन का प्रसिद्ध बरो मार्केट। यह लन्दन का एक मुख्य खाद्य बाज़ार है, यूँ कि इसे खाने के शौक़ीनों की जन्नत कहा जाता है। देश-विदेश के फल और तरकारी यहाँ मिल जायेंगे। अनेक चीज़मेकर्स अपने ताज़ा उत्पादों के साथ यहाँ उपस्थित रहते हैं। यहाँ की जीवन्तता ही अलग है। यहाँ की चहल-पहल ही मन में एक अलग तरह का स्वाद भर देती है जो हृदय की जिह्वा में बड़ी देर तक घुला रहता है। स्थानीय किसान और विक्रेता यहाँ अपनी ख़ास पैदावार और विलक्षण खाद्य सामग्री लेकर आते हैं। यह शौक़ीनों का अड्डा है। अगर आप कुछ विशेष बनाते हैं तो यक़ीनन बरो मार्केट में आपके उत्पाद का सही क़द्रदान आपको मिल जायेगा, जो उसे सराहेगा। चीज़ की बड़ी सारी क़िस्में मैंने पहले यहीं देखी थीं और जाना था कि चीज़ सिर्फ़ चीज़ नहीं—सिर्फ़ मोज़ारीला, परमेसान या चैडर ही नहीं—बल्कि गौडा, फ़ेटा, रिकोटा, हलूमी, ब्लू, ब्री, अदिगैइस्की, रसीस्की, कैमेम्बर्ट और न जाने क्या-क्या होता है! और तो और गौडा सिर्फ़ गौडा नहीं, यंग गौडा, मैच्योर गौडा, एक्स्ट्रा मैच्योर गौडा, सेमी मैच्योर गौडा, क्यूमिन (जीरा) गौडा, मसाला गौडा, स्मोक्ड गौडा और न जाने क्या-क्या होता है!

मार्केट में चीज़ ख़रीदने से पहले आप चाहें तो चीज़ चख भी सकते हैं। चखकर आप को पता लग जाता है कि गाय के दूध से बना चीज़ बकरी के दूध से बने चीज़ से किस तरह भिन्न है। और यह भी पता चल जाता है कि फ़लाँ चीज़ आपकी स्वाद ग्रन्थियों के लिए बना भी है या नहीं, जैसे कि प्रख्यात ब्लू चीज़ हर किसी को पसन्द नहीं आता। चीज़ों के नाम में अक्सर उनके शहर और गाँव का नाम जोड़ दिया जाता है, बानगी देखिए–योरडेल-वेन्स्लीडेल-यॉर्कशायर-रॉ काउ मिल्क चीज़, ब्लैकमाउंट-लंकाशायर-स्कॉटलैंड-रॉ गोट मिल्क चीज़।

एथेंस के स्क्वेअर के एक कोने में स्ट्रीट परफ़ॉर्मर के मधुर गिटार और ग्रीक सलाद के फ़ेटा का ज़ायक़ा हो या कोलोज़ियम को देखती पिज़्ज़ा कैफ़ै की मेज़ से उड़ती पिघलते मोज़्ज़रीला की ख़ुश्बू; ऑक्सफ़ोर्ड स्ट्रीट में कानों में पड़ती दसियों भाषाओं के संग हलूमी-रैप का नमकीन मज़ा हो या पुणे के ठेले के ताज़े क्लब-सैंडविच का कौतूहल–इन अविस्मरणीय अनुभवों में जो सर्वनिष्ठ है, वो है चीज़।

घूम-फिर आने के बाद यह याद करने की कोशिश करती हूँ कि बचपने में बत्तीसी 'स्माइल, प्लीज़' (smile, please) में दिखाती थी या 'बोलो, चीज़' (say, cheese) में? ख़ैर, लाइट-कैमरा-चीज़-खचाक!

हिन्दी का विश्व भाषा बनने का रामबाण उपाय

–गौतम लियु

वर दे, वीणावादिनि वर दे!
प्रिय स्वतन्त्र-रव अमृत-मन्त्र नव
भारत में भर दे!

काट अंध-उर के बन्धन-स्तर,
बहा जननि, ज्योतिर्मय निर्झर;
कलुष-भेद-तम हर, प्रकाश भर,
जगमग जग कर दे!

नव गति, नव लय, ताल-छन्द नव,
नवल कंठ, नव जलद-मन्द्र-रव;
नव नभ के नव विहग-वृंद को
नव पर, नव स्वर दे!
वर दे, वीणा वादिनि वर दे

एक रीति-सी बन गयी है कि हिन्दी कवि सम्मेलनों का उद्घाटन सूर्यकान्त त्रिपाठी 'निराला' की इस कालजयी संगीतमय कविता के पाठ से होता है। स्वतन्त्रता के पूर्वकाल में नये भारत की परिकल्पना, न केवल नेताओं के घोषणापत्रों तक सीमित थी, प्रत्युत सृजनात्मक कवि-चिन्तन में भी साकार रूप लेती थी। विद्यामूर्ति देवी सरस्वती से परतन्त्रता के पिंजड़े से मुक्त कर स्वातंत्र के विशाल नव नभ में पक्षी-रूपी भारतवासियों को दासता का मानसिक शैथिल्य त्याग कर नवीन वैचारिक उड़ान भरने के लिए नव पंख एवं नव स्वर पाने की विनती। नवगठित भारतीय संघ को बतौर राजभाषा जो स्वर मिला, वह था हिन्दी का अर्थात् हिन्द की अपनी भाषा का।

फ़ारसी तथा अंग्रेज़ी के पश्चात् आख़िर एक देशज लोकभाषा को राज-पाट का अधिकार प्राप्त हुआ जो प्रत्येक लोकतन्त्र की नींव होती है और होनी भी चाहिए। संस्कृत के असीम शब्द-भण्डार की बदौलत रोज़मर्रा की बोलचाल की ज़मीनी बोली से लेकर बहुजटिल ज्ञान-विज्ञान के ऊँचे से ऊँचे विषय-वस्तु का माध्यम तक बन सकी। आज़ादी के 75 वर्ष बाद हम हिन्दीभाषी प्रवासी अब उन पक्षियों के समान हैं जो नये आकाश यानी विदेश में अपनी हिन्दी वाणी तो साथ लेकर आये हैं किन्तु उड़ान भरने में अभी तक पूर्ण रूप से सक्षम नहीं हो पाये। इस बात को और नज़रअन्दाज़ नहीं किया जा सकता है क्योंकि वर्ष 2023 से विश्व के इतिहास में एक नया अध्याय शुरू हुआ जिससे स्थिति पहले जैसी और नहीं रह सकती। दुनिया में सर्वाधिक जनसंख्या होने वाले देश की राजभाषा होने के नाते हिन्दी का दर्जा विश्वस्तर पर भी उसी अनुपात में बढ़ाने की अत्यन्त आवश्यकता है। परन्तु यह काम स्वयमेव होने वाला नहीं है, इस भ्रम में कोई न रहे, इसके लिए तो एक पुख़्ता और असरदार रणनीति तैयार करने की ज़रूरत है जिसके कार्यान्वयन की बाग-डोर और कहीं नहीं, भारत सरकार के हाथ में ही होनी चाहिए।

हम प्रवासी लोग हिन्दी को विश्व भाषा बनाने में सहयोग देने के लिए तत्पर हैं, बशर्ते भारत सरकार इस दिशा में सुनियोजित पहल करे। मात्र विश्व हिन्दी दिवसों के आयोजन कराने से काम नहीं चलेगा। ऐसे समारोह तो ऊँट के मुँह में जीरे के बराबर हैं। इन्हीं मंचों पर हिन्दी को साल-ब-साल फ़िल्मी नाच-गाने की भाषा और चन्द विश्वविद्यालयों में पढ़ाया जाने वाला विषय होने के बलबूते पर विश्व भाषा बता देना हास्यास्पद ही नहीं, आत्मवंचना ही है। तो क्या किया जाना चाहिए कि हिन्दी अंग्रेज़ी की तरह सही मायनों में अन्तरराष्ट्रीय सम्पर्क भाषा बन सके? सर्वप्रथम यह जान लेना ज़रूरी है कि यह कार्य बिल्कुल सम्भव है, असम्भव कतई नहीं है, यदि भारत सरकार उन तीन लक्ष्यों को येन केन प्रकारेण साध लेने का सतत यत्न करे :

लक्ष्य 1 : सरस्वती भवनों की स्थापना

जर्मन भाषा में एक कहावत है 'ओहने ओरटे काइने वोर्टे' जिसका अर्थ है कि कोई बात तभी हो सकती है जब कोई जगह हो जहाँ लोग मिल सकें। वाणी को चाहिए ठाँव। यदि हिन्दी तथा अन्य भारतीय भाषाओं को विश्व-भर में फैलाना हो तो दुनिया के प्रत्येक महानगर में ऐसे भवन होने चाहिए जहाँ यह भाषागत प्रचार-प्रसार सम्पन्न हो सके। जर्मनी का गेटे इंस्टिट्यूट, जो भारत में मैक्स मूलर भवन के नाम

से जाना जाता है, भारत सरकार के लिए आदर्श होना चाहिए। दुनिया के लगभग 100 अलग-अलग देशों में जर्मन सरकार 158 केन्द्र चलाती है जहाँ लाखों लोगों को जर्मन भाषा सीखने का अवसर मिलता है। गेटे इंस्टिट्यूट का सालाना बजट 22 करोड़ यूरो (लगभग 2000 करोड़ रुपये) है।

क्या ऐसी सुविधा हिन्दी के लिए है? जब तक न्यूयॉर्क, पेकिंग, लन्दन, पेरिस, विएना आदि जैसे महानगरों में इस प्रकार के संस्थान स्थापित नहीं किये जायेंगे, विश्व की जनता विश्वगुरु की भाषा सीखने से वंचित रह जायेगी। जब भारत सरकार सुदूर चाँद पर एक शिवशक्ति पॉइंट स्थापित कराने के लिए 600 करोड़ रुपये व्यय करने को तैयार है, तो इसी धरती पर सरस्वती भवनों की स्थापना के लिए क्यों नहीं? भारत की जयपताका चन्द्र ग्रह पर ज़रूर लहराये, फ़ख़्र की बात है, मगर साथ ही भारत-भारती की दिग्विजय का भी ख़याल रहे। शुरुआती दौर में कदाचित् 500 करोड़ रुपये की धनराशि पर्याप्त हो। ज्यों-ज्यों भारत की अर्थ-व्यवस्था और मज़बूत होती जायेगी, त्यों-त्यों उसका बजट 2000 करोड़ रुपये तक बढ़ सकता है। भगीरथ अपने तप से गंगा को पृथ्वी पर लाये थे, भारत सरकार भी सरस्वती भवनों के द्वारा विद्या की गंगा पूरी दुनिया में बहा सकती है।

भारत को इस पावन कार्य में और विलम्ब नहीं करना चाहिए। देखते ही देखते चीन के शिक्षा मन्त्रालय ने कुछ ही सालों में दर्जनों देशों में सैकड़ों कॉन्फूसियस इंस्टिट्यूट खोले हैं जिनमें चीनी भाषा धड़ल्ले से पढ़ायी जाती है। समस्या यह है कि चीन एक तानाशाही देश है और उसके द्वारा संचालित केन्द्र दुनिया के लोकतान्त्रिक देशों में शक की निगाह से देखे जाते हैं। इन्हीं वजहों से कुछ देशों में तो कॉन्फूसियस इंस्टिट्यूट बन्द भी कराये गये। यदि भारत अपना सॉफ़्ट पावर स्थायी रूप से बढ़ाना चाहता है, तो यही सुनहरा मौक़ा है। भारतीय सांस्कृतिक सम्बन्ध परिषद् (आई.सी.सी.आर.) के 37 केन्द्र तो हैं किन्तु उनमें भारतीय भाषाओं का वह नियमित और पेशेवर पठन-पाठन नहीं होता जैसे जर्मनी एवं चीन के अन्तरराष्ट्रीय भाषा संस्थानों में होता है। विदेश में हिन्दी पढ़ाने के लिए एक बात और ध्यान देने योग्य है : हिन्दी का बुनियादी व्याकरण स्थानीय लोग ही अच्छी तरह पढ़ा सकते हैं क्योंकि वे वहाँ की भाषा एवं शिक्षा-प्रणाली से भली-भाँति परिचित होते हैं। जर्मनी के विश्वविद्यालयों में तो डाफ़ ('डोइच अल्स फ्रेम्डश्प्राखे' यानी 'जर्मन बतौर विदेशी भाषा') एक नियमित विषय है। जिन्होंने डाफ़ में डिग्री ली है, वे ही लोग गेटे इंस्टिट्यूट में जर्मन भाषा पढ़ा सकते हैं। क्या भारत के हिन्दी विभागों में इस तरह के पाठ्यक्रम होते हैं? मुझे याद है कि पन्द्रह साल पहले मेरी एक जर्मनभाषी

छात्रा केन्द्रीय हिन्दी संस्थान (आगरा) के हिन्दी कोर्स से इतनी निराश थी कि वह पहले ही कोर्स छोड़कर अपने देश लौट आयी थी। मैं पढ़ाने वालों को दोष नहीं देता क्योंकि उन्होंने कभी सीखा ही नहीं कि विदेशियों को हिन्दी का व्याकरण एवं फ़ोनोलॉजी (शिक्षा) कैसे सही ढंग से पढ़ायी जाये। अतः इस तरह का पाठ्यक्रम लागू कराना हिन्दी भाषा के प्रचार में निःसन्देह हितकर ही होगा। साहित्य के विमर्श के लिए सरस्वती भवनों में भारत से अलग-अलग विधाओं के विद्वान नियमित रूप से बुलाये जा सकते हैं।

भाषा के अध्यापन के अतिरिक्त सरस्वती भवन प्रवासियों को सांस्कृतिक तौर पर अपनी मातृभूमि से जोड़कर रख सकते हैं। उदाहरणार्थ, इन केन्द्रों में हर सप्ताह काव्य-गोष्ठी आयोजित की जा सकती है। भारतीय वाङ्मय सौन्दर्यबोध और जीवन-दर्शन के ऐसे अद्‌भुत सम्मिश्रण से अलंकृत है जो मन और आत्मा को परम सुख-शान्ति प्रदान करता है, उसे मिलकर पढ़ने और परिचर्चा करने से पठन के अनुभव को चार चाँद लग जाते हैं। कहने भी आवश्यकता नहीं कि जब तक विलायत में प्रवासियों को तदर्थ सभागार मयस्सर नहीं हैं, यह अभाव शिद्‌दत से महसूस किया जायेगा। फ़िलहाल मैंने हाइडलबर्ग विश्वविद्यालय में संस्कृत अध्यापक से मिलकर 'रामचरितमानस' का 'बैठका' शुरू किया।

इसे साम्प्रदायिक नज़र से न देखा जाये। तुलसीदास कृत महाकाव्य विश्व साहित्य का अनमोल रत्न है। जब गत वर्ष हमारे यहाँ पाकिस्तान से एक उर्दू आलिम आये थे तो मैंने उन्हें अपने स्वलिखित शेर सुनाये। वे मेरी ग़ज़ल सुनकर बिल्कुल प्रभावित न थे, मौन ही रहे। लेकिन उन्होंने जब 'मानस' की बैठक में आकर तुलसीदास की एक चौपाई सुनी, उनके मुँह से निकला 'वाह वाह' रुकने का नाम ही नहीं ले रहा था। यह है अमर रचनाओं का असर। हमारा हिन्दी साहित्य ऐसी कृतियों से भरपूर है। किन्तु उनका रसास्वादन करने के लिए दुनिया भर के लोगों को सबसे पहले हिन्दी भाषा से अवगत कराना पड़ता है जिसे पूरा करना भारत सरकार की प्राथमिकता होनी चाहिए। हिन्दी के अलावा सरस्वती भवनों में अन्य भारतीय भाषाएँ भी अवश्य ही पढ़ायी जायें। भारत की बहुभाषिकता सरस्वती भवनों में भी प्रतिध्वनित होनी चाहिए। जर्मनी में भारतीय प्रवासियों की बहुसंख्या केरल तथा पंजाब से है, इसलिए हिन्दी के बाद मलयालम और पंजाबी को यहाँ के केन्द्रों में विशेष महत्त्व दिया जाना चाहिए। अन्य देशों में गुज़राती या तमिल ज़्यादा अहम हो सकती हैं।

अगर कोई कहे कि सरस्वती भवनों की स्थापना पर इतना पैसा क्यों ख़र्च किया जाये, हिन्दी पढ़ने और पढ़ाने का काम विदेशी विश्वविद्यालयों में भी तो

हो सकता है तो उत्तर यह है, कि एक तो हर विदेशी विश्वविद्यालय में हिन्दी नहीं पढ़ायी जाती है। मसलन जर्मनी में फ्रंकफ़र्ट और स्टुटगार्ट जैसे महानगरों में जहाँ बहुत सारे प्रवासी बसे हुए हैं, हिन्दी सीखने की कोई सुविधा ही नहीं है। दूसरे, विश्वविद्यालय के द्वार केवल उन छात्रों के लिए खुले हैं जो नियमित रूप से भर्ती हुए हैं, आम जनता को उन उच्च शिक्षा संस्थानों में हिन्दी पढ़ने की अनुमति नहीं है। यह कमी सिर्फ़ सरस्वती भवनों जैसे सांस्कृतिक केन्द्र पूरी कर सकते हैं।

लक्ष्य 2 : विदेशी स्कूलों में हिन्दी भाषा की नियमित पढ़ायी

इस वर्ष से दिल्ली के 58 सरकारी स्कूलों में जर्मन भाषा पढ़ायी जायेगी। जर्मनी का राजदूतावास मैक्स मूलर भवन के सहयोग से पूर्ण रूप से भारत की राजधानी में जर्मन भाषा को फैलाने के अपने अभियान में सफल रहा। दूसरी ओर जर्मनी में एक भी स्कूल नहीं है, चाहे सरकारी हो या निजी, जहाँ हिन्दी सिखायी जाती हो। जर्मनी के हाईस्कूल पाठ्यक्रम के अनुसार अंग्रेज़ी के बाद एक दूसरी विदेशी भाषा सीखना लाज़मी है। जर्मन छात्र बतौर द्वितीय विदेशी भाषा फ्रेंच, स्पेनिश, लैटिन, रूसी, यहाँ तक कि चीनी भाषा चुन सकते हैं परन्तु हिन्दी नहीं। इससे बड़ा दुर्भाग्य क्या हो सकता है? याद रहे कि सन् 2014 में जर्मनी की केन्द्र सरकार ने एक एम.ओ.यू. (समझौता ज्ञापन) पर हस्ताक्षर किया था जिसमें स्पष्ट रूप से व्यक्त किया गया था कि जर्मनी अपने विद्यालयों में हिन्दी तथा अन्य भारतीय भाषाओं को बढ़ावा देगी। इन दस वर्षों में कुछ नहीं हुआ।

समस्या यह है कि स्कूली शिक्षा के लिए केन्द्र सरकार नहीं, राज्य सरकारें ज़िम्मेदार होती हैं। इसलिए मैं हाइडलबर्ग विश्वविद्यायल में आयोजित हर विश्व हिन्दी दिवस पर कौंसल जनरल (प्रान्तीय राजदूत) से साग्रह अनुरोध करता रहा कि वे यहाँ की राज्य सरकार (बाडेन-वुर्टेमबर्ग) पर यथेष्ट दबाव डालें ताकि कम से कम एक स्कूल में तो हिन्दी पढ़ायी जा सके। जर्मन भाषा में हिन्दी की पाठ्यपुस्तक तैयार थी, पढ़ाने वाले तैयार बैठे थे, केन्द्र सरकार ने हिन्दी पढ़ाने के लिए हरी झंडी भी दी थी, लेकिन बात बात ही रह गयी। इन मनसूबों को असली जामा पहनाना भारत सरकार के प्रतिनिधियों का दायित्व है और बड़े खेद की बात है कि आज तक इस दिशा में कोई कारगर पहल नहीं दिखाई पड़ती। जब विदेश के स्कूलों में हिन्दी नहीं पढ़ायी जायेगी, तो हम कैसे कल्पना करने की जुर्रत कर सकते हैं कि हिन्दी विश्वभाषा बनेगी? जिन जर्मन छात्रों ने हाइडलबर्ग विश्वविद्यालय में हिन्दी की डिग्री ली थी, उनको हिन्दी पढ़ाने की नौकरियाँ मिल सकती थीं। अकर्मण्यता

के कारण यह सपना टूट ही गया और इसका सीधा परिणाम यह कि जहाँ मेरी क्लास में दस वर्ष पहले तक पच्चीस-तीस छात्र हिन्दी पढ़ा करते थे, इसकी संख्या साल-दर-साल घटकर आज मुश्किल से पाँच-छह रह गयी है।

लक्ष्य 3 : संयुक्त राष्ट्र की सप्तम आधिकारिक भाषा

फ़िलहाल संयुक्त राष्ट्र की छह आधिकारिक भाषाएँ हैं : अंग्रेज़ी, फ्रेंच, स्पेनिश, रूसी, अरबी और चीनी। चीनी को छोड़कर हिन्दी बोलने वालों की संख्या इन उक्त भाषाओं से कहीं अधिक है। यदि आपत्ति की जाये कि हिन्दी केवल एक ही देश की राजभाषा है तो फिर चीन पर यह बात क्यों नहीं लागू होती? क्योंकि चीन पिछले साल तक दुनिया का सबसे अधिक आबादीवाला देश था जो अब भारत है। इसलिए हिन्दी को यथाशीघ्र संयुक्त राष्ट्र की सप्तम आधिकारिक भाषा बनाया जाये। हिन्दी भाषा की अन्तरराष्ट्रीय प्रतिष्ठा के लिए यह क़दम बेशक संजीवनी-बूटी का काम करेगा। प्रशंसनीय है कि भारत का विदेश मन्त्रालय इसे लागू कराने में प्रयासरत है।

आलेख का आरम्भ हुआ मंगलाचरण-रूपक कविता से, एक स्वप्निल-सी तमन्ना से, इसका समापन होगा एक मूलमन्त्रनुमा नारे से, एक ठोस दिशा-निर्देश से, जिसे साकार करने के लिए भारत सरकार दृढ़ संकल्प ले :

भारतीय प्रवासियों की यह है निरन्तर पुकार,
नगर-नगर में सरस्वती भवनों की दरकार।
जब तक विलायती स्कूलों में हिन्दी भाषा न होगी अनिवार्य,
निरर्थक होंगे वैश्विक हिन्दी हेतु सारी जद्दोजहद, सारे कार्य।

प्रवासी होने का मतलब परलोक गमन मान लेना क्यों?

–प्रगीत कुँवर

शताब्दी पहले समय था जब कोई व्यक्ति परदेस जाता था तो सारे सम्पर्क-सूत्र ही टूट जाते थे। महीनों लगते थे पानी के जहाज़ से आने-जाने में। फ़ोन और इन्टरनेट की सुविधाओं के अभाव में मुश्किल था अपनों के हाल तक लेना। चिट्‌ठी-पत्री भी महीनों में आती और महीनों में ही उसका उत्तर जाता। अधिक ख़र्चीला होने और अधिक यात्रा-समय लगने के कारण आना-जाना भी कई-कई वर्षों बाद होता था। जब वापस मिलने आते तो कितने अपनों को इस दौरान खो चुके होते थे और कितने चेहरे बालपन से युवा और युवा से वृद्ध हो चुके होते थे और ख़ुद भी तो बदल चुके होते थे। केवल अतिसम्पन्न परिवार के लोग ही इतना सामर्थ्य रख पाते थे कि अपने परिवार के बच्चों को पढ़ने के लिए परदेस भेज सकें। कुछ को तो परदेस इतना पसन्द भी आ जाता था कि वो वहीं स्थानान्तरित हो जाते थे। सही मायने में ऐसी अनुभूति होती थी जैसे किसी नये ग्रह पर आ गये हों। पीछे अपने देश के लोगों द्वारा भी ऐसा ही मान लिया जाता था जैसे परदेस जाना मतलब परलोक गमन। नवजात बच्चे जब बड़े होते थे तो ये सुनते हुए बड़े होते थे कि, "तुम्हारे मामा, चाचा या ताऊ विदेश में हैं। जब गये थे तब वो दो थे पर अब सुना है, उनके दो बच्चे भी हैं। देखो कब आयें।" जब वो रिश्तेदार सालों-साल में कभी आते थे तब पूरी रिश्तेदारी में हलचल मच जाती थी। कितने सारे विदेशी उपहार साथ लाते थे। एक अजूबा समझा जाता था उनको। जो छोटे बच्चे साथ आते थे, उनको विदेशी भाषा और विदेशी खान-पान की आदत होती थी। कभी-कभी कुछ रिश्तेदार तो परदेस जाकर कभी लौटते ही नहीं थे।

समय के साथ तकनीक में थोड़ा विकास होने लगा और हवाई यात्राएँ शुरू हुईं जिससे यात्रा में लगने वाला समय तो बचने लगा पर अधिक ख़र्चीला होने के कारण

पानी के जहाज़ का माध्यम फिर भी लोकप्रिय ही रहा। फिर समय आया टेलीफ़ोन और टेलीग्राम का जिससे अपनों से सम्पर्क साधने की एक उम्मीद ज़रूर जगी जो ख़र्चीली तो थी पर यात्रा से तो कम ही थी। अब दोनों ओर के परिवारों को परलोक गमन की अनुभूति कुछ कम होने लगी थी और यदा-कदा बातचीतों से एक-दूसरे के परिवारों का हाल तो कम से कम मिलने लगा था। मृत्यु, विवाह, नवशिशु का जन्म आदि ख़ास समाचारों का आपस में आदान-प्रदान होने लगा। कुछ देशों में समय-अन्तराल में रात और दिन का फ़र्क़ होने के कारण ट्रंक कॉल देर रात के लिए बुक होती थी। फ़ोन पर बातचीत में कुछ सेकेंडों का अन्तराल होने के कारण बात करना बहुत कठिन होता था। आज की पीढ़ी ये सब बातें सुनकर मुश्किल से ही विश्वास कर पाती है पर तब का समय ऐसा ही था।

इस प्रवासी क्षेत्र की पुरानी सोच में क्रान्ति तब आयी जब इन्टरनेट युग आया। इसने दुनिया का दायरा छोटा करना शुरू कर दिया। अब ईमेल के माध्यम से पत्राचार सुलभ हो चुका था। ये माध्यम था भी मितव्ययी जिसमें बिना रोक-टोक सन्देशों और तस्वीरों को सुलभता से भेजा जा सकता था। इसके कुछ समय बाद मोबाइल की शुरुआत हुई जो प्रारम्भ में बहुत ख़र्चीला माध्यम था लेकिन जल्द ही लोकप्रियता के कारण ये माध्यम भी बहुत मितव्ययी हो चुका है। वीडियो कॉलिंग के माध्यम से कभी भी किसी भी समय दुनिया के एक छोर से दूसरे छोर अपनों से आमने-सामने बैठकर बातें होने लगी हैं। आज ये सोचकर भी अविश्वसनीय लगता है कि शताब्दी पहले का जीवन वैसा भी रहा होगा। सोचकर असहजता और घुटन का भी अनुभव होता है कि कैसे उस दौर में प्रवासी अपने मन को मनाते होंगे। इस दौर के बीच कितने ही गीत-ग़ज़ल प्रवासी मन पर छाप छोड़ देते थे और प्रवासी उनसे ख़ुद को सीधे जुड़ा हुआ महसूस करते थे। आप सबको याद होगा

'हम तो हैं परदेस में, देस में निकला होगा चाँद' और 'चिट्ठी आयी है वतन से चिट्ठी आयी है' जैसे गीतों ने प्रवासियों को कितना भावुक किया और आज भी कहीं तो दिल को छू ही जाते हैं।

आज विदेश यात्रा कोई बहुत कठिन काम नहीं रह गया है। अनगिनत एयरलाइंस दुनिया के हर कोने-कोने में उड़ रही हैं। पर्यटन के लिए सैलानियों को आकर्षक पैकेज उपलब्ध हैं। सीजनल डिस्काउंट यात्रियों को विदेश यात्राओं के लिए प्रेरित करते हैं। जैसे पहले लोग हिलस्टेशन या धार्मिक स्थलों की यात्रा पर जाया करते थे, अब परदेस घूमना भी उनकी लिस्ट में आ चुका है। साथ ही प्रवासी लोग भी जो पहले आठ-दस वर्ष में एक बार अपने देश जाया करते थे, अब वार्षिक

यात्रा या वर्ष में एक से ज़्यादा बार भी अपने देश की यात्रा बहुत सहज रूप से करते दिखाई देते हैं। तकनीक विकास के साथ जबसे ऑफ़िस सम्बन्धी कार्य भी इन्टरनेट के माध्यम से होने सम्भव हुए तो 'वर्क फ्राम होम' कल्चर की शुरुआत हुई। इसने अब पूरे ऑफ़िस को एक लैपटॉप में समाहित कर दिया जिससे प्रवासी लोग अपने देश जाकर और भी अधिक समय बिताने लगे हैं। सारांश में कहें तो अब परदेस ऐसा हो चुका है जैसे अपने ही किसी एक शहर से दूसरे शहर में रहना। दुनिया बहुत छोटी हो गयी है और अब इन्सान चाँद और अन्य ग्रहों पर बसने का स्वप्न पूरा करने में लगे हुए हैं। किन्तु इन सब विकास की बातों के बीच इन्सान भावनात्मक पहलू को भूलने लग गया है। कहते हैं न कि आसानी से उपलब्ध सामग्री को इन्सान महत्त्व कम देने लगता है। ऐसा ही कुछ हुआ तकनीक विकास के साथ जिसने इन्सान को भी मशीनी बना दिया। जीवन की अहम तीन मूलभूत आवश्यकताएँ रोटी, कपड़ा और मकान तक सीमित ना रहकर स्टेटस भी हो गयी है। होड़ लगी है आपसी रिश्तों और अपने इर्दगिर्द के लोगों से।

ये तो था प्रवासी दुनिया का भौगोलिक पक्ष लेकिन इन सबमें कहीं छुपा है सामाजिक पक्ष भी। आइए ज़िक्र करते हैं एक प्रवासी के कड़वे अनुभव का जो शायद कई अन्य प्रवासियों का भी निजी अनुभव हो सकता है। भाई-बहनों में मेरा मित्र पढ़ाई में सबसे मेधावी रहा और अपनी योग्यता के बल पर सपत्नीक विदेश में नौकरी का सुनहरा अवसर मिला तो परिवार की सहमति से वो विदेश आ गया और वहाँ भी उसको भरपूर सफलता मिली और उसने जल्द ही नये देश में अपनी नयी पहचान भी बना ली है। लेकिन विदेश में रहते हुए भी उसने अपने देश में अपनी पारिवारिक ज़िम्मेदारी को बख़ूबी सँभालकर रखा हुआ है। वैसे तो परिवार एक मध्यमवर्गीय परिवार है और आर्थिक रूप से सक्षम है पर छोटा भाई अधिक ना पढ़ पाने के कारण एक साधारण-सी नौकरी में है। पिता सरकारी नौकरी से रिटायर्ड हैं और उनको पेंशन मिलती है। साथ ही, गाँव में अच्छी ख़ासी ज़मीन है जिससे फ़सल का पैसा भी समय-समय पर आता रहता है।

माता-पिता ने मित्र को आदेश दिया है कि छोटे भाई की सहायता के लिए कुछ पैसे भेजना शुरू कर दो और मित्र हर माह उसको निश्चित राशि जेब-ख़र्च कहकर नियमित रूप से भेजता है। भाई-बहनों के प्रति भी अपने कर्तव्य निभाने में कभी पीछे नहीं रहता। हर बार अपने देश की यात्रा के समय महँगे-महँगे उपहार लेकर जाना और समय-समय पर उनकी माँग पर आर्थिक मदद करना आदि अनेक ऐसे उदाहरण हैं जो उसको एक ज़िम्मेदार व्यक्ति की श्रेणी में लाते हैं।

रिश्तेदारी में कोई समारोह हो तो मित्र आर्थिक सहायता के साथ ऑनलाइन उपहार भी भेजता है। लेकिन उसके निजी अनुभव सुनकर पता चला कि बाक़ी भाई-बहनों में शैक्षिक व आर्थिक रूप से सक्षम होने और प्रवासी होने का ख़मियाज़ा भी उसको उठाना पड़ रहा है। बहुत भारी मन से एक दिन मित्र ने मुझे अपने दिल का हाल बयान किया कि शताब्दी पहले और अब में कितना भी तकनीक़ विकास हो गया है लेकिन मानसिकता अभी भी वही है। मैंने पूछा कैसी? मित्र ने कहा वही, 'प्रवासी होना मतलब परलोक गमन'। मैंने पूछा कि ऐसा कैसे हो सकता है? जब आप हर तरह से उनकी ज़रूरतों को पूरा कर रहे हैं तो परलोक गमन कैसा? मित्र का उत्तर था कि इन्सान ने भगवान को कभी नहीं देखा लेकिन जो चाहिए भगवान से भी माँगता है और मिल जाने पर भगवान को ही श्रेय देता है चाहे वो परलोक में ही बैठे हैं।

मुझे अजीब भी लग रहा था ये सब सुनकर और उत्सुकता भी थी उसके दर्द को सुनने और हो सके तो कुछ बाँटने की भी। मित्र ने बताना शुरू किया कि जब वो परदेस नहीं आया था तब पिता के घर में एक मंज़िल उसने अपने रहने के लिए ख़ुद बनायी थी। जब उसके प्रवासी होने की बारी आयी तो मित्र ने अपने निजी आवास की चाबी परिवार के हाथों में ये कहते हुए दी कि वो उसका उपयोग अपने लिए करें और जब भी वो परदेस से घूमने आयेगा, वो उसमें रह लेगा। जब वो पहली बार परदेस से सपत्नीक वापस परिवार से मिलने गया तो पाया कि उसके निजी आवास को परिवार ने किराये पर उठा दिया है। ना तो परिवार ने उससे ये बात शेयर करना चाही और ना ही फ़ोन पर कभी इस बात का ज़िक्र तक किया। उसे उस यात्रा में अपने भाई के परिवार के साथ रहकर एडजस्ट करना पड़ा और यही अब हर वर्ष का ढर्रा बन चुका है। जब भी वो अपने देश जाता है उसके पास परिवार की लिस्ट आ जाती है, कि हमारे लिए ये ज़रूर लाना। लेकिन पिछली बार जब वो घूमने गया तो वो यह सुनकर दंग रह गया जब उसको ये कहा गया, कि वो अपने और परिवार के रहने का इन्तज़ाम किसी पास के होटल में कर लें क्योंकि परिवार बढ़ चुका है, इसलिए सबको असुविधा होगी। मित्र की आँखें भर आयी थीं और वो कह रहा था कि मेरा अपने देश जाने का मक़सद बस परिवार से मिलना ही तो है और वहाँ भी यदि उसके लिए स्थान नहीं है तो वो ये क्यों ना माने कि 'प्रवासी होना मतलब परलोक गमन'। उसने आगे बताया कि उसके भाई ने हाल ही में उससे ये आग्रह किया है, "भैया आप तो सम्पन्न हैं और वापस भी आने वाले नहीं हैं, इसलिए अपने आवास को मेरे नाम कर दें।" मित्र कह रहा था

कि ये सुनकर उसको ऐसा लगा कि जो तार उसको अपने देश से जोड़े हुए हैं, वो भी टूटने वाले हैं। पर रिश्तों को बनाये रखने का उसका संकल्प उससे विवश होकर इस बात के लिए हामी भरवा गया।

एक रिश्तेदार अपने बच्चे को मित्र के पास भेजने की ज़िद पर अड़ा है। मित्र उनको समझाते-समझाते थक चुका है कि ये इतना आसान नहीं। मित्र उनको सब कुछ बता रहा है कि यहाँ आने के लिए क्या नियम हैं और किस प्रकिया से गुज़रना पड़ेगा पर रिश्तेदार वो सब ना सुनकर मित्र को दोष दे रहा है कि वो इस काम में रुचि नहीं ले रहा और इसलिए रिश्तेदार मेरे मित्र से नाराज़ है। परिवार में कुछ हैं जो मित्र की प्रगति से ख़ुश हैं और कुछ हैं जो मित्र से इस कारण ईर्ष्या करते हैं। वो कहते हैं कि वो अपने देश से प्रेम नहीं करता, इसीलिए परदेस चला गया। ये भी कहते हैं कि वो बाहरी चमक-धमक और पैसा देखकर परदेस गया है। मित्र दुखी होकर कहता है कि मेरा देश के प्रति प्यार परदेस आकर और बढ़ गया है। मैं अपने विदेशी मित्रों को अपने देश की छुपी ख़ूबियाँ जब बताता हूँ तो वो आश्चर्यचकित हो जाते हैं और कहते हैं कि ये बातें तो हमने कहीं सुनीं और पढ़ीं ही नहीं। हम तो आपके देश के प्रति कुछ अलग ही छवि बनाये हुए थे किन्तु आपने जो वर्णन किया, वो तो उस छवि से बिल्कुल अलग है। मित्र ने आगे बताया कि वो परदेस सिर्फ़ पैसा कमाने के लिए नहीं आया था। वो आया था अपनी उच्च शिक्षा के लिए और नौकरी में अच्छे अवसर मिलने के कारण। ये बिल्कुल ऐसा ही था जैसे देश में भी लोग एक शहर छोड़कर दूसरे शहर में अच्छी नौकरी के लिए जाते हैं। जब भारत में अलग शहर में नौकरी के दौरान परिवार को मिलने का अवसर मुश्किल से एक या दो बार ही मिलता है और वो भी मुश्किल से चार-पाँच दिन के लिए, तब उस व्यक्ति को दोषी नहीं माना जाता पर यदि प्रवासी अपने घर पूरे एक माह के लिए आता है तब भी उसके प्रति संवेदनाएँ नगण्य रहती हैं और उसको इस अपराधबोध में डाल दिया जाता है कि उसने ऐसा अक्षम्य अपराध किया है परदेस जाने का निर्णय लेकर। मित्र ने कहा कि वो अपनी सेविंग का कुछ हिस्सा अपने देश में खोले बैंक एकाउंट में भेजते हैं जिससे वो विदेशी मुद्रा द्वारा अन्य प्रवासियों की तरह अपने देश की आर्थिक स्थिति को मज़बूत करने में छोटा-सा योगदान मात्र मानते हैं। अपने देश की कितनी एनजीओ में वो आर्थिक योगदान भी देते हैं। इन सब प्रयासों के बावजूद भी जब हमें एक देशद्रोही की निगाह से देखा जाता है तो मन को बहुत ठेस पहुँचती है। एक परिवार का ही उदाहरण लें तो व्यक्ति कुएँ का मेंढक ना होकर घर से बाहर तो निकलता ही है अपने जीवनयापन के लिए। जब

वो घर बाहर कुछ अच्छा देखता है तो वो अपने घर में भी वो अच्छी चीज़ें लेकर आता है। यही दृष्टिकोण प्रवासी की ओर भी होना चाहिए कि वो प्रवासी होकर जो कुछ नया सीखता या देखता है, वही वो अपने देश में देखना चाहता है।

हमें अपने देश पर हमेशा गर्व है और हमें आधे गिलास को भरा या आधे गिलास को ख़ाली कहने वाले नकारात्मक और सकारात्मक दृष्टिकोण में सदैव सकारात्मक को चुनना चाहिए। यदि करेंसी की भी बात करें तो ये अन्तर कि परदेस के एक डॉलर का अपने देश में जाकर पचास-सा अस्सी रुपये हो जाना हमारे देश को नीचे नहीं दिखाता बल्कि ये मानना चाहिए कि हमारा देश कितना महान है जो एक को पचास से अस्सी कर देता है। यदि परदेस की तुलना में अपने देश की महँगाई की बात करें तो हमारे यहाँ चीज़ों का सस्ता होना हमारे देश को सम्पन्न भी तो दिखाता है। जहाँ बाहर की करेंसी के हिसाब से पचास गुना कम में भी अपने देश में खाना-पीना सम्भव है, तो इसका ये भी तो तात्पर्य है कि हमारे देश में रोटी, कपड़ा और मकान जैसी दैनिक महत्त्वपूर्ण आवश्यकताएँ कम धन में ही सम्भव हैं जो परदेस में महँगी हैं। इसका अर्थ ये नहीं माना जाना चाहिए कि हम सम्पन्न हैं और कम में अधिक दे रहे हैं। मेरे कितने विदेशी मित्र इस बात का ज़िक्र करते हैं कि जब हम भारत पहली बार गये तो हम अपने एक माह का बजट अपने साथ लेकर गये पर हमें पता ही नहीं था कि भारत में रहना इतना सस्ता होगा कि हम अपने बजट के आधे से कम में ही अपना पूरा एक महीना बहुत अच्छे से वहाँ बिता आये। ये सुनकर हम प्रवासियों को गर्व होता है कि हमारे देश में सब कुछ कितना सरल है।

कितने ही बच्चे ऐसे होते हैं जो अपने देश के किसी दूर शहर में होने के कारण अपने माता-पिता से मिलने केवल त्योहारों पर ही मुश्किल से तीन-चार दिन के लिए आ पाते हैं और लौट जाते हैं। लेकिन प्रवासी जब छुट्टी लेकर अपने देश जाते हैं तो वो अधिक समय के लिए अपने परिवार के साथ रह पाते हैं, जितना समय वो अपने देश में रहते हुए परिवार को नहीं दे पाये थे। वो अपने देश में प्रवास के समय हर पल को जीना चाहते हैं और कितनी ही अच्छी यादें अपने साथ बटोरकर वापस लाना चाहते हैं, जो उनके अगले कई महीनों तक का टॉनिक होता है, जो उनको तरोताज़ा रखता है। अपने प्रवास में उनका हर दिन यही प्रयास होता है कि वो अपने माता-पिता के लिए कुछ अच्छा करके जायें। उनके स्वास्थ्य की नियमित जाँच से लेकर घर की मरम्मत आदि जैसे कामों को भी करने में देरी नहीं करते। साथ ही दूर-दराज़ तक के भी रिश्तेदारों से सम्पर्क बनाकर उनसे मिलने के प्रयास में रहते

हैं। जब वो अपने देश में थे तब बहुत कुछ ऐसे काम थे जो वो कल पर टाल देते थे पर अब वो आज और अभी करने में विश्वास रखते हैं। पूर्वनिर्धारित कार्यक्रम और सीमित समय होने के कारण उनके हर पल को सही से इस्तेमाल करने की लालसा रहती है और वो भारत आवास के दौरान समय का सदुपयोग करते हैं।

तात्पर्य ये है कि दोष उन प्रवासियों को देना चाहिए जो परदेस में रहकर अपने देश को भूल जाते हैं और अपने ही देश को भला-बुरा कहते हैं। जो अपने बच्चों को अपने देश की भाषा और संस्कृति से परिचित नहीं कराते हैं। जो अपने देश और वहाँ रह रहे परिवार की ज़िम्मेदारी को उठाना नहीं चाहते। कितने ऐसे प्रवासी भी तो हैं जिन्होंने अपने प्रवासी होने पर कभी कोई कड़वे अनुभव ही नहीं किये हैं। उनका परिवार इस बात से प्रसन्न होता है कि हमारे बच्चे परदेस में जाकर हमारे देश का नाम कर रहे हैं और उनके माध्यम से उनके परिवार को भी परदेस घूमने का अवसर मिलता है। कुछ समय वो परदेस में अपने बच्चों के पास आकर रहते हैं और कभी बच्चे अपने माता-पिता से मिलने देश में आते हैं। इस बात पर मैं पिताश्री डॉ. कुँअर बेचैन के एक अनुभव को यहाँ ज़रूर उल्लेखित करना चाहूँगा जो इस विषय पर उनके विचार हम तक पहुँचायेगा। अस्सी के दशक में जब वो पहली बार मॉरीशस यात्रा पर गये थे तब वहाँ जाकर उन्होंने पाया कि वो भारत का एक सुन्दर मॉडल है जो सात समुन्दर पार भी भारत में होने का आभास देता है। वो कह रहे थे कि दो-तीन सौ साल पहले जो भारतीय वहाँ गये थे, वो भारत का वही रूप लेकर अपने साथ गये थे और अपनी अगली पीढ़ियों को भी वही संस्कार दिये। आज भी वहाँ के घरों में प्रात:काल पूजा-अर्चना होती है और सांध्य काल में भी भजनों के स्वर परिवारों में गूँजते हैं। पिताश्री का कहना था कि कुछ लोग उनसे ये बात पूछते थे कि भारत के बारे में बतायें। जितना हमने अपने पूर्वजों से भारत के बारे में सुना है, वो हमें भीतर तक रोमांचित कर देता है और हमारे मन में भारत के प्रति आदरभाव पैदा करता है। कभी तो इस बात का अहसास भी पिताश्री को हुआ कि आज हमारा अपना देश कितना बदल चुका है और कितने मानव-मूल्यों में गिरावट आ चुकी है जिनसे ये लोग शायद अभी अनभिज्ञ हैं। लेकिन उनकी भावनाओं की क़द्र करते हुए उन्होंने उनके स्वप्न को ही सत्यापित किया और साथ ही उनको इस बात का धन्यवाद दिया कि किस तरह उन्होंने भारत की यादों, रीतियों को इतने मन से आज तक सँजोर्य रखा है। पिताश्री ने इस बात का निष्कर्ष हमें ये बताया कि आवश्यक नहीं कि अपने देश से दूरी इन्सान को

बदल देती है बल्कि कभी दूरियाँ मन को और नज़दीक लाने का भी काम करती हैं। पिताश्री ने प्रवासियों पर ये पक्तियाँ भी कहीं–

इस डाल से इस डाल तक उड़ना पड़ा तो क्या
पंछी ने अपनी बोलियाँ बदलीं नहीं कभी

–डॉ. कुँअर बेचैन

ये बहुत निराशाजनक बात है कि व्यक्ति के व्यक्तित्व को नज़रअन्दाज़ करके उसके भौगोलिक प्रवास पर कुण्ठित सोच रखी जाये। ज़रूरत है सोच में परिपक्वता लाने की।

आशा है, प्रवासियों की ओर इस निम्न दृष्टिकोण में बदलाव आयेगा और अब प्रवासियों के भी अपने देश में परिवारवाला दर्जा मिलेगा ना कि पुराने समय की तरह ये माना जायेगा कि प्रवासी मतलब परलोक गमन।

वैश्विक गाँव-हिन्दी के पाँव

वैश्विक गाँव में हिन्दी मेरा घर : प्रवासी जीवन में भाषा का सामाजिक महत्त्व

–मोहनी मेहता

दूरियों का भूगोल नहीं, उनका समय बदलता है,
कितना ऐतिहासिक लगता है आज, तुमसे उस दिन मिलना

सिंगापुर से स्टॉकहोम आये अपने मित्र से हवाई अड्डे पर विदा लेते वक़्त कुँवर नारायण की कविता 'ऐतिहासिक फ़ासले' की ये पंक्तियाँ मेरे ज़ेहन में चल रही थीं। भ्रमण के लिए आये मित्रों, सम्बन्धियों या परिवारजनों से विदा लेते समय हमेशा एक अनकही टीस मन को कचोटती है। मुझे अक्सर ऐसा प्रतीत होता है कि यह कविता मेरे प्रवासी जीवन का सारांश है, भारत से हज़ारों किलोमीटर दूर बैठ चाहे मैं अनेक अनथक यत्नों से चारदीवारियों को घर और भीड़ को परिचित चेहरों में बदल लूँ, परन्तु विदाई के क्षण मुझे सहसा याद दिला जाते हैं कि अपने देश और अपने घर से दूरी को हम केवल स्मृतियों से नहीं पाट सकते।

'घर'–इस अभिव्यक्ति में जाने कितने मनोभाव और आशाएँ निहित हैं। अन्तरराष्ट्रीय प्रवास के पिछले आठ वर्षों में मेरे लिए अगर कुछ घर का पर्याय रहा है, तो वो है हिन्दी। दैनिक जीवन के कोलाहल से थक-हारकर घर लौटने पर किसी व्यक्ति को जैसा सुकून मिलता है, वैसे ही सुकून की अनुभूति मुझे पाश्चात्य विद्वानों के अंग्रेज़ी में लिखे उत्तर-औपनिवेशिक (पोस्ट-कोलोनियल) साहित्य पर तर्क-वितर्क पढ़ने के बाद महाश्वेता देवी की 'अग्निगर्भ' (1978) और 1084वें की माँ (1974) के पास लौटकर होती है। नाट्य-प्रदर्शन कविता, जिसे स्टैंड-अप पोएट्री या परफॉरमेंस पोएट्री भी कहा जाता है, मैंने पहली बार बुडापेस्ट (हंगरी) में 2017 में प्रस्तुत की थी। तब से लेकर आज तक चार देशों के कई शहरों में इसे प्रस्तुत कर चुकी हूँ। अंग्रेज़ी में व्यथा और व्यंग्य की तुकबन्दी करते हुए मैं प्राय:

आठ वर्ष की उस बच्ची को याद करती हूँ, जिसने अपनी पहली कविता *'सारा विश्व एक परिवार'* पाँचवीं कक्षा में लिखी और प्रस्तुत की थी। उस छोटी बच्ची ने पूरे विश्व को अपना परिवार तो बना लिया, पर जिस भाषा में उसने ये स्वप्न देखा था, उस भाषा को अब मंच पर बाँचने के मौक़े कम ही मिलते हैं।

अंग्रेज़ी में खाद्य-राजनीति, नारीवाद और आत्मचेतन पर कविता सुना वाहवाही बटोर लेने के बाद मैं अक्सर घर आकर ख़ुद को अज्ञेय, अनामिका और नागार्जुन की कविताओं में खोजने का प्रयास करती हूँ। हरिशंकर परसाई और मोहन राकेश से मध्य वर्ग के दैनिक संघर्ष से उपजा व्यंग्य मैं उधार लेकर एक नयी भाषा और प्रसंग के साथ अपनी कविताओं में पिरोने का भरसक प्रयास करती हूँ, पर प्रेमचन्द के फटे जूतों (परसाई,) और सुच्चा की बाट जोहती रोटी (राकेश, 1969) के मर्म का अनुवाद करना आसान कहाँ है! दो वर्ष पहले टोरंटो विश्वविद्यालय में अन्तरराष्ट्रीय छात्रों को नारीवाद और रसोई की राजनीति पढ़ाते हुए मैंने अनायास ही ख़ुद को कृष्णा सोबती की मित्रो (सोबती, 1967) की भूख के बहुआयामी अर्थों की सांस्कृतिक व्याख्या करते पाया था, क्योंकि भोजन बनाने वाली की भूख केवल रोटी के कौर तक ही सीमित नहीं होती। एक अनुवादक के रूप में अक्सर मैं भावों और प्रसंग को भाषा की वैतरणी पार करवाने के प्रयत्न करती रहती हूँ, पर सोबती द्वारा लिखित नारी की क्षुधा का दर्द किसी भाषा की परिधि का मोहताज नहीं है, यह उस कक्षा में परिचर्चा के दौरान प्रमाणित हो गया।

नारीवादी शिक्षाविद् बेल हुक्स ने कहा था कि हमारा अस्तित्व और उससे जुड़ी हर चीज़ राजनैतिक है (the personal is political)। हिन्दी के प्रति मेरा प्रेम भी मात्र सिर्फ़ भाषा के प्रति जुड़ाव नहीं, अपितु मेरी पहचान और मेरे अस्तित्व का एक अभिन्न हिस्सा है। भाषाई तकनीक के हिसाब से देखें तो हिन्दी मेरी मातृभाषा नहीं है, परन्तु मेरी माँ ने जो भाषा मुझे सर्वप्रथम सिखायी, वो हिन्दी ही थी। नानी पंजाबी में कविताएँ लिखती थीं और माँ हिन्दी में, तो साहित्य-प्रेम घुट्टी और मुहावरों भरी झिड़कियों में घुलकर प्रचुर मात्रा में मिला। जीवन की पहली कविता, पहला गीत और पहली कहानी मैंने हिन्दी में ही लिखी, और लिखने-सीखने का मेरा पहला आधार मुंशी प्रेमचंद द्वारा लिखित 'निर्मला' उपन्यास था। समाज के हाशिये की हक़ीक़त मुझे रमाशंकर विद्रोही, नागार्जुन, राही मासूम रज़ा और अदम गोंडवी की कविता-कहानियों द्वारा पता चली, और मातहत नारीवाद (सब-आल्टर्न फ़ेमिनिज़्म) के सर्वप्रथम विचार मैत्रेयी पुष्पा, ममता कालिया और मन्नू भंडारी की कथाओं से उपजे, जब बेलाग, बेबाक और ज़िद्दी औरतों की मन: स्थिति और

हठ को जाना-समझा। जब पहली बार बचपन में राहुल सांस्कृत्यायन द्वारा लिखित निबन्ध *'ल्हासा की ओर'* (1933) पढ़ा, तो यायावरी बहुत ही रोचक विधा लगी। *'वोल्गा से गंगा'* (1943) एकमुश्त ही पूरी पढ़ डाली और किताब के हर खण्ड के साथ मैं घुमक्कड़ी के पीछे छिपे सामाजिक-सांस्कृतिक और राजनैतिक महत्त्व जानकर विस्मयाभिभूत होती रही। वर्षों बाद जब पहली बार विदेश यात्रा की, तो लगा कि हर ईमारत और हर गली अपने में अनगिनत ऐतिहासिक क्षण समेटे हुए थीं। यायावरी में परिज्ञान, जिसको अंग्रेज़ी में serendipity भी कहा जाता है–केवल एक दार्शनिक सिद्धान्त नहीं, अपितु ज्ञात से अज्ञात (from known to the unknown) की यात्रा में छिपे साहस और उत्सुकता का परिचायक है। एकाकी भ्रमण (solo travel) कैसे आत्मनिरीक्षण की पगडण्डी पर हमारे क़दम बढ़ाता है, ये मैंने सांस्कृत्यायन को पढ़कर समझा। परन्तु आज भी जब एकाकी महिला के दृष्टिकोण से यात्रा के बारे में सोचती हूँ, तो चेतना अनायास ही हिन्दी साहित्य के गलियारे झाँकने लगती है एक प्रखर घुमक्कड़ लेखिका की आवाज़ और शब्द ढूँढ़ने के लिए!

ख़ैर, साहित्य से परिपूर्णता की उपेक्षा बेमानी होगी, परन्तु इसका अर्थ ये कदाचित् नहीं है कि साहित्य का हमारी कल्पना निर्माण की नींव रखने में योगदान कम प्रभावी हो जाता है। उदाहरार्थ, मेरा बचपन समतल दिल्ली में बीता जो तटीय क्षेत्रों से बहुत दूर था, इसलिए जल-निधि के प्रति उत्साह हमेशा रहता था। गत वर्षों में मैंने सागर तट पर जाकर जब भी विशालकाय भारतीय महासागर, अटलांटिक महासागर, भूमध्य सागर, दक्षिण चीनी सागर, और बाल्टिक सागर को इठलाते देखा तो उत्साहपूर्ण हमेशा मुख से ठाकुर गोपाल शरण सिंह की कालजयी कविता की पंक्तियाँ निकलीं–"प्रातः समीर से हो अधीर, छूकर पल-पल उल्लसित तीर/ कुसुमावलि-सी पुलकित महान/ सागर के उर पर नाच-नाच, करती हैं लहरें मधुर गान।" यूँ तो वाल्ट व्हिटमैन और सैमुअल टेलर कूलरिज सरीखे अंग्रेज़ी कवियों ने भी सागर-जलाशय पर गहन कविताओं की रचना की है, परन्तु जल लहरों का स्वर्णिम बालू या स्याह पत्थरों से हिलोरे खाता मिलन मैंने सर्वप्रथम हिन्दी से समझा और महसूस किया था। जी हाँ! भावनाओं की अपनी भाषा और व्याकरण होती है। उत्साह और उत्सुकता से ओत-प्रोत जिस वर्णन की मैं हिन्दी में कल्पना कर पाती हूँ, वो शायद किसी और भाषा में नहीं।

कहा जाता है कि साहित्य जीवन का दर्पण होता है, पर मुझे ऐसा प्रतीत होता है कि हिन्दी साहित्य जीवन-यात्रा में मेरा मार्गदर्शक रहा है। अब तक के प्रवासी

जीवन में हिन्दी ही वही धुरी रही है, जिसकी नींव पर मैं अपने लिए अन्तरराष्ट्रीय नागरिक होने की परिभाषा गढ़ पायी हूँ। अन्तरराष्ट्रीय हिन्दी अकादमिक समुदाय की मैं हमेशा आभारी रहूँगी, जिसने हर अनजाने देश में अपनत्व और प्रोत्साहन की भावना का संचार किया–फिर चाहे सिंगापुर हो, कनाडा या स्वीडन। उपसाला की एक शीत दोपहरी को विश्वविद्यालय के प्रांगण में स्वीडन निवासी जर्मन मूल के प्रख्यात भारतविद् से दलित चेतना पर हिन्दी और उर्दू में चर्चा करना मानो एक प्रवासी स्वप्न के पूरे होने जैसा था। पाँच वर्ष पूर्व सिंगापुर में हिन्दी दिवस पर जब पहली बार किसी अन्तराष्ट्रीय मंच पर हिन्दी में मैंने कविता-वाचन किया तो मानस-पटल पर बरबस ही अनामिका की कविता 'अनुवाद' (2010) की पक्तियाँ उभर आयीं–"(स्पेस) का अनुवाद/'अन्तरिक्ष' नहीं, 'विस्तार' करूँगी मैं–/केवल विस्तार!" अपने विचारों को अपनी भाषा हिन्दी में किसी विदेशी मंच पर व्यक्त कर पाना विस्तार ही तो है। उस उत्तर-औपनिवेशिक (पोस्ट-कोलोनियल) स्वप्न का, जो क्षेत्रीय ज्ञान और सांस्कृतिक चेतना को अंग्रेज़ी, फ्रेंच और अन्य हुकूमती भाषाओं के इतर फलते-फूलते देखने की लालसा रखता है।

सिंगापुर में 2019 में राष्ट्रीय हिन्दी दिवस पर हिन्दी भाषा के विभिन्न सांस्कृतिक आयामों पर क्विज़ का संचालन करना, अन्तरराष्ट्रीय हिन्दी दिवस 2020 में काव्यात्मक नुक्कड़ नाटक में प्रतिभागी बनना, उपसाला में हिन्दी दिवस 2022 का सह-आयोजक बनकर विभिन्न राष्ट्रीयताओं के हिन्दीभाषियों को एक साथ एकत्रित करना, और स्वीडन में भारतीय दूतावास के सांस्कृतिक कार्यक्रमों में निरन्तर भाग लेना–यह सब गतिविधियाँ मेरे लिए भारत और घर से जुड़े रहने का पर्याय बनती रहीं। मुख्यत: यह प्रतिभागिता की भावना मेरे लिए हिन्दी के वृहद् आयाम समझने के कई द्वार खोलती गयी। पलायन और प्रवास के पीछे छिपे ऐतहासिक संघर्ष ने हिन्दी को कैसे एक अन्तरराष्ट्रीय भाषा बनाया है, यह मुझे गयाना, त्रिनिदाद, हॉन्ग-कॉन्ग और मॉरिशियस के सहपाठियों की लोकभाषा, संगीत-कला और खाद्य सम्बन्धित रीति-रिवाज़ों से सीखने को मिला। मेरे कार्यस्थल, स्वीडिश विश्वविद्यालय में मैं और मेरा एक इतालवी सहकर्मी (जो कि भाषाविज्ञान का शोधार्थी है) मिलने पर हमेशा हिन्दी में बातचीत करते हैं, क्योंकि यह जानना दिलचस्प रहेगा कि हम दोनों के बीच मुख्य सम्पर्क भाषा हिन्दी ही है! यदि आप मुझसे पूछें तो मेरे लिए सांस्कृतिक वैश्वीकरण की यही पराकाष्ठा है।

कहते हैं, भाषा केवल साहित्य तक ही सीमित नहीं होती, अपितु उसका असली कलेवर दैनिक बोलचाल और प्रयोग में निखरकर आता है। हिन्दी बचपन

से ही मुझे अत्यन्त प्रिय रही है, परन्तु पिछले डेढ़ दशक में भाषा के प्रति मेरी कई निजी धारणाओं का पुनर्गठन हुआ है। व्याकरण कक्षा में प्रायः बोली और भाषा में अन्तर के बारे में पढ़ा था, पर भारत के विभिन्न राज्यों के गाँव-क़स्बों में काम करने पर ही मुझे सही मायनों में बोली, लहक और भाषिका (sociolect) के सांस्कृतिक महत्त्व के गाम्भीर्य का पता चला। हिन्दी भाषा अपने भान्ति-भान्ति के प्रान्तीय अवतारों में कैसे हाशिये की मुखर आवाज़ बनती है, ये मैंने भगवान माझी द्वारा रचित लोकगीत 'गाँव छोड़ब नाहीं' और चॉल-बस्तियों की ज़िन्दगी बयाँ करते बम्बइया और दक्खनी रैप गीतों को सुनकर समझा। इन्हीं अनुभवों के चलते मैंने सीखा कि हिन्दी का लावण्य और क्षमता समावेश में झलकते हैं। वास्तव में राजभाषा हिन्दी किसी राज्य, जाति या वर्ग की जागीर नहीं है–यह भाषा हम सबकी है।

साउथ-एशियाई प्रवासी समुदाय में भाषा का मुद्दा संवेदनशील हो जाता है, यदि सामने वाले व्यक्ति के सांस्कृतिक या राजनैतिक मत को दरकिनार कर हम कोई भी भाषा किसी पर थोपने का प्रयास करते हैं। और किसी भी भाषा से जुड़ाव में बोलचाल केवल एक कड़ी है–भाषा अपने सांस्कृतिक और कलात्मक रूपों में भी लोगों तक पहुँचती है और सराही जाती है। सिंगापुर और टोरंटो जैसे अन्तरराष्ट्रीय महानगर आज वैश्विक गाँव बन चुके हैं, जहाँ आपको दक्षिण-एशिया के हर देश एवं क्षेत्र से आये प्रवासी मिल जायेंगे। सतही तौर पर कहा जाता है कि अंग्रेज़ी शहरी युवाओं के बीच सम्पर्क का एकमात्र माध्यम बनती जा रही है, और उच्च-मध्यमवर्गीय आकांक्षाओं और पॉपुलर मीडिया के दौर में इस चलन को सिरे से नकारा नहीं जा सकता। यद्यपि हिन्दी सिनेमा, गीत, नाट्य-कला, और वेब सीरीज अब देश-विदेश में सबके द्वारा देखे और पसन्द किये जाते हैं, और साथ ही साथ वार्तालाप शुरू करने का एक सुखद विषय बनकर उभरते हैं। उत्तर-पूर्वी राज्यों में बोली जाने वाली हॉफलोंग हिन्दी; पंजाबी और हरियाणवी लहजे से लैस दिल्लीवाली हिन्दी; भोजपुरी, मगही और मैथिली का पुट लिए पूर्वांचल की हिन्दी, और दक्षिण और पश्चिमी राज्यों में बोली जानी वाली दक्खनी और बम्बइया हिन्दी-भाषा के प्रान्तीय रंग हिन्दी को और भी विविध बना देते हैं। समाजशास्त्र की छात्रा के रूप में मैंने अपने कार्यक्षेत्र में यह काफ़ी बार अनुभव किया है, और इसका एक उदहारण मेरे लिए चिरस्मरणीय रहेगा।

दो वर्ष पूर्व टोरंटो के बंगाली-बाहुल्य इलाक़े पूर्वी डैनफोर्थ में अपने शोध-कार्य के दौरान मुझे एक मिष्ठान भण्डार चलाने वाली बांग्लादेशी दम्पती का

साक्षात्कार करना था। साक्षात्कार के दौरान मुझे ज्ञात हुआ कि दुकान संचालक की पत्नी-जो सभी मिष्ठान स्वयं बनाती हैं–ज़्यादा अंग्रेज़ी नहीं जानतीं। उसके पश्चात् पूरा वार्तालाप मेरी सीमित बांग्ला और उनकी सीमित हिन्दी की सहायता से सम्पन्न हुआ और कैसे बातें करते-करते एक घण्टा बीत गया, पता ही नहीं चला। उन सज्जन दम्पती ने बांग्ला मिश्रित हिन्दी में मुझसे कई व्यंजनों की पाक विधि साझा की, और अपने दो दशक के प्रवासी जीवन के ढेरों अनुभव बताये। जहाँ शुरुआती अंग्रेज़ी में हुआ साक्षात्कार बहुत औपचारिक था, हिन्दी और बांग्ला जैसी देसी भाषाओं ने इस अनुभव में मिष्ठान सरीखा माधुर्य घोल दिया।

प्रख्यात नारीवादी समाजशास्त्री ग्लोरिया अंज़लदुआ ने अपने निबन्ध 'How to tame a wild tongue'–जो उनकी पुस्तक 'La Frontera : The New Mestiza' (1987) में प्रकाशित हुआ था–में कहा है कि उनकी स्पेनिश मिश्रित 'खिचड़ीनुमा' अंग्रेज़ी भाषा उनके दक्षिण अमरीकी मूल के प्रति उनकी निष्ठा, और अंग्रेज़ी भाषी बौद्धिक साम्राज्यवादिता के विरुद्ध उनके प्रतिरोध का प्रतीक है। अंज़लदुआ का ये कथन मुझे आज के भारतीय प्रवासी सन्दर्भ में एकदम सटीक बैठता दिखता है, जब युवा पीढ़ी अंग्रेज़ी के साम्राज्यवादी और महत्त्वाकांक्षी चंगुल से छूटकर विदेशों में भी देशी भाषाओं और बोलियों को अपना रही है। मिसिसॉगा (कनाडा) का त्रिभाषी सावित्री थिएटर मण्डल, ग़रीबी और भेदभाव का संगीत द्वारा प्रतिरोध करने वाले कुआलाम्पुर (मलेशिया) के तमिल हिप-हॉप गीतकार, और मॉरिशियस में गीत-गवाई प्रथा का पुनरुत्थान करते युवा भोजपुरी कलाकार विश्वभर से इस सकारात्मक चलन के कुछ चुनिन्दा उदहारण हैं। भाषा का मुख्य उद्देश्य सेतु बनकर लोगों को जोड़ना होता है, और इसके लिए बहुत ज़रूरी है कि हम पूर्वाग्रहों से इतर भाषा का दायरा बढ़ायें। इसी क़वायद में पिछले कुछ वर्षों से मैं अपने गैर-हिन्दी भाषी प्रवासी मित्रों के साथ तमिल सीखने की, और बांग्ला पर पकड़ दुरुस्त करने की कोशिश कर रही हूँ। आशा है कि आने वाले समय में अन्तरराष्ट्रीय संवाद की शृंखला में और नयी भाषाएँ और बोलियाँ जुड़ती जायेंगी।

ग्लोबल सिटीज़न होना जहाँ आज की पीढ़ी को रोमांचक लग सकता है, वहीं देश-दर-देश नया जीवन शुरू करना हमें 'डार से बिछुड़ी' (सोबती, 2000) स्थिति में लाकर खड़ा कर देता है। हर अलविदा के बाद दूरियों का इतिहास समझते हुए और भारत से भौगोलिक दूरी का गणित सुलझाते हुए मैं वापस हिन्दी की शरण में पहुँच जाती हूँ, उस अदद घर की तलाश में...

स्मृति के कटोरदान में पुरखे

-विवेक शुक्ला

जीवन में बहुत देर से मैंने मृत्यु को देखा। ऐसा नहीं कि आसपास मृत्यु नहीं थी पर मैं बहुत छोटा था जहाँ घर में किसी मौत का मतलब सिर्फ़ ये था कि बारह दिन बिना हल्दी का उबला खाना होगा। हम बचपन में मेरे नाना के यहाँ रहते थे। नाना पाँच भाई थे और सबके परिवार एक ही घर में रहते थे जिसे घर की बहुएँ मज़ाक़ में पंचमहल कहती थीं और पुरुष उनकी शिकायतों को पंचमहल की पंचायत। हालाँकि सबके हिस्से अलग थे जिन्हें घर में अलंग कहा जाता था और रसोइयाँ भी जिनका नाम चौका था जिसके फ़र्श में दरारें थीं, जिनमें चावल की जूठन अक्सर फँस जाती थी और हम झाड़ू की सींकों से उन्हें निकालते रहते थे।

उस बड़े घर में मृत्यु बिल्ली की तरह दबे पाँव अक्सर आती रहती थी। नाना के भाइयों में पहले जो मरे शायद उनके बड़े भाई थे जिन्हें बबुआ कहा जाता था। माँ और नानी ने हमें लाश नहीं देखने दी थी पर हमारे लिए मृत्यु एक अजीब-सा मदारी का खेल था जहाँ आप शुरू से जानते हैं कि मदारी का जादू झूठा है लेकिन आप उसे देखते रहने के सम्मोहन से बच नहीं पाते हैं। उस घर में मृत्यु की एक छाया-सी डोलती रहती थी। गर्मियों में जब लू चलती तो घर के पिछवाड़े का नीम ज़ोर-ज़ोर से हिलता, रातों में हम अक्सर उस नीम की छाया में गये पुरखों की शक्लें बुनने की कोशिश करते। घर के वे लोग जो अब न थे, वो घरवालों की कहानियों में थे, हर दूसरा-तीसरा कोई किसी गुज़र चुकी चाची, भाभी की पायल खनकते सुनता तो कभी कोई मरा बुजुर्ग किसी का दरवाज़ा खटखटाकर पानी माँगता। सब झूठ था या सच पता नहीं पर उस घर में पुरखे और गुज़रे लोगों की कहानियाँ हमारी दिनचर्या का उतना ही नियमित हिस्सा थीं जितना स्कूल जाना।

इन अदृश्य पुरखों के बीच पलने-बढ़ने के बावजूद मृत्यु से मेरा कोई ख़ास परिचय नहीं था मसलन जो नहीं रहे, उनकी कोई ख़ाली जगह थी ही नहीं। उनकी

ख़ाली जगह में उनकी स्मृतियाँ, क़िस्से, ठहाके, खाने की आदतें बैठी थीं। हम कोशिश करते थे कि फ़र्श की दरारों में फँसे चावल के टुकड़ों की तरह उन्हें सींक से निकाल दें पर वो अपनी जगह छोड़ने को तैयार न थे।

मृत्यु जिस अनुपस्थिति को पीछे छोड़ जाती है, वो मेरे जीवन में बहुत बाद में आयी।

येषां न विद्या

साल 2000 की बात है जब बाबा गुज़र गये...दुखी था या नहीं, ठीक से याद नहीं पर बाबा से सालों इतना दूर रहा था कि या तो बचपन की स्मृतियाँ है जहाँ वो मुझे संस्कृत के श्लोक सुनाने को कहते थे या एक आख़िरी उनके मौत के कुछ दिन पहले की...

मेरी स्मृतियों में गर्मी की वो शामें हैं जब वो हमारे शहर के किराये के घर आया करते थे जिसे हम क्वाटर और वो डेरा कहते थे। उन शामों में वो अक्सर हमसे गणित के सवाल और श्लोक पूछा करते थे। बाबा जीवन भर गुरु रहे और शिष्याटन करते रहे, खेती-बाड़ी ज़्यादा थी नहीं। गुरु मतलब जहाँ एक दर्प था कि हम कर्मकाण्डी पण्डित नहीं हैं बल्कि भागवताचार्य हैं। पूर्वी उत्तर प्रदेश का यह समुदाय आजीवका के लिए भागवत की पोथी और उस पुराने विश्वास पर टिका था कि मोक्ष और कन्यादान के लिए गुरुमुख होना ज़रूरी है। बाबा गुरुओं की उसी लम्बी श्रृंखला का हिस्सा थे।

बाबा हमारे लिए उस पुरानी दुनिया की तरह थे जो होने को तो मेरे सामने थी पर उसका अर्थ हमें पता नहीं था। बाबा के छोटे बेटे मेरे पिता भारत की उस पीढ़ी के थे जिन्हें लग रहा था कि दुनिया की घुड़दौड़ बहुत तेज़ होने वाली है और वो हमें शहर ले जाना चाहते थे। उनके लिए गाँव का जीवन नॉस्टेलजिक तो था लेकिन वो अपने बच्चो को उससे दूर रखना चाहते थे। हर साल गर्मियों की छुट्टियों में हम गाँव जाते। माँ सारा सामान बाँधती जिसमें हमारी पसन्दीदा टॉफ़ियों से लेकर मिल्क पाउडर तक होता था। हम समय की उस दहलीज़ की पैदाइश थे जहाँ चाय पीना शहरी जीवन का हिस्सा भी हो चुका था और पहचान भी। हम टीवी के लिए मचलते और हमारे गाँव में टीवी बहुत देर से आया था। टीवी सिर्फ़ महाभारत, रंगोली या समाचार के लिए चलता और अक्सर बाहर के बरामदे में रखा जाता ताकि बाक़ी लोग भी देख सकें। मेरे लिए ये समूहिकता अनजान थी। हमारे लिए समूह का मतलब नाना का बड़ा घर था जहाँ मेरे दसेक मामा-मामी, गर्मी की छुट्टियों में आते कजिन्स थे। टीवी जो तब

तक बैटरी से चलता था, बैटरी जिसे चार्ज कराने के लिए चार किलोमीटर दूर के गाँव पाकड़डाड़ ले जाना होता था। बिजली तब तक घर में नहीं आयी थी और मैं पंखे के लिए रोता था। बाकि लोगों के गाँव में आम का बग़ीचा था, पोखर या नदी थी जहाँ वो दिन भर तैरते रहते। मेरे लिए गाँव का मतलब सिर्फ़ उस ताँगे की सवारी थी जो हम बस्ती शहर के अफनाये से बस अड्डे से लेते थे। गाँव जो क़स्बा बनने को परेशाँ था जहाँ नीम के पेड़ के नीचे की बातचीत में बड़ा मुद्दा ये था की किस शिष्य ने किस गुरु को विदाई में कितने पैसे दिये। आस्था चैनल तब तक आया नहीं था और हर कोई मुरारी बापू हो जाना चाहता था जिन्हें चलने को विमान, रहने को मकान सब मिला था क्योंकि वो राम का नाम लेते थे।

बाबा के लिए पढ़ने का मतलब संस्कृत और गणित था। उनके सवालों में अक्सर तीन आमों को पाँच आदमियों में बाँटने का ज़िक्र होता। वो हमसे संस्कृत के श्लोक सुनाने को कहते। हम अपने स्कूल के संस्कृत सिलेबस से 'येषां न विद्या' गाने लगते। अब सोचता हूँ तो लगता है कि हमारी पीढ़ी इसी येषां न विद्या और बाबा ब्लैक शीप के छोरों में उलझी थी। वहीं मेरे पिता के लिए अंग्रेज़ी ज़्यादा महत्त्वपूर्ण थी। पता नहीं वो पीढ़ियों का द्वन्द था या भारत के एक समय से दूसरे समय में सरकते जाने का कोई प्रतीक।

हमारे दो कमरों के किराये के मकान में बाबा जब भी आते, अपना सारा सामान ले आते, पापा जो उनके छोटे बेटे थे, उनसे कहते कि यहाँ बिस्तर नहीं है क्या? बाबा कहते, "जीवन भर ख़ुद के भरोसे रहे, तू आपन खाओ, कमाओ..." वही एक ऑपरेशन के बाद जब बिस्तर पर पड़े तब माँ उनका पॉट बदलतीं, तो थोड़ा ख़ुद में धँस जाते बाबा। बाबा जो पापा के तबला बजाने पर झल्लाते और कहते कि मास्टर होके पदानिया बनत हौ। पापा ने तबला सीखा नौकरी में आने के बाद और सालों तक स्कूल से आने के बाद घण्टे-दो घन्टे तबला बजाते। स्कूल जहाँ जाने के लिए चौरीचौरा तक एक सुस्त और कभी न समय पर आने वाली लोकल ट्रेन लेनी पड़ती और फिर आठ किलोमीटर साइकल। 'पंचमहल' के उन कोनों में तबले की आवाज़ गूँजती रहती और हम उसके बोल 'तिरकित धिन' पर अपने शब्द चढ़ाते रहते। तबला बाबा की परिभाषा में भले घर के लोगों का शौक़ नहीं था पर गर्मियों में जब हम गाँव जाते बाबा कहते कि मिलन को कहा कि सारंगी ले के आवे और देर रात हम हम उनके साथ तबले और सारंगी की जुगलबन्दी सुनते। सारंगी का मतलब तब मेरे लिए 'पधारो म्हारे देश' की उदास धुन नहीं थी। तब सारंगीवाले भर्तृहरी का कोई पद गाते थे जिसका मतलब मुझे पता नहीं था। अक्सर गा चुकने के बाद सारंगीवाले एक बच्चे से कहते, "ए सरंगी, कान कटबू?

और सारंगी जवाब देती, "हअअअं!"

"एके कि दूनो!"

"दूनो!"

मिलन चाचा सारंगी बजाते, पापा तबला और बाबा अपनी चौकी जिसे वहाँ तख़्ता कहा जाता पर लेटे-लेटे सर हिलाते रहते और गर्मियों की हवा में झूलता बेला का पौधा अपनी गन्ध हमारी ओर उछालता रहता।

एक समय बाबा ऐसे भी थे जो उन्नीस सौ बानबे के आसपास के किसी चुनाव में कुँए की जगत् पर बैठकर हर आन-जान वाले से पूछते, "के के देला?"

बताते, "कमल के दिहे!"

बाबा के जाने के बाद सालों तक गाँव जाना नहीं हुआ और इस बीच उनका खपड़ेवाला घर भी गिर गया था, जो उन्होंने घर के बाहर ख़ुद के लिए बनवाया था। दो साल पहले जब गाँव गया तो देखा की उनका सामान घर में रखा था जिसमें वो घण्टा घड़ियाल भी था जिसे वो आरती के वक़्त मुझसे बजाने को कहते थे। घण्टा घड़ियाल को बजाने का एक तरीक़ा था, लकड़ी के हथौड़े से पीतल के घण्टे पर एक बार में दो धीमी चोटें करनी होती थी जब उसकी जुगलबन्दी में बाबा के मुँह से आरती के स्वर फूटा करते थे। मेरे लिए घंट घड़ियाल मेरे स्कूल के घण्टे की तरह था जो हमारे स्पर्श की परिधि के बाहर था और मैं अचानक मिल गयी नेमत के उत्साह में उसे स्कूल की घण्टी की तरह ज़ोर-ज़ोर से बजाने लगता और उस वक़्त बाबा मुझ पर झल्लाते और कहते, "बौरहा कहीं के,इ पीटत काहे हय!"

अचानक वक़्त लिखते हुए याद आया बाबा होते तो कहते, "समय कहो इ का अक्त वक़्त लगाये रखन हौ।"

साल था 2000! मेरे चचेरे भाई की बारात गोरखपुर स्टेशन पर थी, उन्हीं दिनों मेरे बारहवीं के इम्तिहान चल रहे थे। माँ ने कहा–एक दिन के लिए चले जाओ क्योंकि उन दिनों बारात पाँच दिनों की होती थी। मैं बाबा से स्टेशन पर मिला। पता नहीं वो मृत्यु की आसन्न छाया से उपजा स्मृति-भ्रम था या सिर्फ़ ये कि उन्होंने मुझे सालों बाद देखा था, वो मुझे पहचान नहीं पाये। बाबा ने पूछा–आप कौन?

मैंने कहा–विवेक...और क्या कहा–सुना याद नहीं पर बाबा की वो बुज़ुर्ग पनीली आँखें अभी भी स्मृति में टँकी हैं। मैं अगली शाम लौट आया और सुना कि तीसरे दिन बाबा नहीं रहे।

मृत्यु से मेरी वो पहली मुलाक़ात होनी थी जहाँ से मैं बचकर भाग आया था। ऐसा नहीं था कि बाबा के होने या न होने का मेरे लिये कोई मतलब नहीं था पर मैं उस अनुपस्थिति से भागना चाहता था जो अपने होने में अभूत संक्रामक थी!

बाबा आज नहीं हैं और उनके होने की जगह पर सालों की ढेरों धूल जमा है जिसे मैं हटाना भी नहीं चाहता, क्योकि ये उस रिक्तता को भरे रहती है जहाँ बाबा अपनी चौबन्दी पहने बैठे रहते थे।

नासाग्रे मोती

उस रात अचानक नींद खुल गयी। कमरा वही था पर एक उदास छाया में लिपटा। दीवार में गड़ा लैम्प अभी भी पीली रोशनी से आलोकित है लेकिन उसकी रोशनी में निहित सम्मोहन में किसी बीती गर्मी की शाम का रंग घुला है।

हम चीज़ों को अपनों की उपस्थिति में अक्सर नज़रअन्दाज़ करते हैं, जगह अपनों के होने से इतनी भरी होती है कि चीज़ें थिएटर के प्राप्त भर जान पड़ती हैं। जिस कमरे में सोया हूँ, ऐसा नहीं कि यहाँ पहली बार आया हूँ, सालों की पहचान है इस कमरे से पर शायद कभी चीज़ों को ग़ौर से देखा ही नहीं, आज अनुपस्थिति में अचानक चीज़ों की उपस्थिति बहुत सघन लगने लगी है।

मेरे लिए ये कमरा सालों तक बुआ का कमरा था। गरमी की छुट्टियों में हम देवरिया से गोरखपुर की बस पकड़ते और रिक्शे से उस मोहल्ले तक पहुँचते जिसका नाम बेतियाहाता था। बेतियाहाता का मतलब गोरखपुर के पुराने लोगों के लिए सरकारी अफ़सरों, ठेकेदारों का मोहल्ला था पर मेरे लिए स्नेह की छाया में लिपटा एक मायावी लोक था जहाँ वो चीज़ें थीं जिनसे मैं चमत्कृत हो जाया करता था, मसलन–फ़ोन, वीसीआर। देवरिया में हम बिजली जाने पर मन ही मन गुणा-भाग करते थे कि बिजली कब आयेगी पर बेतियाहाता में लोग बिजली दफ़्तर फ़ोन करते और घरवालों को बताते, "लोकल फ़ाल्ट है, दो घण्टे में आयेगी!" जो पुरानी चीज़ें मुझे आज भी मुँहज़बानी याद हैं, उनमे बुआ के घर का पुराना फ़ोन नम्बर भी है। देवरिया में हम रंगीन टीवी और वीसीआर किराये पर लाते थे जिसे वीडियो कहा जाता था। वीडियो रात भर के लिए आता और हम पूरी रात जागकर एक के बाद एक तीन फ़िल्में देखते। बुआ के घर रंगीन टीवी और वीसीआर दोनों थे और मेरे लिए ये किसी जादू से कम न था कि हम जब चाहे तब फ़िल्में देख सकते हैं। बुआ के घर में एक अजीब-सी गन्ध पसरी होती थी, ठीक वैसी ही गन्ध उनके दोस्तों के घरों में भी थी। ठीक-ठीक उस गन्ध का नाम या पहचान नहीं बता सकता पर सालों बाद अमेरिका जाने पर महसूस किया कि शायद ये समृद्धि में उपजी बेपरवाही की गन्ध थी।

बुआ पापा की बड़ी बहन थीं और उनके मन में सरंक्षण से उपजी स्नेह की

सघन उपस्थिति थी। ऐसा स्नेह जो आपको भीतर से बाँधे रखता है और मिट्टी में फैली जड़ों की तरह आपको सम्बल दिये रखता है, जिसकी अभिव्यक्ति अक्सर डाँट में होती है। बुआ के उस स्नेह का प्रतिबिम्ब मुझ पर हमेशा वैसे ही पड़ता रहा जैसे उस घर में जाड़ों की धूप आँगन में लगे शीशे से टकराकर फ़र्श का कोना रोशन किये रहती थी।

गर्मियों की उन छुट्टियों में हम दिन भर खेलते रहते और दोपहर वीसीआर पर कोई फ़िल्म देखते। जब सूरज थोड़ा मद्धम होता, बुआ हरे काँच की खिड़की पर रखे भूरी लकड़ी के फ्रेमवाले शीशे में अपने बाल सँवारतीं। शाम को हम लॉन में पानी डालते और दिन भर की धूप से तप रहे संगमरमरवाले फ़र्श को पानी से ठण्डा करते। बुआ तब तक बाहर आतीं और हमें डाँटते हुए अन्दर आकर चाय पीने को कहतीं और उनकी आवाज़ के साथ लॉन की सोंधी महक पूरे घर में फैल जाती।

बुआ घर में थीं या घर बुआ में, ये कहना मुश्किल था। वो घर उनमें उतना ही उपस्थित था जितना वो घर में। जब मैं अपने पैतृक गाँव जाता तो ये कल्पना करना मुश्किल थ कि बुआ कभी यहाँ रही होंगी। मेरी चचेरी बहनों में होड़ रहती कि शक्लो-सूरत में कौन बुआ पर गया है पर शायद उनके जैसा उस घर में कोई नहीं था। बुआ का घर सबके लिए खुला था। तमाम रिश्तेदार उस घर में अक्सर जमे रहते; कोई दिन भर, कोई हफ़्ते तो कोई महीने। बुआ की काया दिन भर उस घर में डोलती रहती और उस घर को एक अदृश्य डोर में बाँधे रखती। एक बार दीदी (बुआ की बेटी) ने मुझसे कहा, "जानते हो, मुझे याद भी नहीं है कि कब हम इस घर में बिन मेहमानों के रहे थे।" तब क्या सोचा था, ठीक ठीक याद नहीं पर अब रुककर देखता हूँ तो लगता है कि बुआ ने अपने पारिवारिक एकान्त को अब की दुनिया में दुर्लभ सामाजिकता से नीचे रखा था। शायद वो न होती तो वो तमाम रिश्तेदार जो उनके यहाँ रहकर पढ़े, डॉक्टर के यहाँ लम्बे इन्तज़ार के बाद जो उनके घर आते थे, वो सब गोरखपुर की उस उजाड़ और तीखी दुपहर में पानी का ठण्डा गिलास, जिसके बाहर पानी की छोटी छोटी बूँदे थीं, कहाँ तलाशते!

बुआ को फुआ शब्द पसन्द था, बुआ में उन्हें कृत्रिमता लगती। हम उन्हें जब फुआ कहते, उनकी आवाज़ की आद्रता हमें अपने घेरे में ले लेती। गर्मी की उन दुपहरों में जब बिजली चली जाती, हम सब बुआ के साथ घर के गलियारे में फ़र्श पर लेट जाते और परदे के नीचे से आ रही हवा का ठण्डापन महसूस करते। शायद ये गाँव का वो टुकड़ा था जिसे बुआ ने उस शहर में भी ख़ुद के भीतर छिपा रखा था। यही वो समय होता जब बुआ मुझे मेरे पिता की तमाम कहानियाँ सुनाती कि

कैसे वे जवानी में तक़रीबन दबंग क़िस्म के व्यक्ति थे और मैं हमेशा उस तस्वीर को अपने अध्यापक पिता की वर्तमान तस्वीर से मिला न पाता। बुआ के क़िस्सों में प्रतापगढ़ था जहाँ वह पहले रही थीं, उन क़िस्सों में उनके घर में काम करने वाला एक लड़का था जिसका नाम शायद जीतू था जो बुआ को बीबी जी कहता और लहसुन के ढेरों ढेर मिनटों में छील देता। उन क़िस्सों में मुझे लगता था, कहीं दाल में नमक भर विषाद की छाया है पर जैसे मैं कभी बुआ के घर के कोठरी कहे जाने वाले कमरे के बेसमेंट में नहीं गया था, ये छाया मेरे लिए प्रवेश निषिद्ध जैसी थी और इन्ही क़िस्सों के बीच वो कहतीं, "समझे पठ्ठे!" और मैं उस छाया से दूर भाग आता था।

बाद के दिनों में मैं बुआ के घर रहने लगा था, विश्वविद्यालय जिसे उस शहर में 'इनवर्सटी' कहा जाता था वहाँ से बी.ए. करने के लिए। घर में बुआ सबसे पहले उठतीं और बाक़ी लोगों के लिए चाय का पतीला तैयार कर देतीं, पतीला आज कह रहा हूँ पर उन दिनों मुझे वो चाय का भगौना किसी अक्षयपात्र से कम नहीं लगता था, हम ग्लासों में चाय भरते रहते और वो जस का तस रहता।

सुबह होने का मतलब उस घर में बुआ की अस्फुट आवाज़ में 'ॐ जयंती मंगला काली' गूँजना होता जिसकी परिणति उनकी कारुणिक आवाज़ में 'जय अम्बे गौरी' में होती। उस कारुणिकता में कोई दैन्य न था, उसमें सत्य की एक गूँज-सी लगती थी जैसे बुआ सामने बैठे किसी के लिए कह रही हों–"कानन कुण्डल शोभित, नासाग्रे मोती।" मुझे ईश्वर का नाम-पता मालूम नहीं पर बुआ का पूजाघर से लौटकर हमारे हाथों में मिश्री का प्रसाद रखना एक मायावी चीज़ थी, जिसे लगता था ईश्वर नाम की चीज़ ने भेजा है।

कालेज के दिन थे, मेरी दोस्त अक्सर मुझे फ़ोन करती थीं, बुआ मुझे डाँटती कि ये लड़कियों से ही बात करते रहोगे तो इम्तिहान में कभी पास नहीं होगे। ये वही बुआ थीं जो दूसरे रिश्तेदारों से मेरी एक भी शिकायत न सुनतीं और उन्हें तक़रीबन डाँटते हुए कहतीं–उसकी पढ़ायी देखिए। कुछ सालों बाद मैं जेएनयू में पढ़ने चला गया था। एक बार एक लड़की जिसे मैं प्यार करता था और कुछ दोस्तों के साथ दिल्ली से बुआ के घर गया। बुआ हम सब से मिलीं और बाद में मुझसे बोलीं, "इससे ही शादी करोगे?" और मैं उनसे सीधे 'हाँ' नहीं कह पाया था। वो बोलीं कि अगर करोगे तो वहीं दिल्ली में करना, मैं नहीं आऊँगी। हम दोनों जानते थे कि ये सच नहीं था, बुआ आतीं, मुझे थोडा डाँटती और फिर गोलघर की उनकी पसन्दीदा दुकान से ख़रीदा शर्ट का कपड़ा मुझे देतीं। कुछ साल बाद मैं और वो

लड़की अलग हो गये पर तब बुआ 'जाने दो' कहने के लिए नहीं थीं। होने को तमाम चीज़ें हो सकती थीं, मसलन होने को तो ये भी हो सकता था कि जब वो गुड़गाँव के उस अस्पताल में भर्ती थीं, मैं उनसे मिल पाता और कहता कि बुआ मैं उसी लड़की से शादी कर रहा हूँ और वो रुक जातीं हमारी दुनिया में, मुझे डाँटने के लिए, "ख़ुश रहो" कहने के लिए।

आज बुआ नहीं हैं। उनके जाने के बाद एकाध साल तक उनके कमरें में नहीं जा पाया। ख़ुद से कहता रहा कि बुआ बस उर्दू बाज़ार गयी हैं। सालों बाद उस कमरे में लेटा हूँ जो अब भांजी सिमरन का कमरा है; दीवार में पीली रोशनीवाला लैम्प गड़ा है, हरे काँच की खिड़की पर भूरे फ्रेमवाला आईना भी है, बस गोल्डन बार्डरवाली लाल साड़ी पहने बुआ नहीं हैं जो नाक में छोटी मोतीवाली लौंग पहने रहती थीं, जिनके पैर छूता और वो कहतीं, "का पठ्ठे आ गयीला"

हाथी घोड़ा पालकी

शब्द और स्मृति का सम्बन्ध अजीब है। हम अक्सर स्मृतियों को शब्दों में साझा करते हैं पर कभी-कभी ऐसा होता है कि शब्द ख़ुद स्मृति की शक्ल धर लेते हैं। नाना की पहली स्मृति कौंधती है, वह इसी शब्द–स्मृति के द्वन्द्व की है। पता नहीं वो स्मृति मेरी है या उन शब्दों ने स्मृति का रूप ले लिया है जिन्हें मेरी माँ बार-बार दुहराया करती थीं कि मेरे बचपन में मैं जब तक नाना के कन्धे पर चढ़कर तीन-चार चक्कर न लगा लूँ, रोना बन्द नहीं करता था। उस पूरे चक्कर में नाना मेरे हाथी घोड़ा पालकी सब थे।

नाना जिनके नाम की तख़्ती सालों तक घर के बाहर लगी थी। सरकारी काग़ज़ों में उनका नाम जो भी हो, उस तख़्ती और आस-पड़ोस के लिए वो 'पान बाबू' थे, खद्दर के धोती-कुर्ते में लिपटे और जाने किस तीर्थ से लायी मूठवाली छड़ी लेकर चलते पान बाबू और हम सब पान बाबू के घर के लड़के।

नाना को जब से मैंने देखा, वो घर के अन्दरवाले आँगन से लगी दालान में सोते थे। हर रात सोने के पहले हम उनकी चौकी के गिर्द मच्छरदानी लगाते, मच्छरदानी बाँस के फट्टों पर बँधी होती थी और उन फट्टों को चौकी के पायों में अंग्रेज़ी के X की शक्ल में फँसाना होता था। आज जब मैं बार-बार स्मृति के गलियारों में चक्कर लगा रहा हूँ, निर्मल वर्मा की डायरी में टँगा वाक्य 'स्मृति कल्पना का अभाव है' दस्तक देता है।

तब हम नाना के घर रहते थे। दालान से लगे घर के भीतरी हिस्सेवाले कमरे में हमारी चारपाइयाँ रात को किसी प्लेटफ़ार्म पर ट्रेन के इन्तज़ार में ऊँघ रहे मुसाफ़िरों

की तरह एक-दूसरे के साथ लगा दी जातीं। घर के हर कोने से आती आवाज़ें जब सुबह होने की मुनादी करतीं तो रात भर की थकी-हारी चारपाइयाँ एक-दूसरे का मुँह ताकती दीवार के सहारे खड़ी कर दी जातीं। मेरे सिरहाने की दीवार पर लगे चूने में हरा रंग मिला था जिसकी हरियाली सोते-जागते गाहे-ब-गाहे हमारे बालों में लग जाया करती थी। हरे रंग की इसी दीवार के ऊपर घुटनों के बल चलते कृष्ण के बाल गोपाल रूप की एक तस्वीर बूढ़ी लकड़ी के फ्रेम में जड़ी थी। तस्वीर के बाल गोपाल के एक हाथ में एक लड्डू हुआ करता था जो कमरे के किसी भी कोने से देखने से ऐसा लगता कि वो लड्डू हमारी ओर बढ़ा रहे हैं। इसी तस्वीर के गिर्द एक खेल हुआ करता था जिसे नाना ने शुरू किया था। इस खेल में होता यूँ था कि मुझे रात को जल्दी सो जाना होता था और बिस्तर में आँख मूँदे लेटे-लेटे गोपाल भइया से कोई चीज़ माँगनी होती थी और सुबह प्रकट होने वाली चीज़ों के बारे में सोचते-सोचते मैं नींद की एक गहरी झील में डूब जाता था। सुबह जब मैं सोकर उठता तो पाता कि पारले जी बिस्कुट का पैकेट या पॉपिंस की मीठी गोलियाँ जो मैंने रात में सोते हुए गोपाल भइया से माँगी थीं, वो मेरे सिरहाने बैठी मुस्कुरा रही होतीं। चमत्कार शब्द के हिज्जे जानने या किसी शब्दकोष में उसका मतलब ढूँढ़ने के सालों पहले मेरे जीवन में उगा वो पहला चमत्कार था।

नाना उस घर में गुज़री पीढ़ी की तरह नहीं बल्कि उस घर की सबसे मज़बूत दीवार की तरह थे, जिससे टकराने का साहस उनके प्रोफ़ेसर बेटे तक में नहीं था। एक ख़ासी उमर में आ जाने के बाद भी वो अपने हमउम्र पड़ोसियों की तरह घर का इस्तेमाल में न आने वाला पुराना सामान नहीं थे बल्कि कई पड़ोसियों के लिए सुबह की चाय और कभी-कभार खाने का आलम्बन थे। नाना की चौकी के ऊपर की दीवार पर भूरी लकड़ियों में जकड़ी देवताओं की तस्वीरें लगी थीं जिनके आलोक की छाया में वो चौकी नाना के आने का रास्ता देखती। उन तस्वीरों में से एक जो अभी भी स्मृति के अन्दरख़ाने की दीवाल पर जस की तस टँगी है, वो बाल-भरे शरीरवाले ध्यान की मुद्रा में बैठे हनुमान की है। गुज़रे सालों में जब मैंने उग्र हनुमान के स्टिकर दिल्ली की गाड़ियों के शीशे पर लगे देखे तो बेसाख़्ता मुझे वो नाना के हनुमान याद आये, लगा कि वो अचानक कह रहें हो, "ई हम नाहीं हईं ए बाबु!"

घर की सुबह के साथ ही गौइया घर के आँगन में आ जातीं और चुपचाप फटके चावल के दाने चुगते हुए नाना की दिनचर्या को निर्वाक आत्माओं की मानिंद देखती रहतीं। नाना अरहर की सूखी डण्डियों को जोड़कर बनी झाड़ू से दुआर बुहारते। घर का दरवाज़ा उनके लिए अतीत और वर्तमान एक साथ था। वो अक्सर

हमें कहानियाँ सुनाते कि कैसे न जाने किस साल में घर के मेहमानों के ठहरने के लिए बाहर एक बड़ा कमरा बनवाया गया जिसे सब बँगला कहते थे, नाना ख़ुद कभी उस बँगले में नहीं सोये पर उसे साफ़ करना उनकी दिनचर्या में उतना ही अनिवार्य था जितना सुबह की पूजा और शाम का संध्या-अर्चन।

नाना हमारे सामने थे पर कभी-कभी लगता था कि वो एक अदृश्य दरवाज़े पर बैठे हैं जो उनके भीतर कहीं खुलता था जिससे होकर हम समय की खिड़की में झाँक सकते थे। इस खिड़की पर बैठकर जब वो हमें गुज़रे समय के क़िस्से सुनाते थे तो हमें लगता कि वो हमारे अपने समय में घट रही बातें हैं। नाना को हमारे समय में देखकर ये कल्पना करना लगभग असम्भव था कि वो कभी उत्तर प्रदेश परिवहन निगम के कर्मचारी रहे होंगे। हालाँकि जो क़िस्से उन्होंने हमें सुनाये थे, उनमें इसका कहीं कोई ज़िक्र न था, बाद में हमने दूसरों से जाना कि कैसे उन्होंने किसी शाम घर लाये सरकारी पैसे किसी दूर की रिश्ते की बहन को दे दिये थे क्योंकि उसके घर में कोई बहुत बीमार था और शहर का एक डॉक्टर बिना और पैसे लिये कोई जान बचाने वाली सुई नहीं लगा रहा था। नतीजा ये हुआ था कि उस नौकरी से उनका सम्बन्ध टूट गया था और वो बाद में चुंगी विभाग में नौकरी करने लगे थे। उन्हें देखते हुए हम अक्सर उन्हें किसी सरकारी बस में बैठे कंडक्टर, बस अड्डे की खिड़की के पीछे बैठे बस का समय बताते क्लर्क या चुंगी विभाग की किसी बदरंग कुर्सी में धँसे आदमी की तरह देखने की कोशिश करते पर कई शामों तक अपनी कल्पना-शक्ति की सारी रेज़गारी ख़र्च करने के बाद भी हम उनकी वो शक्ल नहीं गढ़ पाते। हमें हमेशा लगता कि जब वो घर में होते तो समयों के कमरों में आवाजाही करने वाले कोई हरकारे थे जो इस समय की ख़बर उस समय में पहुँचा रहा होता। जब वो घर पर नहीं होते तो अक्सर बद्रीनाथ, केदारनाथ, चमोली या रामेश्वरम जैसी किसी जगह होते जहाँ का हमने कभी नाम भर सुना था और उनकी अनुपस्थिति में हम नक़्शे में वो जगहें ढूढ़ँने की कोशिश करते। जब वो इन जगहों से लौटते तो उनके पास क़िस्सों की नयी पोटली होती जो उन्होंने इन यात्राओं में इकट्ठा किये थे। हन जाड़े के दिनों में बोरसी में जली आग के इर्दगिर्द बैठते और वो इस पोटली से हमारे लिए वहाँ मिले लोगों, वहाँ हुई बातों के क़िस्से नये तह किये कपड़ों की तरह निकालते। हम चुप्पी साधे ये कहानियाँ सुन रहे होते और वो आग बढ़ाने के लिए लकड़ी से उसे कुरेदते और बोरसी में अचानक आग की एक लपट उठती और उस लपट के क्षण हम उस जगह, उस यात्रा में पहुँच जाते और नाना वहाँ किसी पण्डे से बहस करते या उसके पास रखी मैले कपड़े में लिपटी

एक पोथी में घर के किसी पुरखे का नाम ढूँढ़ते दिखते। यह सब क्षण भर को उस उठी लपट में होता और जब वो लपट नीचे गिरती, हम आग के पास बैठे क़िस्से के किसी मुक़ाम पर हुँकारी भर रहे होते।

समयों में इस लगातार आवाजाही के बावजूद ऐसा नहीं था कि नाना वर्तमान में नहीं थे। हम उन्हें बहुत कम ग़ुस्से में देखते पर जब भी वो ग़ुस्से में होते वो हमें बहुत सामान्य, पूरी तरह हमारे समय में धँसे नज़र आते। उनके ग़ुस्सा होने की स्थायी वजहों में उनके एक भाई थे जो सुबह-सुबह शहर के सरकारी स्कूल के ड्रेस की पैंट के रंग की हाफ़ पैंट पहने किसी मैदान में लाठी भाँजने चले जाते थे। ग़ुस्से की तात्कालिक वजह कोई भी हो सकती थी, मसलन मेरे ममेरे भाइयों का सूरज के विदा लेने के बाद भी क्रिकेट खेलना; नाना ने उन्हें कई बार कहा कि वो सूरज को विदा करते हुए खेल को भी विदा कह दें और अपनी किताबों की दुनिया में चले जायें पर भाइयों ने सोच रखा था कि दुआरे पर बड़े-बड़े बल्ब लगाकर वो सूरज की अनुपस्थिति को अप्रासंगिक कर देंगे और रोशनी का एक अपना तालाब उगा लेंगे। एक दिन जब भाई स्कूल से लौटे तो उन्होंने पाया कि उनके क्रिकेट के बैट और स्टंप को नाना ने एक कुल्हाड़ी से शाम की जलावन में बदल दिया है। हमें तब वो बहुत सामान्य लगे थे पर उसी रात जब उन्होंने बैट और स्टम्प से रची आग की आँच में कोई क़िस्सा सुनाना शुरू किया तो हमने पाया कि हम क्रिकेट की बॉलों में बदल गये हैं और जलती आग में बैट के टुकड़े हमें किसी और समय की बाउंड्री में पहुँचा रहे हैं।

बाद के सालों में मैं अपने शहर के परिचय के आकाश से दूर दिल्ली शहर में रहने लगा था। शहर मुझे अक्सर बुलाता था पर मैं साल में एक-दो बार ही उससे बात करने पहुँच पाता। ऐसी ही किसी शहर से मुलाक़ात वाले समय में मैं नाना के पास चला गया था कि अब मेरे माता-पिता किसी और घर में रहते थे। शाम गाढ़ी हो चुकी थी और कोहरे ने उसे बेवक़्त रात में बदल दिया था। नाना ने बोरसी में आग जलायी और मुझे लगा कि वो जाड़े को लेकर कोई कहावत सुनायेंगे–जैसे जाड़ा कहता है कि वो बच्चों को छूता भी नहीं और जवान लोग तो उसके सगे भाई जैसे हैं, सो वो उन्हें भी परेशान नहीं करता पर बूढ़ों को ख़ूब परेशान करता है, चाहे वो कितनी भी रज़ाइयाँ ओढ़ लें या किसी पुराने क़िस्से का सूत कातने लगें। नाना चुप थे उस शाम। मैंने ग़ौर किया, नाना अब कोई क़िस्सा नहीं सुनाते जैसे वो दरवाज़ा जिससे होकर वो समय में आवाजाही किया करते, कहीं विलुप्त हो गया है। मैंने उनसे बात छेड़नी चाही कि उनकी अमुक यात्रा में क्या हुआ था और मुझे लगा

कि वो अन्दरख़ाने की आलमारी से कोई क़िस्सा निकालेंगे और उसे सुनते-सुनते मैं उस यात्रा में दाख़िल हो जाऊँगा या वो घर के इतिहास का कोई क़िस्सा सुनाने लगेंगे और मैं ख़ुद को गुज़र चुके किसी पुरखे के साथ खड़ा पाऊँगा जिसकी कोई तस्वीर भी घर में नहीं थी। मैं उस अदृश्य समय की खिड़की खटखटा रहा था पर नाना चुप थे, एक लम्बी चुप्पी के बाद वो अचानक बोले, "सब (उनके सारे भाई) चले गये, अब हमें भी ले चलो"

और इतना बोलकर वो चुप हो गये। उनकी आँखें पनीली थीं, मुझे नहीं मालूम कि क्या वो धुएँ की वजह से था क्योंकि मेरे सारे जतनों के बावजूद मैं उस रात बोरसी में आग की कोई लपट पैदा नहीं कर सका था या वो अपने गुज़र चुके भाइयों को याद कर रहे थे। उस दिन मुझे लगा कि बोरसी से उठ रहे धुएँ के गिर्द सिर्फ़ मैं नहीं मृत्यु भी बैठी थी और वो मुझे नहीं, मृत्यु को सम्बोधित कर रह थे।

महीनों बाद घर से ख़बर आयी कि नाना नहीं रहे और अन्तिम संस्कार बनारस में होगा। मैं और मेरा ममेरा भाई तुरन्त बनारस के लिए रवाना हो गये। पसीने में डूबी ट्रेन के डिब्बे में रात गुज़ारने और शहर की चटक धूप में नहाये हम जब तक मणिकर्णिका पहुँचते नाना की चिता जल चुकी थी। नाना आग के पार मृत्यु के साथ किसी और जगह की यात्रा पर निकल चुके थे; मृत्यु जिसकी उपस्थिति मैंने उस दिन उनके साथ बैठे महसूस की थी और मैं चाहकर भी उस जगह को कभी किसी नक़्शे में नहीं ढूँढ़ सकता था।

कोई न रहा, जग रही कहानी

समय के बीतते नाना का घर अब मामा का घर हो गया है। आँगन से लगे जिस हिस्से में नाना सोते थे, वो अब दीवारों से घिरा घर का भीतरी हिस्सा हो चुका है। घर के बाहर लगी उनके नाम की तख़्ती अब सफ़ेद संगमरमर की शक्ल में दीवार में जड़ दी गयी है, संगमरमर पर उनका सरकारी नाम दर्ज़ है, उन्हें पान बाबू कहने वाला वहाँ कोई नहीं रहा। हरी काईवाला आँगन अब पक्के फ़र्श में बदल गया है जहाँ गौरइया आती तो है पर उसकी चोंच की चोटें अब मिट्टी से नहीं सीमेंट से टकराती हैं जिसकी जाने कितनी परतों के नीचे उस आँगन में मेरी नाल गड़ी है। रसोई के फ़र्श में अब दरारें नहीं रहीं और पुरखे पंचमहल में अब सिर्फ़ पितृपक्ष में याद किये जाते हैं। उनकी अब कोई जगह न रही, उनकी जगहों में अब नये बने घर,गाड़ी के किसी नये मॉडल या ज़मीन के किसी टुकड़े के बढ़ते भाव की बातें

बैठी हैं। मैं पुराने दिनों का मर्सिया पढ़ता हूँ–काश! उनके जाने की जगह ख़ाली होती और उनमें उनके क़िस्से, ठहाके रह रहे होते।

मैं बार-बार उस घर के चक्कर लगाता हूँ कि गोपाल भइया से मिल सकूँ जिनकी तस्वीर किसी दिवाली में मन्दिर के पोखरे के बाहर घूरे को सुपुर्द कर दी गयी थी। किसी को नहीं पता, वो भक्त मुद्रावाले हनुमान कहाँ हैं। मैं ख़ाली हाथ लौटता हूँ और जायसी की कविता में शरण लेने की कोशिश करता हूँ कि शायद वहाँ वो दरवाज़ा मिल जाये ताकि मैं समय में फिर दाख़िल हो सकूँ! जायसी गयी रात समझाते मिलते हैं–

कहाँ सो रतनसेन अब राजा?। कहाँ सुआ अस बुधि उपराजा?॥
कहाँ अलाउदीन सुलतानू?। कहँ राघव जेइ कीन्ह बखानू?॥
कहँ सुरूप पदमावति रानी?। कोइ न रहा, जग रही कहानी ॥

हिन्दी शिक्षण और हिन्दी सिनेमा

–सोमा व्यास

कहते हैं–भाषा अभिव्यक्ति का एक माध्यम है। पर अगर हम गहराई से सोचें तो एक भाषा का कार्य केवल लिखना, बोलना, पढ़ना और मन के भावों को शब्दों के माध्यम से अभिव्यक्त करना ही नहीं है, बल्कि इसका सम्पूर्ण प्रभाव मानव-जीवन पर और भी गहरा और व्यापक है। एक भाषा का मतलब सिर्फ़ शब्दों का चयन कर, वाक्यों में पिरोकर मन की बात कहना ही नहीं है बल्कि एक भाषा के ऊपर एक राष्ट्र, उसके इतिहास और उसकी संस्कृति की आत्मा को ज़िन्दा रखने की भी अहम ज़िम्मेदारी होती है।

एक भाषा के ज़रिये आपको ना केवल उस देश के लोगों की विशेष अभिव्यक्ति का भान होता है बल्कि उस देश के लोगों की जीवनशैली, उनकी परम्परा, उनकी सोच, उनकी संस्कृति, उनके इतिहास और जीवन जीने के नज़रिये के बारे में गूढ़ जानकारी भी मिलती है। और इसलिए ये बहुत ज़रूरी है कि अगर आप अपना देश छोड़कर कहीं और बसें तो अपनी भाषा को साथ ले जाना न भूलें, क्योंकि यह न केवल आपकी अपनी संस्कृति के प्रति बल्कि अपनी आने वाली पीढ़ी के प्रति भी एक अहम नैतिक ज़िम्मेदारी है।

बस ऐसी ही सोच के तहत हिन्दी के प्रति प्रेमभाव रखने वाले और भारतीय सभ्यता-संस्कृति को बढ़ावा देने वाले भारतीयों ने अमेरिका की मिट्टी में भी अपनी भाषा और संस्कृति की ख़ुशबू को क़ायम रखने की पुरज़ोर कोशिश की है। और आज जब वैश्वीकरण के इस दौर में भारतीय अर्थव्यस्था विश्व की गिनी-चुनी अर्थव्यस्थाओं में आने लगी है तब हमारी युवा पीढ़ी को हिन्दी सिखाना और भी आवश्यक हो गया है। चूँकि यहाँ पले-बढ़े बच्चों को हिन्दी भाषा और संस्कृति का नैसर्गिक माहौल नहीं मिलता तो उन्हें हिन्दी सिर्फ़ पाठ्य-पुस्तकों से ही पढ़ायी

और सिखायी नहीं जा सकती बल्कि उनकी रुचि और हिन्दी के प्रति जीवनपर्यन्त उनके मन में प्रेमभाव क़ायम रखने के लिए नयी नयी गतिविधियाँ और तरीक़े ढूँढ़ने पड़ते हैं।

ऐसे ही एक नये तरीक़े का नाम है 'इडुटेंमेंट' जिसका मतलब है शिक्षा के लक्ष्य को मनोरंजन के ज़रिये हासिल करना। यह तरीक़ा काफ़ी प्रभावशाली और कारगर सिद्ध हुआ है, इससे विद्यार्थी हँसी-ख़ुशी से खेल-खेल में भाषा सीख लेते हैं और उनको जीवनपर्यन्त भाषा से ख़ास लगाव भी हो जाता है। इस शब्द का इस्तेमाल सबसे पहले अमेरिकी चित्रकार 'Peter Catalanotto' ने किया था जब वो बच्चों को भाषा सम्बन्धित ज्ञान दे रहे थे। पर इसका उपयोग ज़्यादा से ज़्यादा तब होने लगा जब एक शिक्षाविद् और दार्शनिक 'जॉन डिवी' ने अपने विद्यार्थियों की रुचि बनाये रखने के लिए शिक्षा और मनोरंजन के संयुक्त तरीक़े से बच्चों को पढ़ाना शुरू किया। आज कई शिक्षक भाषा के क्षेत्र में इस तरीक़े का सुचारू रूप से इस्तेमाल करते हैं। सिनेमा के माध्यम से पढ़ाना भी इसी पद्धति का एक हिस्सा है।

जब कभी हम भारत से बाहर रहने वाले बच्चों से ये पूछते हैं कि वो हिन्दी क्यों सीखना चाहते हैं तो दो कारण मुख्य रूप से बाहर निकलकर आते हैं–1) उनका अपने भारत में रहने वाले परिवार से जुड़े रहने का प्रयास और 2) जिससे वो हिन्दी फ़िल्में देख और समझ सकें।

हममें से कोई भी इस बात से इनकार नहीं कर सकता कि हिन्दी सिनेमा ने सभी भारतियों के जीवन पर अपनी अमिट छाप छोड़ी है। तो बच्चों के मन में हिन्दी के प्रति प्रेम और सीखने की ललक को अगर हिन्दी सिनेमा के द्वारा क़ायम रखा जा सके तो इससे बेहतर और कुछ नहीं हो सकता। आप विश्वास नहीं करेंगे कि एक रचनात्मक शिक्षक हिन्दी सिनेमा का उपयोग कितने अलग-अलग तरीक़ों से करके सभी स्तर के विद्यार्थियों को उनके स्तर के हिसाब से हिन्दी सिखा सकते हैं। आइए इसकी कुछ बानगियाँ आपको दिखलाते हैं।

जब एक गीतकार ने हिन्दी गाने लिखे होंगे तो उन्होंने कभी भी ये नहीं सोचा होगा कि एक दिन कोई इन गानों का इस्तेमाल हिन्दी शिक्षण के क्षेत्र में कर रहा होगा और हिन्दी फ़िल्मी गानों द्वारा दिशा/रंग/मौसम/गिनती/भाव इत्यादि हिन्दी शब्दों का ज्ञान दे रहा होगा।

उदाहरण के लिए मेरा नाम जोकर का गाना 'ए भाई, ज़रा देखकर चलो...। दिखाकर आगे-पीछे, ऊपर-नीचे, दायें-बायें का ज्ञान दिया जा सकता है जो एक बहुत ही रोचक तरीक़ा है।

ऐसे ही एक अन्य गाना–'पतझड़, सावन, बसन्त-बहार' से विद्यार्थियों को मौसम के नाम हिन्दी में बताये जा सकते हैं। है न कितना मज़ेदार तरीक़ा?

और ये तो हम सब जानते हैं कि किसी भी भाषा का सही ज्ञान होने के लिए उसका व्याकरण समझना भी उतना ही ज़रूरी है पर साथ ही व्याकरण सम्बन्धी नियम बच्चों को बहुत नीरस भी लगते हैं तो ऐसे में हिन्दी गाने बहुत काम आ सकते हैं। उदाहरण के तौर पर, हिन्दी गाने अलग-अलग काल के हिसाब से लिखे जाते हैं–जैसे वर्तमान काल, भूत काल, भविष्य काल। इन गानो को सुनकर और उन्हें लिखा हुआ देखकर विद्यार्थियों को अलग-अलग काल सम्बन्धी वाक्यों का अच्छा ज्ञान हो जाता है–जैसे 'ए क्या बोलती तू...घूमेंगे, फिरेंगे, नाचेगे, गायेंगे...' (भविष्यकाल) इत्यादि। या फिर 'एक ऐसी लड़की थी जिसे मैं प्यार करता था...' (भूत काल)। इस तरह हिन्दी सिनेमा के संवाद/दृश्य/गाने दिखाकर विभिन्न प्रकार की वाक्य संरचना का ज्ञान और प्रयोग विद्यार्थियों को सिखाया जा सकता है।

और तो और हिन्दी सिनेमा के शीर्षक भी विद्यार्थियों के लिए काफ़ी रुचिकर होते हैं और उनसे भी हिन्दी भाषा और संस्कृति का ज्ञान मिलता है–जैसे 'सिन्दूर,' 'जब-जब फूल खिले,' 'आमदनी अठन्नी ख़र्चा रुपैया' (हिन्दी मुहावरे), 'चाची 420' (420 शब्द का इस्तेमाल भारत में ही विशेष अर्थ में किया जाता है।)

और जब किसी तीज-त्योहार को मनाने की बात आती है तो उसमें बॉलीवुड कहाँ पीछे रहने वाला है?

भारत के त्योहार, ख़ास परम्पराएँ, संयुक्त परिवार इत्यादि दिखाने के लिए हिन्दी सिनेमा का विशेष रूप से प्रयोग किया जाता है, जैसे–होली, दिवाली, ईद, क्रिसमस, नया साल इन सबके लिए अलग-अलग गाने हैं। संयुक्त परिवार के अलग-अलग रिश्तों की जानकारी भी हिन्दी सिनेमा में होती है, जिसे 'हम साथ-साथ हैं' फ़िल्म के द्वारा दी जा सकती है। इसके साथ ही अलग-अलग भारतीय नृत्यों और संगीत की विधाओं से भी परिचित कराया जा सकता है। काफ़ी अच्छी ऐतिहासिक फिल्मों के ज़रिये भारत का इतिहास भी कुछ हद तक बताया जा सकता है।

उच्च स्तर पर और बड़ी उम्र के विद्यार्थियों को समाज के कुछ गम्भीर विषयों से परिचित करवाने के लिए और समाज की बुराइयों पर गम्भीर विचार-विमर्श करने के लिए उच्च स्तर की हिन्दी भाषा सीखने का ये बहुत अच्छा माध्यम है, जैसे कि–दहेज प्रथा, भ्रूण हत्या, नारी पर अत्याचार, शिक्षा प्रणाली में दोष इंत्यादि। इन सब विषयों पर बहुत अच्छी और प्रेरणादायक फ़िल्में बनी हैं और ये संस्कृति के

अलावा उच्च स्तर के हिन्दी शब्द, तुलनात्मक विश्लेषण करने में और परिकल्पना सिखाने में बहुत कारगर सिद्ध होती हैं।

तो बताइए, कैसा लगा आपको हिन्दी पढ़ाने का ये तरीक़ा? है न मज़ेदार? और सच तो यह है कि भले ही तरीक़े सबके अलग-अलग हों पर हम सबका उद्देश्य एक ही है कि हमारी आने वाली पीढ़ी दूर रहकर भी भारत की भाषा और संस्कृति से जुड़ी रहे और उसके लिए सभी शिक्षाविदों और स्वयंसेवकों का हर एक प्रयास, हर एक नया तरीक़ा जो हमें हिन्दी भाषा और संस्कृति के क़रीब लाता है, वह प्रशंसनीय है, सराहनीय है और इस मूल भावना से प्रेरित है कि जब हम अपनी भावी पीढ़ी को देखें तो दूर रहकर भी उन्हें अपनी मिट्टी से जुड़ा पायें।

लेखक परिचय

अन्तरीपा ठाकुर मुखर्जी (ब्रिटेन)

जन्म : 1983

शिक्षा : एम.बी.ए. (मार्केटिंग)।

कार्यक्षेत्र : अकादमी साउथ एशियन डांस, यूके में मार्केटिंग एंड ऑपरेशंस डायरेक्टर।

ई-मेल : antareepa@gmail.com

आशीष मिश्रा (ब्रिटेन)

जन्म : 1980

कार्यक्षेत्र : सॉफ़्टवेयर आर्कीटैक्ट।

प्रकाशन : 'मेरी कविता मेरे भाव' (काव्य-संग्रह), चार साँझा काव्य-संग्रह, एक साँझा कहानी-संग्रह

ई-मेल : ashish24mishra@gmail.com

आस्था देव (ब्रिटेन)

जन्म :1984

शिक्षा : अभियान्त्रिकी स्नातक।

कार्यक्षेत्र : बायोटेक प्रोजेक्ट मैनेजमेंट

प्रकाशन : 'अन्तर्द्वन्द' (काव्य-संग्रह)।

ई-मेल : deowrites@gmail.com

आस्था नवल (अमेरिका)

जन्म : 1980

कार्यक्षेत्र : हिन्दी प्रोफ़ेसर, लेखक, लाइफ़ कोच।

शिक्षा : हिन्दी साहित्य में श्री अशोक चक्रधर के निर्देशन में पीएच.डी.।

प्रकाशन : 'आस्था की डायरी' (डायरी विधा में लेख संकलन); 'लड़की आज भी', 'विस्थापित मन' (कविता-संकलन); अमेरिका के चयनित लेखकों के कहानी-संकलन 'दिशान्तर' में कहानी और काव्य-संकलन 'काव्य-तरंग' में कविताएँ संकलित। दिल्ली से प्रकाशित 'इक्कीसवीं सदी के अन्तरराष्ट्रीय श्रेष्ठ व्यंग्यकार' में व्यंग्य-रचना प्रकाशित।

ई-मेल : asthanaval@gmail.com

ऋचा जैन (ब्रिटेन)

जन्म : 1976

शिक्षा : विद्युत अभियान्त्रिकी में स्नातक।

कार्यक्षेत्र : आईटी कन्सलटेंट, अनुवादक।

प्रकाशन : 'जीवन-वृत्त', 'व्यास ऋचाएँ' (काव्य-संग्रह); 'श्पास मिट एली उंड एज़ी' (जर्मन-हिन्दी)।

ई-मेल : richa287@yahoo.com

डॉ ऋतु शर्मा नंनन पांडे

जन्म : 09 फरवरी 1970

शिक्षा : स्नातकोत्तर डिग्री हिन्दी, दिल्ली विश्वविद्यालय; स्नातकोत्तर डिग्री अनुवाद एवं पीएच.डी. जनसंचार एवं पत्रकारिता, स्नातकोत्तर डिग्री (डच भाषा) Drenthe College Assen, Nederland.

कार्यक्षेत्र : सदस्या, परामर्श समिति, टाउन हॉल आसन, नीदरलैंड; अध्यक्ष, अन्तरराष्ट्रीय हिन्दी संगठन, नीदरलैंड; सह अध्यक्ष, World of Children's Art & Culture; सचिव, हिन्दी अकादमी, मुम्बई; संयोजिका, हिन्दी परिषद्

नीदरलैंड; प्राध्यापिका, सूरीनाम हिन्दी परिषद्; संस्थापक, Mama Ochtend (महिला संस्था) एवं Meiden club (बालिका संस्था)।

प्रकाशन : जॉन पॉल सात्रे के नाटक 'नो एग्ज़िट' का 'बन्द रास्तों के बीच' (संयुक्त हिन्दी अनुवाद), क्रिस फ़ेख्तर के बाल उपन्यास 'डायरेन बेउल' का 'जानवरों का जानी दुश्मन' शीर्षक से हिन्दी में अनुवाद। इसके साथ ही इन्होंने 'नीदरलैंड की लोककथाएँ' कृति भी अनुवाद-कार्य में शामिल। 'दरख़्त-ए-ज़र्द' (वैश्विक काव्य-संग्रह) और 'उद्भ्रान्त की साहित्य-साधना' का सम्पादन।

ई:मेल : RituS0902@gmail.com

डॉ कुसुम नैपसिक

जन्म : 1978

शिक्षा : दिल्ली विश्वविद्यालय के गार्गी कॉलेज से बी.ए. किया, फिर जवाहरलाल नेहरू विश्वविद्यालय से हिन्दी साहित्य में एम.ए., एम.फिल. और पीएच.डी.।

कार्यक्षेत्र : अमेरिका के ड्यूक यूनिवर्सिटी, नॉर्थ कैरोलिना में हिन्दी की सीनियर लेक्चरर।

प्रकाशन : 'Reading Hindi: Novice to Intermediate' (पाठ्यपुस्तक)।

ई-मेल : Kusumknapczyk@gmail.com

प्रियंका ओम प्रकाश

जन्म : 1984

ईमेल : pee.om@gmail.com

कार्यक्षेत्र : गृहणी, लेखक

प्रकाशन : वो अजीब लड़की (कहानी संग्रह, 2016), मुझे तुम्हारे जाने से नफ़रत है (कहानी संग्रह, 2018), दिन हुए दिवंगत (कहानी संग्रह, 2023), साज-बाज़ (उपन्यास, 2024)

रूही सिंह

जन्म स्थान : पटना, बिहार

निवास : नैरोबी (केन्या)

शिक्षा : अर्थशास्त्र में स्नातक, बी.एड.

पेशा : गृहिणी एवं समाज सेविका

अनुभव : बचपन से ही लेखन की शुरुआत हो गयी थी और वर्तमान में काफ़ी समाचारपत्रों एवं पुस्तकों में कविताएँ और कहानियाँ प्रकाशित हो चुकी है। इसके साथ बहुत सारे ऑनलाइन और ऑफलाइन मंच पर इन्होंने अपनी कृतियों का मंचन किया है।

विनोद दुबे (सिंगापुर)

जन्म : 1981

शिक्षा : परास्नातक।

कार्यक्षेत्र : मर्चेंट नेवी।

प्रकाशन : 'इंडियापा', 'ओक्का-बोक्का' (उपन्यास); कविता संग्रह-'वीकेंड वाली कविता', 'जहाज़ी', 'बेतरतीब' (कविता-संग्रह)। इसके अलावा विभिन्न साझा संग्रहों व पत्रिकाओं में रचनाओं का प्रकाशन।

ई-मेल : vinod 5787 @gmail.com

डॉ. यूरी बोत्वींकिन (यूक्रेन)

जन्म : 1978

शिक्षा : हिन्दी में एम.ए. (तारास शेवचेंको कीव राष्ट्रीय विश्वविद्यालय), हिन्दी में डिप्लोमा कोर्स (केन्द्रीय हिन्दी संस्थान, नयी दिल्ली), इतिहास में एम.ए. (जीवाजी विश्वविद्यालय, ग्वालियर), पीएच.डी. इतिहास में (कीव इंस्टीट्यूट ऑफ़ ओरिएंटल स्टडीज़,)।

कार्यक्षेत्र : शिक्षण, तारास शेव्चेंको कीव राष्ट्रीय विश्वविद्यालय।

प्रकाशन : उक्राइनी शास्त्रीय साहित्य की प्रसिद्ध कवयित्री लेस्या उक्राईंका के प्रसिद्ध नाटक 'वन-गीत' का हिन्दी में अनुवाद; विश्व में पहला 'उक्राइनी-हिन्दी शब्दकोश' के साथ तीन काव्य-संग्रह प्रकाशित।

ई-मेल : ybotvinkin@yahoo.com

शिखा वार्ष्णेय

जन्म : 20 दिसम्बर 1973

शिक्षा : मॉस्को स्टेट यूनिवर्सिटी, मॉस्को से टी.वी. जर्नलिज़्म में परास्नातक (विशेष सम्मान सहित) तथा स्कूली शिक्षा उत्तराखण्ड के पिथौरागढ़ व रानीखेत से।

प्रकाशन : 'मन के प्रतिबिम्ब' (कविता-संग्रह); 'पाँव के पंख', 'स्मृतियों में रूस' (यात्रा-वृत्तान्त); 'देशी चश्मे से लन्दन डायरी' (यात्रा-संस्मरण)। इसके अलावा ये 'स्पन्दन' और 'भुक्खड़ घाट' जैसे लोकप्रिय ब्लॉग का सम्पादन भी करती हैं।

ई-मेल : shikha.v20@gmail.com

सोमा व्यास (अमेरिका)

जन्म : 1978

शिक्षा : परास्नातक (अंग्रेजी)।

कार्यक्षेत्र : शिक्षण।

प्रकाशन : 'गर्भनाल', 'दृष्टि', 'निशंक का रचना-संसार' आदि पुस्तक एवं पत्रिकाओं में रचनाएँ प्रकाशित।

ई-मेल : somavyas@gmail.com

रीता कौशल (ऑस्ट्रेलिया)

जन्म : 1972

कार्यक्षेत्र : ऑस्ट्रेलियन लोकल गवर्नमेंट में फ़ाइनेंस ऑफ़िसर के पद पर कार्यरत।

प्रकाशन : 'अरुणिमा' (उपन्यास), 'चन्द्राकांक्षा' (काव्य-संग्रह), 'रजकुसुम', 'रंग-बिरंगी बाल कहानियाँ' (कहानी-संग्रह), 'ऑस्ट्रेलिया की प्रतिनिधि कहानियाँ', '21 श्रेष्ठ बालमन की कहानियाँ' (सम्पादन)।

ई-मेल : rita210711@gmail.com

गौतम लियु (जर्मनी)

जन्म : 1975

शिक्षा : एम.फ़िल. इंडोलॉजी (विएना विश्वविद्यालय)।

कार्यक्षेत्र : हिन्दी भाषा एवं साहित्य का अध्यापन।

प्रकाशन (चुने हुए) : 'हिन्दी बोलो' (जर्मनभाषी पाठ्यपुस्तक); 'मोहनदास' (उदय प्रकाश के हिन्दी उपन्यास का जर्मन अनुवाद); 'परदेशी शब्दों के समावेश का तक़ाज़ा' (शोध-आलेख)। **प्रेमसागर की वक़ालत में :** 'हिन्दी-उर्दू विभाजन का पुनर्मूल्यांकन' (अंग्रेजी में लिखित शोध-आलेख)। **प्रेमचंद की हिन्दी :** 'मानक हिन्दी की शब्दावली की उत्पत्ति' (जर्मन में लिखित शोध-आलेख)। **काहे का पुराण पुरुष :** 'नयी कहानी आन्दोलन की प्रगतिवादी आलोचना' (जर्मन में लिखित शोध-आलेख)।

ई-मेल : liu@uniheidelberg.de

प्रगीत कुँअर (ऑस्ट्रेलिया)

जन्म : 1970

शिक्षा : बी.काम., चार्टर्ड अकाउंटेंट, कॉस्ट एकाउंटेंट, लॉ ग्रेजुएट।

कार्यक्षेत्र : डायरेक्टर अकाउंट्स एंड फ़ाइनेंस।

प्रकाशन : 'देखे थे जो ख़्वाब' (दोहा-संग्रह)

ई-मेल : prageetk@yahoo.com)

मोहिनी मेहता (स्वीडन)

जन्म : 1992

शिक्षा : पीएच.डी. शोधकर्ता (समाजशास्त्र विभाग, उप्साला विश्वविद्यालय)।

कार्यक्षेत्र : जेंडर स्टडीज़, फ़ूड स्टडीज़, सांस्कृतिक मानव-विज्ञान।

प्रकाशन : विभिन्न पत्र-पत्रिकाओं में रचनाएँ प्रकाशित।

विवेक कुमार शुक्ल (डेनमार्क)

जन्म : 1982

शिक्षा : जवाहरलाल नेहरू विश्वविद्यालय से स्नातकोत्तर और हिन्दी अनुवाद में पीएच.डी.।

कार्यक्षेत्र : आरहुस विश्वविद्यालय में अध्यापन।

प्रकाशन : कविताएँ 'पहल' में प्रकाशित और गद्य 'समालोचन' और 'इंडिया टुडे–साहित्य वार्षिकी' में। पहला उपन्यास शीघ्र प्रकाश्य।

ई-मेल : vivekkumarjnu@gmail.com

□□